「零」導學

教授 著

不怕打掉重來的
行動指南

10 打掉重練，
種關鍵力量讓你
無懼向前！

跌倒不用怕，
你比自己想像的還要勇敢

Contents 目錄

Contents 目錄

推薦序一

強化心智，實踐你的成功！

世界羽球名將、十大傑出青年　**周天成**

　　德嘉老師不但是國寶級學者，也是心智強化教練，何等榮幸能成為本佳作的實踐者。

　　衷心期盼藉由《「零」導學：不怕打掉重來的行動指南》的出版，祝福更多需要幫助的人，乘風破浪、突破難關！

　　願神賜福。

德嘉老師不但是國寶級學者，
也是心智強化教練，
何等榮幸能成為本佳作的實踐者
衷心期盼藉由此書的出版，
祝福更多需要幫助的人，
乘風破浪、突破難關！
願神賜福。

周天成

推薦序二 | 從「零」檢視，從「心」出發，從而獲得「力量」！

中華奧林匹克委員會主席　**林鴻道**

　　本人擔任中華奧會主席的這些年，有許多體育界的前輩是我時常請益的對象，林德嘉老師就是其中非常重要的一位，林老師在 2014 年曾獲得體育署頒贈「終身成就獎」，是一位學識淵博、為人謙遜，對體育推動不遺餘力的先進，林老師話不多，但每次與林老師談話都獲益良多。

一部邁向成就的精華寶典

　　今接獲林老師希望我為他的新書《「零」導學》寫序，也讓我有機會透過這本書，更了解林老師在其他領域的專精與見解。

　　這本書以漸進式、簡潔確切的方向與方法，說明「規律」的重要性，以及應如何設定目標、保有企圖心的重要性、如何增加正面心理能量、強大自信心，到開發自我潛能等，並分享世界上不同領域成功者的故事，是一部邁向成就的精華寶典。

　　書中也談及在工作態度上，勤奮與勤勞的差異，以及用物理學來比擬做人處事成功之道，常常是奠基於「規律」二字等等，由書中發現**林老師不僅專精於體育，也是一位有豐富人生歷練的智者**，這是心靈重整與檢視自我的一本好書，值得大眾一讀。

「零」導學，個人心靈的良師益友

本人基於對體育的熱情，這些年全心投入推動體育發展，接觸許多傑出的運動員，羽球的周天成是其中一位，他曾經歷低潮，不被大家看好，而今男單高居世界排名第二，且刷新台灣許多紀錄，更為 2020 東京奧運奪牌希望選手，他曾提到林老師跟他分享有關本書所提到的「秘訣」——如何看待失敗、強大心理力量等，以作為平常心智訓練的方法，是這些年來小犛提升場上戰鬥力必備的武器，也是協助他突破許多障礙與盲點的關鍵要素，親身接觸，受益匪淺，相信《「零」導學：不怕打掉重來的行動指南》這本書值得同樣辛苦努力不懈的運動員們，作為個人心靈的良師益友。

從「零」檢視，推動菁英育才計劃

對於台灣體育發展，個人有深深的期待，我的理想是競技體育能夠進入 TOP 10，也就是奧運能擠進世界前 20 名，亞運能擠進亞洲前 5 名，要達到這個理想是需要自小紮根，長期耕耘，所以我推動菁英育才計劃，培育 8 至 18 歲的選手。而我的夢想是有一天體育、運動能夠成為人民生活的重要一部分，上班、倒咖啡時，聊天內容是昨天的賽事，彼此見面聊天的話題不再只有政治，而是前一天某場體育賽事的盛況。

林老師在為台灣體育默默耕耘之際，抽空將個人對於「態度」與「品格」之觀念化為文字，**這本書是勵志書籍，也是正向心理學**，收集許多成功者化不可能為可能的成功經驗，從「零」檢視，從「心」出發，從而獲得「力量」。

這本好書值得推薦給您！

冷靜、專注、不輕言放棄，獲得持續向上的力量

教育部體育署署長 **高俊雄**

每一個人都希望順利完成應盡義務，扮演好自己的角色，生活愉快。通常，只要例行任務能夠順利完成，大家都會有成就感，愉快過生活。

但有時候，面對的任務要求或挑戰比預期還高，而且無法在第一時間順利處理完成時，許多人可能會陷入緊張焦慮狀態。如果任務進度遲遲未能掌握，有些人可能會情緒不安、失眠，一旦到了臨界邊緣，很容易情緒失控，甚至崩潰，出現身心病症。

如果有機會和成功的人深入聊天，我們會發現，大部分成功的人都經歷過許多困難，而且無法一次就順利克服，需要逐步摸索有效解決的方法，甚至嘗試錯誤。然而，面對困難挫折，尋求解決方案的過程，卻成為這些成功的人日後處理更艱難任務的能力素養，包括：冷靜、專注、接受挫折、不輕言放棄、積極為成功找方法、不因失敗找藉口、相信自己、建立團隊、超越自我等等。

林德嘉教授學貫中西，人生經歷豐富。**本書內容結合經驗、智慧和科學**，不論你已經成功，或正在追求成功，甚至感到挫折失敗，隨手一讀本書，都會從中獲得啟發和持續向上的力量。

推薦序四

我的人生良師，你的領導典範

前行政院體委會主委、國立臺灣師範大學名譽教授

許義雄

1963 年，是我就讀國立台灣師範大學第二年，開啟了與林德嘉老師的相識緣分。

林老師擔任學校橄欖球代表隊教練，無論春夏秋冬，不畏日曬雨淋，常在天朦朧亮的時候，看到他，不帶雨具，不著禦寒外套，一個人，堅毅地站球場上，準時等著球員來練球。尤其，寒風凜冽的大清早，到宿舍來敲門，一言不發。總看到，睡眼惺忪的球員，聽到敲門聲，緊張的手忙腳亂，匆忙起床著裝的模樣。事不關己的同學，常會躲在被窩裡偷笑。

言人之所未言，見人之所未見

之後，慢慢知道林老師的厲害，都是同學間的親身經驗，再口耳相傳。

最不可思議的是，林老師的「人體生理學」沒人敢曉課。不只是因為林老師上課，從不帶課本，上課內容之豐富，不在現場寫筆記，課後可能就要花更多時間找資料，還不一定能完整。特別是林老師習慣第一堂課就點名，點完名，就能記住全班 50 個同學的名字。上一堂課誰缺席，當場就能叫出，嚇得同學們，只能乖乖受教。

林老師的飽學，從交談中就能感受得到。課中課後，話

題之多，常是信手拈來，逸趣橫生，引人入勝；見解之獨到，常言人之所未言，見人之所未見。林老師之受學生折服，真是其來有自，名不虛傳。

良師典範，感念在心

1972 年，林老師 37 歲時，赴美進修，途中在東京過境。當時，我獲日本文部省獎學金，正在日本東京教育大學攻讀碩士班，特地到林老師下榻的飯店拜訪。

就在林老師的房間，兩人海闊天空，從傍晚談到天亮，一夜未眠，意猶未盡，一直到我趕回學校上課，仍然繚繞不去。

一路想著，林老師從小發憤圖強，立志為學的歷程。以精通中、英、日語，讀遍上千冊的原文書籍，到台大醫學院聽課，熟背梁實秋的十數冊英文教科書，不覺肅然起敬。

尤其，為了家徒四壁，一肩挑起十口之家的生活重擔，刻意自我犧牲，等栽培弟妹長大成人，先後進入大學後，才考慮自己的進修。更想到，林老師任教師大體育系的傑出表現，卻有許多難知的往事，不無感觸。

1974 年 4 月，我從東京教育大學畢業返國，6 月初，陸續接到林老師從他實驗室寄來的 2 本書：*Sport and The Body: A Philosophical Symposium* 及 *Physical Education: Progressivism or Essentialism*，受用無窮，感激莫名。想到林老師旅居在外，苦讀博士課程，在繁忙之餘，不忘破費購書相贈，鼓勵後生晚輩，其良師之典範，至今仍感念在心。

享譽歸國，投入教育之路

1980 年春末，我隨中華民國體育學會代表團，赴美參加全美體育學術會議，在底特律巧遇林老師，發現多年不見的林老師，已是白髮蒼蒼，略感意外。

當時林老師已取得伊利諾大學，理論與應用力學博士學

位,並獲聘「美國奧運訓練中心」運動科學研究員,且參與美國太空總署「外太空人體活動研究」專案。當時團長體育司長蔡敏忠先生,曾面邀林老師返國服務鄉梓,林老師笑而未答。

1997 年,林老師終於應台師大邀請,於去國 20 多年後,返台服務。任職期間,不只深受師生愛戴,當選師大傑出校友;更先後擔任公職,貢獻所學,為國人所肯定。其中,膺任中華民國足球協會秘書長、國家運動訓練中心主任、行政院體育委員會副主任委員,負責我國參加雪梨、雅典奧運,與大阪東亞運、釜山亞運代表團副團長,以其運動科學專長,協助運動訓練工作,使我國突破奧運零金紀錄,勇奪兩面金牌,厥功至偉。

「零」導學,成功者的信念

最近,林老師目睹台灣社會的快速變遷,盱衡國際潮流與國家發展動向,深知臺灣環境面臨衝擊,人人必須勇於面對,只有勇往直前,全力以赴,突破困境,邁向成功坦途,庶幾能安居樂業,健康幸福。雖已屆 85 歲高齡,仍不失赤子之心,有感而發,振筆疾書,肺腑之言,字字珠璣,句句發人深省。

全書採用《「零」導學》為名,闡述成功者的信念,內容共分 10 個章節,以**林老師翻轉生命的經歷貫穿全書**,鼓舞人們不要害怕「從零開始」、「打掉重練」的行動指南,脈絡分明,條理井然,實為不可多得之勵志佳構,值得讚佩。

縱觀全書,類皆可歌可泣的小故事,娓娓道來,有血有淚,不乏成功的愉悅,更有失敗的況味,讀來有如身歷其境,融入其中,共享喜怒哀樂,體驗繽紛的人生經驗,令人愛不釋手。每一個成功故事背後,有道不盡的辛酸,也有振聾發聵的作用,值得一窺究竟,借作為人處世南針,開啟成功人生之鑰。

付梓之前,先睹為快,略贅數語,一者表達敬意,一者藉申謝忱。是為序。

推薦序五

自我心靈對話全集，人生工作指南

勇源基金會執行長、誼遠控股體系董事長　**陳致遠**

　　非常榮幸，蒙林德嘉教授力邀，得以在其新作付梓之前搶先拜讀，閱讀中擊節不斷，閱讀後感觸良多，深覺本書實為難得一見之佳作，理當推薦給所有的好朋友及社會大眾，遂作此序以為引言。

從內視到自省，發揮想像練習

　　《「零」導學：不怕打掉重來的行動指南》共計 10 章，其中每一節皆可單獨成文，適合在各種時空情境中盡情體會。**從認識自己出發，找到合適的自我定位，**充分掌握自我的優劣得失，是自我心靈對話的全集，也是人生的工作指南。

　　從內視到自省，定方向找目標，是科學的、是人文的，由現象中追溯本質，從實踐中找到真理。全書沒有艱澀的詞語，更沒有高深莫測的飄渺，平鋪直敘中富含邏輯的推演，作者用最淺顯易懂的白話，配上每一個鮮活的人物案例，讓本書讀起來，在放鬆中可以充分發揮想像練習，閱讀效果事半而功倍。

不「怕」輸，讓「贏」成為人生關鍵字

　　沒有人喜歡輸的感覺，想贏是一種原始的意念，但往往在過程中不盡人意，也許是在起跑點，也許是在征途中，這是很正常的，應該坦然看待，但是更多時候，逆轉勝的契機會在迷惘嘆息中悄然流逝。

　　林教授這本書最可貴的闡述，在於讓「怕」字不再可怕，讓「贏」成為代表字，在環環相扣的基本動作訓練後，高奏凱歌，翻轉阻力為助力，找到成功的關鍵密碼，完成人際關係，職場試煉的通關測試。

　　《「零」導學》真的是一本好書，而且值得收藏，相信所有讀者朋友們，在讀完此書後，會跟我一樣得到一些啟發，加速邁向成功的康莊大道。

無懼失敗，
成為從「零」開始的贏家！

　　如果你不諳電腦，而有心人送你一部價格昂貴、精緻，且複雜的電腦，卻沒有任何操作手冊，結果就是你不知道如何組裝，更談不上要如何用它。於是，再怎麼昂貴的電腦，對你而言就與廢物沒有兩樣。

　　但是，當你收到電腦的同時，也收到一本說明詳盡、容易理解的操作手冊，又有電腦高手從旁指導，告訴你如何組裝、如何使用。那麼，在很短的時間內，你就會懂得如何操作電腦。

　　初步懂得如何操作電腦以後，能再進一步詳細閱讀操作手冊，而且持續不斷地學習電腦語言，瞭解電腦程式，你就有可能更加懂得如何應用。如此，那部電腦也越能顯出它的價值，越能發揮它的效率。

人腦，擁有不可思議的容量

　　人腦是一部非常奇妙的器官，到目前為止還沒有人可以充分瞭解它。唯一可以肯定的是，它比電腦更精緻、更複雜，更不可以價格論值。

　　每一部人腦來到世間時，並沒有同時帶來操作手冊，也沒有預先輸入任何程式或軟體。人腦的精緻複雜性，事實上也不可能單靠一本操作手冊就可涵蓋它的一切運作。

這一部只有一點多公斤重的奇妙器官，雖然沒有預先輸入的程式或軟體，卻有不可思議的容量，幾乎可以無止境地容納各式各樣的程式或軟體。你的責任就是要在自己的腦中建立良好的資料庫，儲存有助於你成功的程式或軟體。

「零」導學，打掉重來的成功

本書不做嚴肅的學術鑽研，而是以比較簡單且容易理解的科學方法、歸納演繹地整理，釐清一些成功者與普通人的差別，以深入淺出的方式探討真正成功者，之所以成功的規律，讓有心追求成功的朋友做參考。

《「零」導學》如同一本「大腦操作手冊」，讓你的大腦容納更多有益的數據，輸入更多有益的程式，從而發揮更多有效的功能，深信是一本值得你精讀的好書。

每一個人都要為自己的命運負責，不願為自己的命運負責的人，其實也已經做了決定——把自己的命運交給別人擺佈。

當你買了這一本書，而且已經閱讀到這裡的讀者，確信是有心追求成功，或有了一些成就，想更上一層樓的傑出的人。有心追求成功者通過視覺，將「不怕打掉重來的行動指南」讀進心神和靈的層面，對其澈悟的深度將反映在執行的態度上。

當遇到執行面無法徹始徹終之時，奉勸讀者再多翻閱幾次本書內容，細細咀嚼文字的內蘊，體驗「10大激勵翻轉課」，那麼打開成功之門的鑰匙已經握在手中。

從現在起，一起無懼失敗，成為從「零」開始的贏家！

林德嘉

Chapter 1

就算輸到底，
還能夠再次回彈

　　當被命運貼上了某種「不可能」的標籤，
卻憑藉自己的力量把它撕掉，你就是成功；
當一次次被「失敗」二字推倒，又勇敢地站
起來把它打倒，你就是成功；當與別人共處
逆境時，別人失去了信心，你卻下定決心實
現自己的目標，你就是成功。

　　因為你深信，就算輸到底，還能夠讓自
己再度翻身，保有韌性，再次回彈！

01

成功，
讓人因你的存在而美好

成功是人生一連串的奮鬥過程，它是生理、情緒、精神和財富的成長過程，並且藉此帶給別人正面助益。

留給世界更好的東西

美國文化精神的代表人物——愛默生（Ralph Waldo Emerson，1803 — 1882）曾說：「成功就是笑口常開，愛心永存；就是贏得智者的尊敬和孩子的喜愛；就是得到誠實批評家的欣賞，承受得住虛偽朋友的背棄；就是欣賞美好的東西，發現別人的可愛之處；就是給世界留下一些更好的東西，或許是一個健康的小孩，一處整修的花園，一個良好的社會環境，**成功就是確切知道，有那麼一個人，因你的存在而生活得更美好。**」

安奈特・凱勒曼（Annette Kellerman，1886 — 1975）幼兒時患小兒麻痺症，堅持以游泳做複健，結果變成強壯的游泳健將，有了優美的身材，成為好萊塢電影明星。

白手起家的賈伯斯（Steve Jobs，1955 — 2011），當蘋果 I、蘋果 II 和麥金塔問世，賈伯斯的公司就成為歷史上最快躋身財富 500 強的公司。1980 年，25 歲的賈伯斯就躍登為最年輕的科技新貴，也許是少年得志，年輕氣盛、恃才傲物的

態度，使得除了少數「死黨」以外，幾乎無法與別人和諧共事。終於在 1985 年，滿 30 歲時，被他自己請來的首席執行長約翰・斯卡利（John Sculley，1939 —）開除，董事會不允許他參與所有重要決策。

賈伯斯，這位絕頂天才，雖然不是一個輕易認輸的人，但是敢勇於認錯，深刻自省，徹底改變自己的處事態度，讓他在 1997 年不但創設皮克斯動畫電影工作室（Pixar Animation Studios），而且重返蘋果擔任執行長，讓蘋果公司奇蹟般地起死回生。

他在重返蘋果的第 8 年，也就是從 2005 年開始，蘋果的股值，持續上揚了十幾倍。即使 2008 年的金融風暴禍及遭殃，但不到一年的時間，股值不僅恢復到 2007 年的高峰，還繼續上揚。而今，「喬幫主」已然仙逝，但是他的「蘋果團隊」還在持續不斷地創造著，爭取一個個新的輝煌。

用盡最大努力，躍升勝利大門

曾因身體灼傷，嚴重到醫師診斷不可能行走的患者——卡尼漢（Glen Cunningham，1909 — 1988），不僅再次站起來，甚至成為一名中距離的賽跑健將，更代表參加兩屆奧運會的 1500 公尺比賽，在 1932 年名列第四，1936 年獲得銀牌。1934 年則以 4 分 06 秒 8 創下當時的 1 英哩（mile）世界紀錄。

出生在伊利諾州（Joliet）的窮家小孩丹尼爾（Daniel Rudy Ruettiger），從小就夢想著要進聖母大學（University of Notre Dame）打橄欖球，在高中畢業時，他的學業成績僅 1.77，為全班倒數第三名，體格才 86 公斤，167 公分，速度又慢，距離進聖母大學的標準非常遙遠。

他先進入一家專科學校讀了一個學期，卻因成績不佳被退學，只好到居家附近的發電廠工作 2 年，再去服兵役。海軍服役 2 年時，發現自己並不笨又能負責任，是他人生的轉

捩點。退役後又回到發電廠工作。但是，就在那個時候，他更下定決心要進入聖母大學，不顧朋友、家人及同事們的批評奚落，辭掉工作搬到印第安那州的南灣，就讀附屬大學的聖十字學院（Holy Cross College）。

2 年期間，每學期的平均成績都超過 4.0（5.0 為滿分），達到聖母大學可以接受的標準。於是他從高中畢業 8 年後，以 26 歲的年齡踏進聖母大學，依規定只剩下 2 年時間可以參與大學的運動競賽，而他又以墊底的身份，有如當球童的方式加入橄欖球隊。

然而他一直不放棄夢想，每天都盡最大的努力練球，終於有機會躍升為排在板凳球員的前端。最後一個球季，是他生命中僅有 2 次上場比賽擔任四分衛【註1】的角色。第一次上場由於過度興奮又沒有經驗，表現不佳，但他仍然沒有氣餒。他運用意象訓練，不斷想像比賽進行的情境，在第二次下場擔任四分衛，於比賽結束後，竟然成為聖母大學史上唯一的一次，由全體隊員把他抬起走出球場，慶祝勝利。

丹尼爾的事跡也在好萊塢搬上銀幕。一位沒有運動天分，卻以堅持的毅力，克服一切障礙去達成心願，這才是更加難能可貴。因為如此，他的名字才會留在許多人的記憶裡。

天才演員，演繹成功人生

大牌明星湯姆‧漢克斯（Tom Hanks，1956 —），以其精湛的演技，被稱為近代的吉米‧史都華（Jimmy Stewart，1908 — 1997）【註2】。光是 2006 年，漢克斯的電影票房就超過 300 億美元。現在，他不但是演員，也成為電影製作人和劇本作家。

【註1】

四分衛：橄欖球隊進行攻擊時的靈魂人物。

　　許多人認為他是個天才演員，其實無論是否真的天才，他還是熬過一段辛苦的歲月。在他的演藝生涯初期，湯姆‧漢克斯沒有固定的工作，一直到 1980 年加入一個叫《親密夥伴》（Bosom Buddies）的喜劇單元，他才有了穩定的工作。這份工作維持 2 年，待遇低，每一單元僅得 500 美元。不過他沒有抱怨，而是倍加珍惜這個來之不易的曝光機會，又經過 10 年的掙扎，才有了今天的成就。如今他已獲頒 2 次奧斯卡金像獎，目前每一部電影的薪酬是 2500 萬美元，等於是剛出道的 5 千倍。

　　當你被命運貼上了某種「不可能」的標籤，卻憑藉自己的力量把它撕掉，你就是成功；當你一次次被「失敗」二字推倒，又勇敢地站起來把它打倒，你就是成功；當你與別人共處逆境時，別人失去了信心，你卻下定決心實現自己的目標，你就是成功。

「零」導學
行動筆記

　　成功，就是有人因你的存在，變得更美好。
　　命運可能在身上貼上某種「不可能」的標籤，我們仍不失去信心，憑藉不懈的努力把它撕掉，這就是成功。

【註2】
吉米‧史都華（Jimmy Stewart）：本名詹姆斯‧梅特蘭‧史都華（James Maitland Stewart），吉米‧史都華（Jimmy Stewart）是他的暱稱，美國電影和舞臺劇演員，曾獲 5 次奧斯卡金像獎和終身成就獎。

02 你是否成了自己理想中的那個人？

古今中外的成功者，仔細探究，之所以比一般人更有成就，都因為比一般人具備更傑出的能力和人格特質。

你想要成為什麼樣的人？

這些成功者能力的養成過程及人格特質、處理事情的策略與方法，可以發現都有許多共同點，這就說明成功之路有其規律可循。

這些規律產生的效用，不受時間變遷的影響，從過去、現在到將來，都不會有所改變，也不會因種族、階級、宗教、性別或年齡的差別，而產生不同的效用。有一句諺語說：「自助者天助」，西方也有諺語說：「神助自助者」（God helps him who helps himself.），完全是同樣的涵意。

大多數人都無法成為自己理想中想要成為的人，其實更多人連自己理想中想要成為什麼樣的人，都只有模糊而不明確的概念。

有些人即使在某方面取得了成就，卻不知為什麼。他們不了解成功背後有規律可循，所以往往在一個領域成功，而在其他方面一敗塗地。

懂得成功的規律，又能將其運用在各領域者，才有可能

在多方面取得成功，進而不斷採擷成功的果實。有如開密碼鎖一樣，只要轉向正確，號碼對準，每次都可以打開。否則再怎麼試，成功的機率都很渺茫。

成功者，有其規律

「為什麼有些人，無論做什麼都能夠成功？」

「為什麼有些人，無論怎樣努力都無法成功？」

一切，規律使然。

我們生活在地球表面上，它有一定的秩序，遵循著一種自然規律和節奏。成功者無論知或不知，其運作都與這種規律和諧地配合著。然而，沒能取得這個和諧的規律，一切就會白費力氣。

所謂地球表面的自然規律，從能量的振動、重力加速度到海洋的潮流，一切都有它的秩序。這些現象運作的背後皆有規律，如果能掌握所有造成現象的規律，就可預測現象的發展方向。舉例來說，從高空中的飛機拋下一顆棒球，如果影響這顆球落地的一切因素，包括飛行速度、高度、方向、相對於地面的位置、風向、風速、空氣阻力、濕度、密度、重力加速度、球體品質、體積、表面積、表面粗細等都能掌握，就可預測球的落地點。

同樣的道理，如果我們能夠掌握導致某種現象的重要因素，就可以合理地估計最後結果，不會有太大的誤差。所謂預測本身也要符合規律，它完全是科學的。許多人不探討造成現象的原因，只想知道結果（現象）。當然就如大家所言：「千金難買早知道。」一切成就，都有之所以成功的原因。只要深入探討，才會發掘符合規律所得的結果。

當你在人生的某一領域獲得了成功，那是因為遵循成功規律行事的結果。假如瞭解這規律，遵循它行事，在其他領域一樣可以成功。

你夠了解自己嗎？

每一項運動技能的訓練，都有它的基本和高難度動作。初學者必須從基本動作練起，然後循序漸進，才有可能晉升高難度的動作。

肌力、耐力、速度的訓練，也必須遵循同樣的原理，才能得到有效的進步，這也是一項自然規律，腦力的進步同樣必須經過系統訓練。

從觀察一個人的品德、氣質、學識、分析判斷的能力，做事的方法與態度等，就可以預測他的人生是否可以成功。**如果要追求成功的人生，首先就必須徹底瞭解自己**，盡可能列出一份詳細的清單，除了身體健康條件外，還包含專業知識、邏輯推理與分析判斷的能力、人格特質、情緒反應、時間管理、行為習慣、做事態度與方法等，並且將各個專案給予歸類，把正面的因數和負面的因數分開。

在每一項正面因數下註明是否再強化或繼續維持，而在每一項負面因數下註明如何改善或根除的方法，並列出執行的時間表。

完成清單以後，每天晚上就寢以前閱覽一次清單，以檢討執行狀況。強化正面因數和根除負面因數的程式，就是要遵從循序漸進的訓練原理。久而久之，成功的日子就會指日可待。培養好的習慣很困難，卻可以讓生活過得很容易，而培養壞的習慣很容易，卻會讓生活過得很困難。

所謂循序漸進就如同還不會走路，就不可能學跑跳。還沒有學加減乘除，就不可能學代數、幾何，甚至微積分。所有的策略與方法都有特定的程式，順從特定程式的規範進行，才能產生必然的結果，這就是規律。

當我們在解數學題目，而發現錯誤或解不出時，進一步瞭解數學的定理，再改變解題方法，而不是否認定理的存在。但在人生的經歷中，許多人卻忽視規律的存在，背道而馳。

找對好老師，成功就在不遠處

從幼兒聽得懂大人講話時開始，我們就不斷地聽父母、老師，或其他長輩的教誨——要用功讀書，做事要有恆心、勤奮、誠實等。輪到我們長大成熟、成家立業後，又以類似的口吻諄諄教誨下一代。

在人類歷史上，這些教誨口吻已經延續千百年，好像許多規律已經變成一種常識，無論年長年輕，各個不同層級的人都可以將其掛在嘴邊，喋喋不休。可是，既然大家都可以講出一番道理，為什麼每一個時代真正成功的人，萬人中總是難得數出一兩位？

這就是規律——**沒有成功經驗的人，無法帶領別人走向成功之路！**假如你想要登上喜馬拉雅山的珠穆朗瑪峰，你肯信賴一位從來沒有登過珠穆朗瑪峰的嚮導嗎？當然不肯，所以聽了許多沒有成功經驗的長輩教誨，即使表面上似乎有道理，卻仍然無法帶領你登上成功的「珠峰」。掛在嘴邊喋喋不休的言語，再怎麼有道理，仍然不值錢。語言或文字的震撼力，要從有成功經驗的表達者的靈魂釋放出來，才能產生效果。

以下這則小故事，頗能說明這個道理：

有位老師看著趴在地上玩彈珠的 10 歲小孩，嚴厲地斥責他說：「你知道嗎？亞里斯多德【註3】在你這個年紀時，已經在研讀代數學了，不像你只會是流著鼻涕，趴在地上的小白癡。」那位小孩冷靜地回答說：「老師我知道，因為他的老師叫柏拉圖【註4】。」

這則故事中老師的話反映著，在社會中多生活了幾年的年長者，常常會以長輩自居，教誨後輩，有時候還會借用「聖人曰」等口吻大放厥詞，尤其是愈庸俗者愈會以更了不起的姿態來教導後輩。殊不知沒有登過成功的「珠穆朗瑪峰」者，怎能當嚮導，帶領別人走上成功之路呢？故事中小孩的回答

就道出一條規律：只有成功者，才有可能帶領你登上成功的「珠穆朗瑪峰」。

平庸的老師教不出有成就的學生，只動唇舌或筆桿，卻不能躬行其言者，自己根本就不可能走向成功，更不可能帶領別人獲得成功。

「零」導學
行動筆記

懂得成功規律，將其運用在各領域者，有如開密碼鎖一樣，只要轉向正確，對準號碼，每一次都可以精準打開勝利的大門。

【註3】

亞里斯多德（Aristotle，BC384 — BC322）：希臘哲學和科學家，他是亞歷山大大帝的老師。

【註4】

柏拉圖（Plato，BC427 — BC347）：希臘哲學家蘇格拉底的學生，在雅典創辦學院。

03 成功者，萬中取一

　　無論是有意識或無意識，每一位成功者都必須遵循自然規律行事，才可能會有傑出成就。

關於成功的 11 種規律

　　自然規律可分為物理規律、心理規律，以及結合物理、心理的生物學規律與行為科學規律。

　　「物理規律」如電、機械原理和重力加速度等，對於行動的規範比較明顯，容易理解。「心理規律」，大多需要藉由自身經驗領悟。

　　「生物學規律」和「行為科學規律」，卻要通過科學方法的整理，才能發現規律的存在。為使讀者不致陷入艱澀的學理，這裡不做學識領域的深入探討，謹以一種比較口語而深入淺出的方式，介紹一些成功者的真實案例以資佐證，加深讀者的印象和理解，烘托出一些傑出成就者之所以成功的規律。

用愛回應──作用力與反作用力的規律
（the law of action and reation）

　　物理學有「作用力」與「反作用力」的概念，簡單來說，

就是對一個物體施加力量，它同樣會回饋一個力量給你。這個概念同樣適用於「規律」和「成功」之間。當你用恰當的規律作用於工作、事業、家庭、生活，它們就會回饋給你成功和幸福的喜悅。

宇宙中的作用力與反作用力定律，一定會讓付出的作用力得到相對反作用力的回報。當你對別人以一種友愛、關心、體貼、諒解、善意相待，不斷地給予付出時，終有一天，你一定會得到相對等的回應。相反地，**釋出恨者就會被恨，口出惡言者就會被責難，暴力行為就會被反擊，欺人者就會被欺**。雖然在物理世界裡，作用力和反作用力有相對等的規律，但是在心靈世界裡，反作用力卻有可能加倍。

如果一個人常常不滿自己的工作，認為自己的待遇應比老闆目前給的要高很多，工作崗位該比現在位階更高，因而埋怨雇主不識人才，對工作存有輕蔑的態度，結果終有一天會被解僱。雖然在表面上好像是雇主解聘了他，但其實雇主只是扮演一個作用力與反作用力的媒介，真正解聘他的是他自己。他的工作心態產生作用力的最終結果，使他得到一個被解僱的反作用力。

你的思維、言語、寫出的文字，一切的行為都是製造某些結果的原因，而製造出來的結果，遲早都會回到身上，這就是作用力與反作用力的規律。所以想要改善未來處境，就要瞭解什麼原因可以製造出期待結果，然後專注於創造作用力，而自然界的規律就會回應反作用力的結果。

佛洛伊德（Sigmund Freud，1856 — 1939）說過：「一個人的人格裡如果沒有愛，就是一種病，甚至等同於死亡。」愛，包含著體諒、親切、仁慈、尊重和關心，每個人都喜歡受到別人的喜愛、尊重和關心，也希望被人重視，肯定其存在的價值。依據作用力和反作用力的規律，能得到多少的回應（反作用力），取決於你施出的作用力有多少。

慢慢走比較快──自然的規律（natural laws）

生命的內在，都會蘊涵著成長、成熟和發展的元素，正是自然規律。舉例來說，嬰兒在成長的過程，從學會翻身到坐起來，到爬行、站立，再學會走路，學會跑跳，這一系列的過程，都有一定的程式，而且每一個階段都需要一些時間的演練。

推廣到人生的所有層面，其實也都遵循著類似程序的規律，卻經常被許多人所忽視。舉凡一切專業知識、技能、外國語言的學習，甚至個人情緒的發展、習慣，或人格特質的培養等，都有一定程式。一旦違反自然的規律，想抄短線走快捷方式，終究會遇到瓶頸，必須回頭，重新奠定基礎。如果不回頭補強基礎，就不可能躍升至更高的層次。因此，**所謂的快捷方式，結果反而是最遠的路**。

鋼琴的初學者，無論有什麼樣的雄心壯志，顯然還是不可能到國家音樂廳進行公開演奏，同樣的道理，網球初學者根本不可能向職業高手挑戰。速食文化影響下，讓人一切求快，然而要求立竿見影的人，永遠只能立竹竿。那些可以撥雲霧、見天日，壯碩魁偉的神木，絕對輪不到只想立竿見影之流的人來慶祝成果。

千里旅程必須從跨出第一步開始，累積一步一腳印的努力，才能走到最後的目的地。很多人都可以動筆寫類似的比喻，然而在靈魂的深層可以真正執行的人卻寥寥無幾。這也是為什麼，真正成功者往往只能萬中取一。

從容淡定的人生舵手──自我控制的規律（the law of control）

恐懼感是人們最大的敵人，怕失敗、怕失去權位、財物，怕失去安全感等，這些恐懼作祟使人喪失自我控制的能力。

一個人的生活，如果經常遭受債務、疾病、不良習慣、

惡劣的人際關係等糾纏，就會漸漸失去自我控制的能力，內心產生莫名的焦慮、壓力、憂鬱等。一個人能夠有多少自律，相對地就有同等程度的正面態度處理眼前一切事情。**當你真正可以控制自己的思維時，才會有從容淡定的自我控制能力（self - mastery）。**

你無法掌控所有發生在身上或身邊的狀況，但你絕對可以掌控，也絕對有責任決定應對一切狀況的心態。你是航行在人生大海的生命船隻的舵手，無法避免狂風暴雨的侵襲，但必須擔任稱職的舵手，在狂風暴雨來臨時，能穩住你生命的船隻。正如打牌時，無法掌控手上可以握有什麼牌，卻可以決定如何打出手上握有的牌。

培養所需的資質——因果規律
（the law of cause and effect）

每一個現象的出現，就是一種結果的呈現。每一種結果都有產生它的原因，而所謂的原因，有可能是產生結果的原始因素，也可能是另一個原因產生的結果。

每個人的現況，就是過去的學習、訓練、教養、思維和行動下，所產生的總和。如果一個人希望更多的好結果不停地出現，就要追溯產生結果的原因，著力於重複不斷地製造那些原因。對於不願意看到的結果，就要努力消滅釀成結果的原因。

卓越的音樂家要有超乎常人的樂感，傑出的教師要能有系統地傳授知識，良醫要有醫德和精確的診斷、治療醫術，非凡的企業家要熱愛自己的事業，並充分發揮自己的才華。

每一種行業都有一些特殊的資質，可以導致一個人成功的因素。懂得運用正確的方法培養那些資質，因果規律自然就會帶領一個人走上成功之路。

有效意識力──相信的規律（the law of belief）

福特（Henry Ford，1863 — 1947）【註5】說過：「你相信可以做得到，或你相信不可能做得到，你都是對的。」一位只接受過 6 年正規教育的人，卻能夠很有智慧地領悟這個規律，不愧可以成為 20 世紀初的世界首富。當你愈強烈地相信自己會成功，對於所要追求的目標，相信一定可以達成。那麼，你自然地就會想出辦法，克服一切困難去達成目標，你就會忽視無助於完成目標的不相干資訊。

當你相信自己可以成功地完成某一件事，又知道該如何做，才能真的付出行動時，一定會信心十足，毫不疑慮會有失敗的可能。

執行任何一件事，一旦有了是否會成功的疑慮時，就不可能付出全力，專注在一件事，導致遭遇到困難或挫敗，都是疑慮帶來咎由自取的結果。當信心十足、毫不疑慮時，即使遭遇困難或挫折，在他的心目中只會是多一次深入思考，如何解決問題的機會而已，這種心理素質稱為「有效意識力」。

如果我們廣泛瞭解一些有卓越成就者，將不難發現幾乎每個人都擁有這種心理素質。為了培養這項心理素質，必須不斷地進行自我提示：「我能做一切我所想要做的事。」使得這個印象能夠根深蒂固地鑴刻在潛意識。那麼當你付出行動執行任務時，**潛意識就會如同水滲進海綿一樣，把力量滲入你的全身，幫助成功地實現目標。**

【註5】

福特（Henry Ford）：福特汽車公司的創始人，主導研發 T 型汽車並建立組裝系統（assemble system）的技術，大量生產平價汽車讓多數人買得起，而革命式地改變了美國的交通系統。

自我實現的預言家──期待的規律
（the law of expectatoin）

當你以非常強烈的自信心，期待一件事情的出現，你會成為自我實現的預言者。

幾乎每一位有卓越成就者，都具有充分的自信，以正面的態度期待自我的成就。如果你真正具有非常強烈的信心，確信可以成功地實現期待完成的任務，自然而然，就會以非常興奮、熱情、樂觀的正面心態執行任務。

哈佛大學的詹姆斯（William James，1842 — 1910）【註6】說過：「相信可以創造奇蹟。」執行的整個過程，你的態度會變得更積極，甚至會感動周遭的一些人，幫助實現所期待完成的任務。

1909年擔任美國數家銀行總裁的范德利普（Frank A. Vanderlip，1864 — 1937）年輕時曾為生活掙扎，問過一位已經成功的朋友，如何勸導正在力爭上游的青年人。那位朋友即告訴他，要想像你已是一位成功的人。莎士比亞（Shakespeare）則用不同語句說過同樣的涵意：「如果沒有那種美德，就先假裝你有。」（Asseume a virtue if you have it not.）

當你一開始做事時，假使還沒有看出成功的願景，就先看到失敗的陰影，當然最終結局就是讓你找到棄甲而逃的退路。每一件傑出的成就，在尚未達到之前，一定會遇到許多挫折和障礙，否則就不會是傑出成果。當執事者全心全意只看到成功願景，而將挫折的過程視為挑戰的機會時，才能讓人更為成熟，才能訓練出堅韌的毅力。只為成功做準備，在

【註6】

詹姆斯（William James）：1869年取得哈佛大學醫學院的博士學位，1876年在哈佛哲學系任教心理學，為美國最早的實驗心理學家之一，1885年創立了「美國心靈學研究會」。

意識和潛意識裡毫無失敗的影像，真正有著這種心態才會有成功的條件。

思維能量共振——吸引的規律（the law of attraction）

俗話說：「物以類聚，人以群分。」在一個大廳裡，間隔一段距離，如果放置 2 部鋼琴，而你敲擊其中一部鋼琴的 C 鍵，將會看到另一部鋼琴的 C 鍵，也會以同樣頻率在振動。

同樣的原理，我們的思維會有能量的振動，能吸引其他具有同樣思維的人的共鳴。當附著於思維的情感強度愈濃，振動的頻率愈高，就越能吸引更多的共鳴。樂觀、積極、有激情的企業家，往往能吸引更多的客戶與資源。你必須要自律，**集中精神思考你所想要的好事，不要浪費精力思考不想要的東西！**

成為更好的自己——對應一致的規律（the law of correspondence）

每個人內在呈現的思維和情緒，與外在表現的行為會有一致性。

別人如何對待你，決定性因素在於你如何對待別人。如果你有正面的情緒，充滿信心，可以掌控生活的節奏，那麼你的家庭生活、工作環境，必然會井然有序，又充滿效率。

德國哲學家兼詩人歌德（Johann Welfgang von Goethe，1749 — 1872）曾說：「一個人必須要有些分量，才能做出有分量的事。」（One must be something to be able to do something.）如果想要改變自己的現況，就要著力於：「我們要經常自問，自己將要做一個什麼樣的人？」

一條蘿蔔一個坑，我們不可能讓 2 件東西同時佔用一個位置。同樣的道理，這種現象也適用於心靈世界。**真誠就不可能同時又虛假，真正的愛，就不會有恨。**所以一切負面破

壞性的情感和思維，必須經過正面建設性的情感和思維予以取代、驅除。

主宰思維——心靈對等的規律
（the law of mental equivalency）

內在的思維如何看待自己，終究會成為自己所看待的那個人。如果你有正面的心態與自信，可以掌控自己的思維，那麼就可以掌控發生在你身上的一切。

你只可能做自己認為可以做到的事，也只可能成為自己所能想像得到的人。我們無法做超出想像範圍以外的事，也無法使用語言表達腦海中想不出的事情。所以我們的言行舉止，一切都是由自己的思維來主宰。

你想要達成什麼樣的目標，想要有什麼樣的命運，都必須使思維先有譜，再實現於外在的世界。你的思維，**決定你是什麼樣的人，你是什麼樣的人，決定你能做什麼**。思維決定心態，心態影響行為模式，而你從過去到當下的行為總和，造就你的現況和命運。

只有先改善內在思維，才能期待改變未來的處境和命運。心靈對等的規律，決定你可不可能成為超越思維所及範圍以外的人。

價值連城的能力——寬恕的規律
（the law of forgiveness）

第 16 任美國總統林肯（Abraham Lincoln，1809 — 1865）說過：「寬恕是隱藏在顯而易見之處的秘密，不必花錢去買，卻是價值連城。它可以供每個人使用，卻只有極少數人用它。假如你具備寬恕的能力，不僅可以獲得崇高的尊重，也可以獲得別人的寬恕。」

的確，具有寬恕的能力，可以使你在不知不覺中獲得回

饋，而且這個回饋一定價值連城。

培養美好的人格特質——物以類聚的規律

夫妻間的幸福，建立在互信、互愛、尊重、體諒、仁慈、關心，以及有共同目標的基礎上，一切摩擦都來自不瞭解潛意識和意識運作的功能。如果有一位女人說，我已經厭倦工作，想找個安全可靠的男人來結婚，那麼就不必為經濟壓力繼續工作。這種想法是錯誤的。

經濟基礎是生活的基本條件，但是安全感是來自潛意識和意識之間的交互作用。無法領悟其中的道理者，即使找到有經濟基礎的物件去建立家庭，仍然難以得到真正的幸福。

夫妻間個人的健康、幸福、快樂、財富，雖然互相之間會有一些影響，但是更重要的是，如何共同面對所遭遇到的人、事、物的心態。在心態上能互信、互愛、相互尊重、相互體諒、相互關心，才會有真正幸福的家庭。無法遵循物以類聚的規律，而勉強建立的家庭就不可能幸福，甚至有可能維持不久，家庭就會因之破碎。

如果希望吸引一個理想的異性，就要將自己培養成理想異性所喜歡的那種人格特質，才有可能吸引到自己理想的異性。**所謂「人格特質」是每一個人的言語、行動、思維模式、語調、姿態、心態和自我情緒管理等的總和。**

「零」導學
行動筆記

培養成功者的正確規律，儘管無法掌控手上握有什麼牌，卻可以決定如何打出一手好牌。

04 成功者，
八成取決於心態

　　人生旅程蘊涵著有競爭性的比賽，參與這場比賽的過程中，假如不熟諳比賽規則，就不可能在比賽中勝出。可是在學校教育中，從小學到大學的每一個階段，很少有人教導如何面臨逆境中的挑戰、怎麼生聚財富、如何消除壞習慣，又該如何紓解壓力等。

心態，才是超越成功的關鍵

　　哈佛大學做過研究顯示，**成功因素有 85％是來自心態，只有 15％來自於專業技能。**

　　可是在我們的教育體系裡，竟然花費 90％的資源，在幫助一個人獲取決定成功的那 15％的元素。難怪絕大多數人會由所處的狀況操控他們的心態，而無法以他們的心態去操控所面臨的境況。

　　其實，我們雖然無法使自己所遇到的一切都符合自己的期待，但是，我們卻可以培養面對不同狀況時的心態。我們是由行動培養習慣，由習慣培養人格特質，由人格特質決定一生的命運，而這一切都與心態息息相關。

　　只有熟諳導致成功的規律，也就是生活競爭當中的比賽規則，才能掌握如何運用策略與方法，培養為人處世的心態。

　　一個人的成功不會是偶然，而是遵循一些令人可以成功的規律，所得到的必然結果。無論是否認識規律的存在，它對於人生的影響無時不有，無處不在。就像萬有引力定律一樣，在牛頓發現它之前，它就規範著一切物理現象。只是從牛頓發現了萬有引力的定律之後，人們就更懂得如何應用定律，開發諸多有利人類的事物。例如吊橋的建築、飛機的發明，都是受萬有引力的定律之賜。

　　在人們還不瞭解電的原理之前，它就存在著，而從認識電的原理，懂得如何應用它來造福人類後，才有目前文明社會的生活型態。同樣的道理，許多科學和醫學原理的發現，也改善了人類的生存條件。

　　成功的規律規範著人們的生存面貌，無論你願不願意，或是認不認識，它存在於世界是永遠不會改變的事實。當你認識了這些規律，並懂得如何遵循這些規律，它就會幫助你踏上成功的坦途。

成功，沒有終點

　　每個人都會有夢想，希望有更美好的人生。但成功的人生不是以擁有多少財富、具備什麼社會地位、認識誰所能衡量。

　　當然財富與社會地位，是成功者需要考慮的其中一些條件。不過更恰當地說：成功是人生不斷奮鬥的過程，要維持身心的健康方式，累積財富與社會地位，使得個人的情緒、精神與智慧更臻成熟，還要培養終生學習的習慣，不斷吸收新的知識和資訊，更要培養能力，懂得如何有系統地組織整理知識，將其應用於改善或影響一些人，使他們包括自己能夠更健康、更有效率的生活。

　　所以，**成功是人生持續不斷進行的過程，並不是終點。**

　　世界聞名的大提琴手帕布羅・卡薩爾斯（Pablo Casals，1876 — 1973），在成名以後許久，每天還要花 6 個小時練習。

有人問他已經成名了，為什麼每天還要花那麼長的時間演練。他卻回答：「我想，我還在追求進步。」

愛德華·戴明博士（Dr. W. Edwards Deming，1900 — 1993）在二次世界大戰期間，幫助美國改善戰備品的品質，戰後隨麥帥（General Douglas Mac. Arthur，1880 — 1964）赴日，1950年代幫助日本工業做的品質管制，被譽為日本戰後工業改革之父。

他所提出的基本核心信念是：持續不斷，永無止境的改善事業品質（constant, never-ending commitment to consistently increase the quality of the business）。1983 年福特汽車公司，聘請戴明博士去做一系列關於經營管理的研討會，會中一位出席者彼得森（Donald Petersen，1926 —）[註7] 貫徹戴明博士的理念，將西方傳統的信念：「減低成本，增加生產量」，改變策略為「如何改善品質，而以長久之計不致增加成本」。

於是，福特推出「品質第一」的標語，一年虧損數十億的事業，就在 3 年內轉虧為盈，獲得 60 億美元的利潤，躍登汽車事業的龍頭，彼得森也成為福特汽車公司的總裁。這種看似簡單的概念：「持續不斷，永無止境地求改善」，無論在事業、求學問、人際關係、溝通能力等，只要每天一點一滴地改善，經年累月可能呈現的成就，往往就會是執行者意想不到的收穫。

其實，每一位有卓越成就者，就是有這樣的心，也就是態度造就了他們的卓越，成功不會有終點。

【註7】

彼得森（Donald Petersen）：1985 年到 1989 年擔任福特公司總裁兼執行長，1988 年被「USA Today」選為最有價值的人，1989 年被 CEO 雜誌選為年度最佳執行長。

願景，描繪自己內心的模樣

願景是內心的圖像，描繪出自己期望變成什麼樣的人物。目標，則是人生重要的一環，有了目標，才能指引人生努力的方向。

不過，**目標不等於願景**，目標是人們追求幻想達成的過程，願景則決定確立的目標。當我們的習慣、思考傾向和願景，無助於幸福、健康、富有的人生時，就有如在「潛意識」園地裡的雜草一樣，必須努力加以清除，才有可能幫助正面思維播下種子，加速萌芽、茁壯、開花、結果。

人生不在乎於你是誰，你擁有什麼，或你在做什麼，而是在乎於你要做一個什麼樣的人。你需要無止境的更往上一層爬，使自己變得更好（becoming more of who you truly are）。堅定不移的信仰，才是最重要的因素，它會將你的幻想帶向實踐。

人生的旅程不是往上爬，就是往下滑，這是一項規律。當麥當勞的開創者雷‧克拉克（Ray Kroc，1902 — 1984）有次被問到：「如何可以長期保持成功的秘訣？」他用很簡單的語句說：「**當你保持青綠，你就會繼續成長，當你熟了，就會開始腐爛！**」（when you are green，you grow；when you ripen，you rot！）也就是告訴自己繼續往上爬，繼續求進步，否則不進則退，就無法永保成功。

「零」導學
行動筆記

成功，是人生持續不斷進行的過程，而非終點。

05

刻意練習，展現天賦

避開疼痛（pain）、追求舒適快樂（pleasure），可以是驅策人類行為的兩大動力。

我們希望避開肉體或心靈的疼痛，包括窮困、疾病、沮喪、被人睥睨、挫敗等；渴望追求一切安適快樂，舉凡財富、榮耀、健康、權位等。

趨樂避苦，人之本能

延續這樣的概念，趨樂避苦是人的本能，想要徹底改掉不良習慣，例如抽菸、玩電腦遊戲，或是浪費太多時間看電視，可以把該行為與疼痛畫面連結在一起，強度愈強，想要改掉的動機就愈強烈。

這種刻意練習把行為與疼痛畫面連結在一起，驅動改掉行為的策略，透過重複不斷的操作，一直到變成條件反射，才有可能改掉行為習慣。

同樣地，想要培養規律運動、健康飲食、定期儲蓄、讀書習慣時，就要將行為與相關喜悅畫面連結在一起，重複不斷的操作，一直到變成條件反射，培養成習慣行為。

人類行為大多介在逃避疼痛和追求喜悅之間，有種喜悅需要藉由突破層層短暫痛苦的關卡，才能獲得。舉例來說，

克服逆境與挫折取得的成功，就是這種現象。另一種短期的喜悅，經常會帶來長期的痛苦，有著不勝枚舉的案例，例如服用令人上癮的藥品、嫖賭等，需要嚴加避免。

假設有一位學生把讀書、寫作業當成苦差事，認為坐在沙發上看電視才是愉悅，當然就會耗費許多時間看電視而荒廢學業。但是如果想到荒廢學業，在學校會被輕蔑、未來前途渺茫，將是一件痛苦的事，就要衡量輕重緩急。

如果一位學生無法忍受被輕蔑的痛苦，更不敢想像前途渺茫的悲哀時，即使讀書寫作業是件苦差事，但還可以忍受時，就會埋首苦讀。

久而久之，培養成為習慣之後，讀書就不再是苦差事，反而變成是一件充滿樂趣的行為。

一夜之間，改掉長年壞習慣

我有位親戚從年輕時就有好酒量，每天都要喝一些酒，隨著年齡增長越是上癮，每晚沒有一杯威士忌（whiskey）就睡不著覺。

許多朋友不免給予勸導，加上她本身自覺應該戒酒，可是有時候又覺得何必那麼痛苦，人生總是要有些樂趣，否則生活就沒什麼意義了。這就是她衡量戒酒的痛苦，比起喝酒導致身體傷害的痛苦更為嚴重，所以喝酒行為一直無法改變。然而，在她年屆76歲那一年，有一天因胃潰瘍吐出大量鮮血，被家人送往醫院急診。我知道她一向非常害怕看到流血，那一次親身的經歷，對她而言留下強烈衝擊，出院後，她便自動清掉酒櫃內所有的酒，從此一滴不沾。

這個實際的例子說明了50多年養成的習慣，仍然可以在一夜之間完全改變。

親睹大量鮮血感受到的恐懼，勝過戒酒的痛苦，所以想要有效改善自己的行為，就要充分應用自己的想像力，把需

要改掉的壞習慣和極端痛苦的結果連結在一起，把希望培養的好習慣和可以帶來的喜悅連結在一起，持續不斷地在自己可以操控的意識層面重複演練，使得印象烙印到潛意識的層面，才能形成條件反射，達到影響並改變行為。

假使想要改善生活品質，可以列出想要培養的好習慣，例如：每天閱讀一小時，每週規律運動四天，多吃蔬菜水果，少吃肉類，早晚刷牙，減少浪費在電視機前的時間，減少電玩等。

如果每一項習慣都能持之以恆，維持 13 週之久，以後就會變成永久的行為，同時有計劃、有系統地每年培養四項習慣，10 年時間下來，就會有 40 幾項好習慣可終身享用。

企圖心，為成功掛保證

一旦擁有追求成功的企圖心，會以智慧的行動作為後盾，不需要用語言來告訴別人，他需要什麼或會做什麼，自然會以行動展現。

一位叫愛德溫（Edwin C. Barnes，1878 — 1954）年輕人，雖然沒錢，但是企圖心很強。他曾經寫信給愛迪生求職，但是愛迪生從未給予回應。因為沒有錢坐火車，他就搭乘了貨車，長途跋涉到紐澤西西橘郡，也就是愛迪生所在的工廠。他親自面見愛迪生並求職，但愛迪生仍然沒有用他。他不放棄，仍然一而再地向愛迪生求職，強烈希望能成為愛迪生的事業夥伴。

最後，愛迪生被他感動而錄用他在研究室打雜，待遇雖然微薄，但是他仍然很用心地工作並等待機會。一次，愛迪生有一項家庭用具的新發明，這個用具在外觀上並不吸引人，所以許多經銷商都沒有興趣銷售這個新發明。愛德溫看到機會來臨，自告奮勇地向愛迪生推薦，他可以幫忙賣這個東西，結果銷售極佳。

他在做行銷時非常重視言行舉止，包括穿著、禮節和態度。他製作了 31 套西裝，每天換穿一套，每月輪著穿。由於他的銷售出奇成功，愛迪生在日後發明的東西都委託他銷售，最後確實變成愛迪生的事業夥伴，賺了很多錢，40 幾歲就退休到佛羅里達的佈雷登頓，享受他的後半人生。

愛迪生在他的回憶裡，曾提起初次會見愛德溫的印象。他說第一次見到愛德溫時，他看起來像是遊蕩街頭的流浪漢，不過從幾十年的人生經驗中，他可以從他的眼神中看到這位青年的企圖心。

10 次敲門，總有一次會開

卡布里尼（Francesca Lodi-Cabrini，1850 — 1917）是提前 2 個月的早產兒，從小就體弱多病。自 6 歲起，她就想當一名修女，然而這個意願一直被家人和周遭反對。

他們認為體弱多病的她，不可能勝任職務，甚至有些人嘲笑她是在做夢。直到 18 歲，可以自主申請進修道院時，她即申請進入聖心修道院，結果卻因為身體太虛弱而被拒絕。雖然如此，她毫不放棄，在義大利的故鄉教導鄰居的小孩，照顧村裡的老人們，以此來證明她有足夠強健的體力。當天花盛行時，她堅持照顧家人和朋友們，一直到自己病倒。等到病情好轉以後，她又申請進修道院，依然被拒於門外。

經過 6 年後，她才終於被接受進了修道院，可是接下去的另外 6 個年頭，她面臨許多挫折。雙親過世，她想申請到海外服務，卻被留在地區性的學校。她轉到另一個組織，想申請赴亞洲地區（特別是中國）服務，又被拒絕而派到一間小孤兒院服務。

1880 年，當孤兒院關閉後，她獲得來自孤兒院 6 位女孩的幫助，自己成立聖心傳教修女（missonary sister of the sacred heart）。接下來的 8 年，在羅馬、米蘭及義大利成立

修女院。後來接受教皇利奧十三世（Pope Leo XIII）的勸導，卡布里尼放棄到亞洲發展的想法，轉往美國。在 1889 年 3 月，她登陸艾利斯島，在紐約成立孤兒院、學校、修道院。1917年，當她的生命快要終點之前，這位如同當代的德蕾莎修女，用 28 年的時間憑藉她的奉獻、堅持，克服了數不清的障礙，在美國、西班牙、法國、英國和南美洲，創設醫院、學校和孤兒院共 70 多所。

一位弱女子，卻有一顆堅強的心。想到她的偉大成就，我們還有什麼理由可以原諒自己的無所作為！她的企圖心，她的行動，成就了她的一生。

「零」導學
行動筆記

壞習慣容易培養，卻使生活變得更加困難，好習慣難以養成，卻能讓生活過得更容易。培養好習慣，必須付出努力約束自己，結果將可終生享有成功的人生。

Chapter 2

真的好想贏，
人生不該只是標配

所有的行為、言語和處境，都是自己選擇的結果，或是被動地讓別人安排了自己的現況。每個人隨時隨地都在為自己的命運做決定，如果沒有主動掌握，其實就已經做了反面決定。

你的命運，不該被動安排；你的人生，不該只有標配！探問自己想贏的決心，想要追求高配的人生，現在必須開始展開行動。

01

別成為看得見，
卻沒有願景的人！

　　多產作家海倫・凱勒（Helen Keller，1880 — 1968）是第一位取得藝術學士學位的盲聾者，當她被問到有什麼比出生就眼盲更悲慘時，海倫・凱勒不假思索地回答：「看得見卻沒有願景的人！」（to have sight and no vision）可見人生沒有目標是一件多麼悲慘的事。

你的命運，不該被動安排

　　每個人除了無法選擇父母，當你成長到可以自由行動，懂得說話，聽得懂聲音代表的意義，看得懂圖像、文字蘊涵的意義，可以分辨各種觸覺、味覺、嗅覺的差異，可以運用頭腦學習思考以後，所有的行為、言語和處境，都是自己選擇的結果。

　　即使所涉及的處境，並非自己主動的選擇，也是不自覺地在潛意識裡，自我選擇了接受內在因素與外在環境的影響，被動地安排了自己的處境或命運。

　　很顯然地，**你不可能請別人代替你學游泳，而你自然地就會游泳**。同樣的情形，**沒有人可以代替你學數學、學語文、學所有的技藝，或培養各種品格**，一切都要自己親身學習修煉。

　　重點在於親力親為，例如學游泳，不可能光靠閱讀游泳

教材就會游泳，必須實際下水；學數學，也不可能像看小說一樣，可以一氣呵成，必須懂得證明定理（theorem）、解題目。其他林林總總，各種能力的修煉、學習，各種品格的培養，都得訴諸行動，實地體驗。

所以，目前的處境，是你成熟到可以自由行動之後，選擇接受或拒絕修煉、學習、培養各種技能及品格，而綜合累積表現於外在世界的結果。今天的命運由以往累積表現而定，明天的命運，是截至今日為基礎，和對明天計劃執行的結果來成就。

我們隨時都在為自己的命運做決定。如果沒有主動掌控，其實已經做了反面決定。

看見目標，產生自我催眠效果

成功者對於人生有著確切目標，而且有明確計劃與執行方法來達成。

當一個人對於人生有了明確目標，而且下定決心，在不侵犯他人權益與違背自然規律的情況下，寧願不惜付出任何代價都要達成設定的目標時，他的決心自然而然會注入到潛意識，尤其是能夠化為文字，寫下目標與執行計劃，繪出藍圖，放在每天都能看得到的地方，早晚自我提醒，產生某種程度自我催眠的效果，自動建議、督促和推動積極地追求目標。

物以類聚的規律，在邁向成功的旅程中不斷發揮作用，因為你將會不斷地遇見志同道合的朋友，為達成目標互相提攜鼓勵，也會特別容易注意到許多有利於成功的條件，讓你把握機會充實自己。

拿破崙、愛迪生、林肯，還有被譽為美國最積極的總統——羅斯福，都是從自我設定明確的目標，開始一步步達成他們的願景。

你的前路，握有船舵嗎？

一個人任憑有多少雄心壯志或努力工作，如果沒有明確目標，就像漂泊在大海中沒有船舵的孤船一樣。

那麼簡單的道理，為什麼絕大多數人從來不曾設定明確目標？或許有人會辯解，他們確實有目標，為什麼仍然無法成功？因為大多都是「模糊而不明確」的目標。

許多人都想要有錢，但是問了需要多少，才算有錢時，總是回答「多多益善」，卻講不出具體數目，更無法說明為什麼需要這些錢，以及用什麼切實可行的方法累積財富。所以**那種模糊的願望，真的就只是願望而已，不能算是目標。**

握有明確的目標，才有努力的方向。航行在浩瀚廣闊的命運之海，你就是自己人生的舵手。只有你自己可以掌控航行的方向並趨近目標。雖然在命運之海可能遭遇暴風雨，但是，舵手必須以智慧和毅力面對暴風雨的侵襲，穩住自己的船隻。只有經過一次次與暴風雨的搏鬥，才能把自己鍛鍊成更稱職的舵手。

「零」導學
行動筆記

設定清楚而明確的目標，而非模糊不清的願望。

02 沒有目標的人生，不值得活！

有了目標，生活才有努力的方向。

目標設定分為長期和短期，長期目標可以是 10 年乃至 20 年，短期目標則是一個月乃至一年。

你的目標，打著馬賽克嗎？

無論長短期目標，確立了之後，就要制訂詳細而完整的計劃，接著就要依計劃徹底執行。這些過程好像簡而易明，但實際狀況是，絕大多數人，要麼沒有明確的目標，要麼即使有，也只是模糊的方向，並無周詳的規劃。

更糟糕的是，根本不按計劃執行，一直停留在夢想的層面而已。

規模愈大的事業，愈應重視確立目標，重視制訂計劃和執行程度。規模愈小的事業，乃至個人的生涯考量，就會很容易忽略這些簡而易明的道理。其實正因忽略了這些，小規模的事業體才無法擴大，個人有所成就的比例才會那麼少。

執行計劃的過程還要培養敏銳的判斷力和專業知識，檢驗執行的每一階段產生的結果，是否愈趨近於目標的實現，或者偏離目標。適時調整進度，改變計劃或策略，靈活地適應一切變化，直到自己確立的目標實現。

德州石油企業的億萬富翁亨特（Bunker Hunt，1926 —）被問及成功的秘訣時說：「首先，你要很明確地瞭解具體的目標，指出自己要的是什麼，然後合法地付出任何代價，以實現目標的達成。否則，跨不出第一步，不付諸行動、不付出代價，永遠都僅止於空談。**這個世界之所以只有極少數人會成功，就是因為只有少數人會付出行動，而多數人只會空談。**」

一個人有了明確的目標後，就會充分運用自己擁有的內外在資源，集中焦點朝達成目標的方向去努力。這時，所謂內在心理控制系統就會命令自己的意識和潛意識，在自覺或不自覺的情況下，篩選不斷面臨的資訊與經驗，刪除不相干的資訊與經驗，辨識出相關的資訊與經驗的優先順序，於是會更有效率地安排自己的生活和工作，充分運用有利於完成目標的所有條件。

相反地，如果沒有明確的目標，無形中就會浪費許多能量和時間，終其一生還是會一事無成。

掌握關鍵 3% 的幸福

鑽研「成功科學」的專家們都知道，人腦是尋求目標的器官，當你有了想要追求某項目標，只要目標明確，達成慾望強烈，潛意識就會日夜不停地為你工作，追求實現。

一項研究指出，1953 年訪視耶魯大學的畢業生時，發現只有 3% 的畢業生具有明確的目標，並且詳細寫下如何達成目標的計劃。研究者在 1975 年再回訪那些 20 年前的畢業生時，發現當時寫下確切目標與詳細計劃的 3% 畢業生，他們的財富總和超過了其餘 97% 的總和，而且除了財富以外，那些 3% 的畢業生也過得更加幸福快樂。

耶魯是聞名世界的美國一流大學，這種學校的畢業生仍只有 3% 的人明確地寫下有計劃的目標，可見多數人是多麼容

易忽視這項簡而易明,卻非常重要的行為。

　　所謂「明確目標」必須用「肯定語句」具體而詳細地寫下,許多人雖然會確立目標,卻只是模糊而不夠明確。例如:想要擁有車子、舒適的房子、希望富有等模糊想法,最後得到的也可能只是模糊的結果。因此,若是提到車子、房子、財富等目標,就要較具體地說出——廠牌、價格、房子的大小房間數、衛浴設備、財富的動產不動產的產值等。

　　其中,每個人最好有 3 到 5 個短期目標,預計在 1 到 2 年內完成,至少要有一個長期目標,預計在 10 到 20 年內達成。長期目標又劃分階段,或分解為幾個較小的目標,安排優先順序,設定階段性目標。如同要興建一座建築物之前,至少在一位建築師的腦海裡有那座建築物的圖像,然後繪出藍圖,列出建築過程的詳細步驟,並且列出所有建築物需要的材料的數量等。

想像藍圖,驅動成功

　　確立目標時,首先在腦海裡要有完成目標的結果的圖像,然後儘量寫出詳細的計劃與執行的步驟,另外還要寫出確立目標的理由,以及達成目標對於個人蘊涵的意義,甚至對於自己最關心的人有什麼意義。

　　理由愈充分,意義愈重要,追求達成目標的慾望和動機就會愈強烈,驅使執行計劃的動力也會愈強烈。

　　一旦遭遇阻礙或處於逆境時,就會想盡辦法加以克服。所以確立目標擬訂計劃之餘,必須要有充分的理由,及其涵蓋的重要意義作為支撐。

　　其次,時時審視內外在條件,評估需求資源是否充足,或有哪些弱點可以改正。例如,個人的人格特質、專業知識背景、行事風格、技能、信念、行為、財力、人際關係、體能等,以及願意付出代價,背後所能堅持的那一份自律。同

時，竭盡所能的補強任何不足之處，尤其是缺少自律的人，往往需要忍受一些痛苦。那些無法忍受痛苦的人，自然不可能會有更大的收穫。

一般而言，如果你想**逃避承受自律的痛，結果就會帶來後悔的痛。假如自律的痛是以公斤計的話，後悔的痛就要以噸來計量。**可惜多數人都無法深刻領悟其中道理，因此，生命中一直在不自覺承受著後悔的痛。

另外，成功者大多數有良師益友的指引或協助，或者是在成功以前都有崇拜的偶像，作為模仿對象。為節省自己有限的生命與時間，以免重複地嘗試錯誤，來尋求有效追求目標的途徑，我們的思維應該在自己想要成為什麼樣的人物、做什麼事，以及想要擁有什麼等級的目標上。並且，尋找有顯著成就者，作為偶像，探討他之所以成功的關鍵，選取可貴的特質，徹底地仿效。

仿效成功，複製成功

蘇格蘭移民美國的鋼鐵大王卡內基（Andrew Carnegie，1835 — 1919），從鐵工廠的小工人出身，為實現夢想，將慾望轉變成財富，他所採取的步驟很值得大家效法，列在下方供讀者參考：

一、想要累積多少財富，要先有精確數目

不能只想要很多錢，這種模糊的想法，表示意志不夠堅定。100多年前卡內基想要的是一億美元，相當於現今的一千億。

二、下定決心，付出代價

無論任何大小的成就，都必須付出代價，才有可能取得。關於需要付出什麼樣的代價，以合法不侵犯他人權益的狀況下，賺得自己所要的財富。

　　每個人都希望享受更富裕的生活，然而大部分的人卻是被迫式付出代價，那些虛度光陰者，只能過著為五斗米折腰的生活。

三、確定日期
　　計算需要多少時間來達成目標，以便累積自我要求的財富。

四、擬訂計劃
　　無論是否已經準備好，都必須立刻執行，為了追求所要的財富，擬訂計劃，就要立即付出行動。

五、訴諸文字
　　簡明扼要地寫下自己所要取得的財富數目，達成的時間，釐訂理財、累積財富的計劃，說明願付出什麼樣的代價，去實現釐訂的計劃。

六、重複提醒
　　每天早晚 2 次，大聲讀出自己寫下的文字，朗讀時要有一種感受，相信自己似乎已經擁有了所要的財富。

　　卡內基實現慾望的方法，終於夢想成真地造就了美國的鋼鐵巨富。

「零」導學
行動筆記

　　跨不出第一步，不付諸行動、不付出代價，永遠都僅止於空談。

03 成功人士一定會做的事

每個人都有特殊的才華，對於某一件特定的事情，總是可以做得比別人好。

每個人也都會有特殊嗜好，願意付出更多心血投入其中。

WWWH，幫你確立目標

擬定明確目標之前，應該先分析自己的嗜好和才華，選擇做有利於達成目標的事情。

透過「WWWH」簡單公式，可以助你確立並實現目標：

- What you want ——你要什麼目標
- When you want it ——什麼時候可以達成目標
- Why you want it ——為什麼要確立這樣的目標
- How you intend to get it ——如何達成目標

有了充分的理由，才會激發出灼熱慾望去追求目標的達成；有了灼熱的慾望，才有可能促成你相信目標的達成。

所謂「希望達成」目標和「確實相信會達成」目標，有著截然不同的心態。希望達成者只會消極等待，確實相信會達成者能持續堅持、不退縮，積極奮力去追求。最後的結果就是，希望達成目標者，只會拱手把成果讓給後者。

拿破崙‧希爾（Napoleon Hill，1833 — 1970）是美國暢銷書作者，作品已被翻譯成多國語言。他曾經調查過許多大學生的學業情形，發現那些靠自己打工完成學業的學生，成績總是比由父母或他人代付學費的學生好得多。尤其是憑自己賺錢付昂貴學費的私立大學的學生，成績更是驚人。

這些人不僅學業成績好，畢業後的成就更佳。照道理來說，有人代付學費的學生應該會有更多的時間專心讀書，成績也應該會較好才對，為什麼適得其反？

主因是自付學費的學生，對於追求學習知識的灼熱慾望使然。所以確定達成目標，就必需要有那份灼熱的慾望。

也就是說，**想要成就一件事，背景條件並非決定因素，更重要的是灼熱的慾望，雄壯的企圖心。**可是空有熱情，沒有方法也一樣達不到成功。所以，具備完整的組織、系統的規劃，仍是不可或缺的一環。

確定目標與計劃後，就要全心全意貫徹執行。不過沒有人可以毫無差錯地預見未來，所以無論怎樣完整的計劃都必須定期檢視。每間隔一段時間，依確立目標的時間表，檢討是否延宕或脫離正軌，在主要目標不變的原則下，應該隨時調整計劃，做好應變之道。

值得注意的是，脫離正軌的情況往往在意料之外發生，而且層出不窮。一旦無法實現目標時，就要分析原因，是否因為資訊或專業知識不足，或是方法錯誤，檢討下一步驟，避免重蹈覆轍。當目標實現時，成功經驗是確立信心的基礎，成為邁向更高層次目標的踏腳石。

寫下心願，放在心上

1984 年，奧運會的十項全能運動金牌得主布魯斯（Bruce Jenner，1949 —）有一次詢問美國奧運的選手們：「有誰寫下了自己要達成的目標？」幾乎每一位選手都舉手了！

　　但是，當他再度詢問：「有誰把它帶在身邊，隨時提醒自己？」只有一個人舉手，這個人叫作奧‧布萊恩（Dan O'Brien，1966 —），他正是 1996 年亞特蘭大奧運會十項運動的金牌得主。

　　霍茲（Lou Holtz，1937 —）在 28 歲那一年，被聘為南加州大學橄欖球隊的助理教練，在太太懷上第三個小孩，來到 8 個月時，他花了所有儲蓄作為購買房子的頭期款。之後一個月內因為學校總教練辭職，連帶使得霍茲立即失業。

　　太太為了鼓勵他，送給他一本大衛‧施瓦茲（David Schwartz）寫的書《思想大魔術》（*The Magic of Thinking Big*），書裡面指出寫下自己想要追求的目標。霍茲在餐桌上一口氣就寫下了一生想要完成的 107 個目標，包括——高爾夫一杆進洞、晉見教皇、在白宮與總統進餐、擔任橄欖球隊的總教練、取得全國總冠軍等。

　　截至 2005 年，這位帶領過 6 個不同大學打進季後賽，並取得全國冠軍，榮獲年度教練的傳奇人物，已經完成了自己所列的 81 項目標，包括擔任橄欖球隊的總教練。

　　大多數的成功者都會寫下自己設定的目標，不斷提醒自己努力追求。對於夢想有著強烈期待的人，寫下心願，然後持續努力，等待終會實現。

「零」導學
行動筆記

　　找對並用對方向，用對方法，就有了九成的成功祕訣！

04 沒人看見你？
先把自己放心上

如同肉眼看到真實世界的具體事物一樣，理想的形成，必須以心眼（minds eye）在抽象世界裡活生生地看到它的具體形象。

你需要深切地相信，透過有系統的計劃執行，這個理想就會在現實中成真。

心想，事竟成

一名建築師要搭蓋建築物，必須先在潛意識裡想像，建立一個建築物的圖像，然後才能繪出藍圖，做出模型，之後再經過一定程式的建造，最後才有可能成為一棟真實的建築物。

對於幸福、健康、財富的希望和追求，也必須事先在抽象世界裡，有著一個活生生的具體形象，然後通過完整的執行計劃，才有可能在外部世界裡實現。

加拿大蒙特利爾有一位很有名的醫師，出生於澳洲，早年雙親過世，使他在生活上遭遇很大的困難，為了維持生計必須到處打零工。年幼的他，夢想要成為一名醫師，卻沒有錢上醫學院。曾經，他在一個社區醫院的醫師辦公室打雜，每天都特別把掛在牆上的醫師執照取下來，且用心地擦亮它，

心裡想像著那張執照就是自己的執照。有一天,他被社區醫院醫師發現他的與眾不同,以及對於工作的用心,於是請他來當助手。

因此,該名醫師代他支付接受訓練的費用。後來,醫師發現這名年輕人的資質非常優秀,更幫他繳清就讀醫學院的學費。最後,年輕人成為一名非常優秀的醫師。在北美洲,尤其是加拿大,考上醫學院是一件相當困難的事情,再加上學費昂貴,想要進入醫學院就讀更是難上加難。因為他的潛意識不斷浮現著夢想,而且不屈不撓地追求,以至於「心想事成」。

不放棄的明星夢,終成大明星

美國中西部鄉下有一位小孩,從小就夢想要成為明星。她每天都夢想著,有一天自己會變成一位大明星,擁有許多影迷,在電影院門口的公告欄有著她的名字,媒體記者全都蜂擁而至訪問她。

諸如此類的夢想,每一天、每一年幾乎從不間斷地在腦海上演。雖然家境貧窮,家裡只有一部黑白電視機,但是從來沒有放棄過明星夢。有一天,她離開了家,前往洛杉磯的好萊塢(Hollywood)客串電影或電視劇。不久以後,她真的如願地當上了明星。第一部處女作的電影上映時,她親自到電影院,看到電影海報寫著自己的名字。這時候許多影迷和記者看到她,突然蜂擁而上,想要採訪,索取簽名。眼前景象,幾乎和小時候的想像完全吻合。

如今的她,已是家喻戶曉、赫赫有名的大明星,這件事告訴了我們,只要不斷努力,付諸行動追求自己憧憬的目標,終有一天終會實現。

拒絕從眾，創造渺小的偉大

日本名建築師安藤忠雄（1941 年—）高中畢業後，自修一年，讀完東大建築系的四年課程，在沒有經濟基礎的條件下，透過練拳擊當職業拳手出國比賽，以便參觀各國建築。創業時，因為沒名氣、沒學歷而處處被排擠，無正統業績，仍然堅持自己開創。他的建築除了造型、藝術特徵外，更強調居住的舒適與安全，終於奠定事業，成為國際知名的建築師。

愛迪生（Thomas Alva Edison，1847 — 1931）飽嚐 1 萬 4 千次的挫折，終於夢想成真，在 1879 年發明了電燈泡，改變了全世界人們的生活型態。懷特兄弟夢想讓機器可以載人飛行在空中，終於在 1903 年 12 月 17 日，第一次實驗成功，才有了現在乘載著旅客，翱翔於空中橫跨各大海洋的飛機。

馬可尼（Guglielmo Marconi，1874 — 1937）夢想設計一種機器，不必經過任何物體的連結，可以在空中傳達信息，他的夢想令人不可思議，還被一些所謂的朋友，把他送進精神病醫院檢查而被監管，但他卻夢想成真，在 1901 年，把長波無線電信號，傳送過大西洋（Atlantic Ocean），現在家家戶戶才有電視可觀賞。

這些事件說明了**真正偉大的發明者，能做出一般人範圍以外的事，創造獨一無二的成就**。在一般人的眼光，他們常常被視為不切實際的夢想家，但是，他們永遠忽略，並拒絕接受負面情緒，不在意別人的看法，也不會聽信，什麼是不可能做的事，只專注於做出一件又一件的傑作。

離開沙發，跳出舒適區

當你挑戰比過去經驗更為困難的工作時，就要突破舒適區（comfort zones），承受挫折感（frustration）的壓力。只要對設定的目標清楚，充滿信心，確定可以解決問題，又下

定決心，願意付出任何代價，耗費多少時間也在所不惜。

　　腦海經常縈繞著如何（how）可以克服困難，想出辦法解決問題。那麼潛意識會默默地幫助你。當信念深入靈魂信仰之中，潛意識發揮的功能就會愈顯著。腦海裡突然閃現的預感（hunch）、直覺或洞悟，可能給予預想不到的收穫。

　　弗萊明（Alexander Fleming，1881 — 1955）在倫敦實驗室培養細菌，從事研究時，意外發現青黴素（penicilin）可以殺除細菌（bacteria），這項發現在二次世界大戰期間，解救了數百萬人的生命，使他在 1945 年獲得諾貝爾醫學獎。這是另一種實現夢想的案例，有了明確的目標，即使射不到月亮，也可以射中流星。

　　時常自問為什麼？透過了解自己是什麼樣的人？想要何去何從？進而充分發揮深藏的天賦，這個世界，因為有了追求，自然會有結果相應。有了疑問，答案就在其中。

「零」導學
行動筆記

　　有了明確的目標，即使射不到月亮，也可以射中流星。

　　不用擔心沒有人看見你，你先把自己放在心上，專注於做出一件又一件的傑作。

05 如銀彈般的行動力

每個人如果能相當明確知道自己所要的東西，又有非常強烈的慾望非得到不可，那麼一定會想盡辦法，取得所要的東西。

同樣的道理，對於所要追求實現的目標，如果能具體明確，又有非常強烈的慾望期待實現，達到成就的機率不但會提升，也會提早。

以下歸納「**提升行動力的 11 步驟**」，可以強化立定方向，並激發動機，產生濃烈的情感，進而正中紅心，達標。

第 1 步——燃燒熾熱慾望

首先，想像自己要成為什麼樣的人物？想要擁有什麼、做什麼？每一項決定都需以情感為基礎，有了熾熱的慾望，才有可能克服一切障礙和困難。

西倫‧杜蒙（Theron Q. Dumont，1862 — 1932）在1915 年出版了一本書叫《專注的威力》（*The Power of Concentration*）。書中提到一位朋友，年輕時在銀行獲得第一份打雜傳送公文的工作。

那位朋友的父親就把「P」字形的紐扣，縫在他的大衣內，要他隨時記住那個「P」字，代表的是執行長或總裁

（President）的目標，希望他瞄準有一天能當上銀行總裁的目標去工作。每天工作後回家，享受晚餐時，父親就會問他在工作上是否學到什麼，可以更能趨向做總裁的目標？這樣的問話，每天都烙印在他的潛意識裡，使他每天都更加積極主動工作，只要有機會就認真學習。最後，果真成了一家規模相當的銀行總裁。

對於熾熱慾望的培養，終於趨使他實現所謂的「有志者，事竟成」。

甘乃迪總統（John F. kennedy，1917 — 1963）喜歡重複講述有關祖父小時候的一件事。祖父小時候在愛爾蘭上小學，和一群小朋友回家途中，就會遇到一道圓石堆砌的圍牆，牆高約10到12英呎，但高度參差不齊，想要爬過高牆有點危險。小孩子們都躍躍欲試，想冒險卻又不敢。

有一天回家途中，甘乃迪的祖父就把戴在頭上的帽子拋過圍牆，表示下定決心要爬過圍牆把帽子撿回，否則回家就會受罰。他的祖父小時候就有勇氣敢下定決心，擁有炙熱的慾望，挑戰其他小孩不敢挑戰的事，難怪移民美國後，在全面經濟蕭條時，他竟然可以為甘乃迪家族賺得非常龐大的財富。

當第一位開飛機穿越大西洋風靡全世界的林德伯格（Charles Lindbergh，1902 — 1994）談到當時狀況時曾說，他本來是要從美國飛往加拿大紐芬蘭，往下尋找定點，以防萬一有了問題，可以安全降落。但放眼所及是一片汪洋大海，那時他想到已經不能回頭，也沒有任何定點可降落，只有勇往直前了。

人生的歷程中，可能也會碰上抉擇時刻，**前進或退縮，就是分出成敗的關鍵**，勇敢面臨挑戰，才有贏面的機會。

第 2 步——接地氣的目標

立下一個切合實際情況的目標，必須面對現實，不能好高騖遠，把目標定得與自己能力天淵之別、遙不可及，結果只會令自己更加氣餒，永遠提不起興趣，有目標反而比沒有更糟。

確定務實的目標後，就要培養信心，深刻地相信自己甚至變成信仰，確信自己可以實現目標。

第 3 步——想什麼，寫下來

明晰、生動與精確地寫下自己理想中所要實現的目標，並且在腦海裡時時刻刻想著，將要如何去達成。採用文字寫下設定的目標，不但可以令目標更為明確，還可以強化達成目標的慾望，並能夠更加確信可以達成。

第 4 步——列出達標的種種好處

詳細列出達成目標的所有好處，當有足夠的理由說明，為什麼要追求設定的目標時，就會更有動力，朝追求目標的方向邁進，也會強化實現目標的慾望。

德國哲學家尼采（Nietzshe，1844 — 1900）說過：「**一個人只要有足夠的理由說明為什麼，他就可以為那個理由做出一切！**」（A man can bear any what if he has a big enough why.）你要有足夠的理由告訴自己，為什麼要去追求設定的目標，那麼你一定會有更堅定的信念，任何困難或障礙都不可能阻擋得了你。

有位年輕人向蘇格拉底（Socrates，BC469 — 399）討教如何獲得智慧時，蘇格拉底把年輕人帶到湖邊，壓著他的頭浸入湖水裡，他一開始沒有做任何反抗，直到無法忍受閉氣時，才奮不顧身地掙扎。

蘇格拉底終於放手，他氣喘吁吁地抬起頭，驚訝地望著

蘇格拉底，這時候蘇格拉底就告訴他：「當你需要智慧，有如同剛才那種急迫需要呼吸的慾望時，你就會想盡辦法去取得。」當你能列出 20 到 30 項理由來解釋為什麼要追求設定的目標時，你就會像掙扎著要呼吸一樣地迫切，任何障礙或困難都不可能阻擋你。

第 5 步──別忘了看看自己站的位置

分析你的處境，看清你的出發點，假使其中有項目標是要擁有多少財富時（自己要訂出精確的數目），首先你要坐下來，計算目前擁有的動產和不動產的淨值。

越是清楚自己的處境和出發點，就越能務實地釐清目標，並且會有明確的基準線，作為評估朝目標進展的尺度。

第 6 步──設定停損點

設定目標後，需要確定達成目標的截止日期。當設定的目標務實，計劃也足夠詳細，又能認真徹底地執行著計劃時，就很有可能在截止的日期達成目標。

即使不能按期達成，只要繼續執行計劃，並檢討進度，設定停損點，就有可能更精準地預計可以達成目標的截止日期，重新修正計劃，並改善執行的策略。

第 7 步──路上可能遭遇的風險

一項偉大的成就，過程總是有許多的困難，必須加以克服。

如果沒有任何障礙，充其量只能算是一項等待執行的活動而已，並不叫目標。

關於困難和障礙，可分為內在和外在因素。內在因素，可能是缺乏完成目標的特殊技能、能力或某些人格特質。此時必須對自己誠實，細細審視任何缺陷與不足，是否可能造

成追求目標的障礙，進而改善。外在因素，如果是受限於工作的行業、人際關係，或是工作單位，那麼也許就需要考慮是否改行、改變環境，重新出發。

第 8 步──準備作戰需要的配備

我們生存在立基於知識的社會上，那些成功者大多比別人握有更多的資訊和知識。幾乎許多判斷錯誤，以及執行工作或計劃所犯的過失，都是因為信息不足、缺乏專業知識，或是資訊不正確所導致的結果。

你必須列出為達成目標所需要的資訊知識、技能、才華、能力、人格特質和經驗等，並擬定計劃，培養自己符合那些條件。如果有些條件並非自己可以培養時，就要培養鑑定人才的能力，從而僱用符合條件者，以求得合作或幫助。

第 9 步──集合，夥伴在哪裡？

列出所有可以合作和幫助達成目標的夥伴，想要完成任何值得追求的目標，都必須取得他人的合作與幫助。

牛頓（Isaac Newton，1642 — 1727）的作用力與反作用力的定理，不僅適用於物理現象，在人類的行為領域也同樣適用。

當你能夠非常有誠意地付諸意願，幫助別人完成他們所追求的目標，或給予某種形式的報償，間接讓他們可以達成目標，自然而然他們就會有意願幫助你去完成所要追求的目標。

在所有領域裡最成功的人，往往就是獲得幫助最多的人；在所有的領域裡最成功的人，往往就是幫助最多的人去實現他們所追求的目標。在反饋機轉（feedback mechanism）的作用下，自然就會成就自己的大目標。

持續不斷地養成「付出比所得報酬多」的習慣，物理規律終於會有超越補償（overcompensation）的反作用力，造就

自己成為傑出人物。

第 10 步──擬訂作戰計劃

定出時間表，標明階段完成的時間序列。有了詳細的計劃，就可以依計劃執行。然而，再怎麼完整詳細的計劃，執行過程中總會遇見先前無法預計的意外。

一旦遭遇障礙，就要回顧擬訂的計劃，重新檢視，並做適當的修改。《Inc.》雜誌曾經訪問超過 150 家相當有成就的公司執行長，結果發現公司的成就與事前準備、計劃詳細的程度有著密切關聯。不過，幾乎每一家公司最後的發展，都與原始的計劃迥然不同。

關鍵就在於執行計劃的過程本身，對於計劃的每個細節，還要不斷深入思考、檢視和修改。

第 11 步──想像成功，有助實現

想像達成目標的情境，創造那些情境的影像，並全然感受。在個人意識上，令那些影像重複出現在內心的視覺裡，不斷重複演練，使得內心的圖像愈加明晰，你的感覺及當下的情緒將使追求實現目標的慾望愈加強烈，信心也會愈加堅定。執行計劃的整個過程，潛意識的力量將一路支持著你，向前邁進。

「零」導學
行動筆記

打獵只會瞄準野兔，那麼就會被猛虎吃掉！

Chapter 3

拉底線，不必為失敗未雨綢繆

　　我們經常為失敗「未雨綢繆」，為何從來沒想過替成功預作準備？

　　「勝利者從未放棄，放棄者從未成功。」正視恐懼，為自己的成功拉緊底線，不要讓恐懼侵蝕自己的信念。找出內心的恐懼是什麼？打破它！

　　人生如同一塊磨石（grindstone），可以被磨光，也可以被磨碎。是否可以被磨出光亮，就要看自己是否具備如寶石般的品質。

01 正視恐懼，打破恐懼

　　每個人潛意識裡有著最基本的六項恐懼：窮、老、病、死、失去愛、受批評。

　　當然還有許多方面的恐懼，然而經過深入分析，不難發現其他恐懼都是直接或間接由上述六項中的一項，或是多項結合衍生而來。

找出恐懼根源，打破它！

　　想要免除恐懼，就要找出恐懼的癥結點，勇敢地面對它。

　　如果把一個半公尺寬的長木板，放在地面上，或是架在離地面一公尺高的平面上，再讓人行走，對大家來說都是輕而易舉的事。倘若把這塊長木板架在 20 層樓的高空裡，大家就會感到害怕，不敢在上面走動。這就說明了恐懼的心態，確實會影響行動力。

　　有一則小故事這麼說：有位精明的巫師告訴國王，他發現秘訣，可以讓沙變成黃金。國王就給了巨額獎金要巫師傳授秘訣，於是他把方法傳授給國王。其實方法很簡單，然而他叮嚀國王在操作的過程，心裡絕不可想到咒語「Abracadabra」這個字。然而國王在操作時，內心卻一直擺脫不了想起「Abracadabra」這個字，因此沙始終變不成黃金。

大多數人在追求理想的過程，如果遭遇困難或有點挫折時，潛意識裡總會害怕失敗，懷疑自己的能力，憂慮自己運氣不佳等。這種心態就跟國王擺脫不了咒語一樣，最終的結果，當然不可能樂觀。

不用替失敗預作準備

恐懼的念頭，是阻礙邁向成功、訴諸行動的最大敵人。

害怕失敗、怕批評、怕窮、怕疾病、怕人際關係惡化等，都是來自恐懼的心。恐懼也是內在思維和情緒的混合，當意象和實際的經驗烙印在潛意識時，潛意識並無法分辨經驗的實體，只會無條件地接受，儲存輸進的資料。

然而，大多恐懼的起因，來自於意象卻無實體的經驗。因此，為減少從意象經驗產生庸人自擾的恐懼，就要聽從 19 世紀哲學家和詩人——愛默生（Ralph Waldo Emerson，1803 — 1882）所說：「做你不敢做的事，恐懼就會消失。」取代恐懼，就要從建設性的思考著手，轉化害怕的心理，就要朝成功的方向思考，期待成功，把焦點集中在「能夠成功」這一面思維，而不要去考慮失敗的結果。

一般人常在事情還沒開始以前，就為失敗「未雨綢繆」，但為何從來沒想過要替成功預作準備？

內心的恐懼，讓人致命

劉夢特（Dumont）在 1915 年的著作《專注力的威力》裡頭有則故事：有個監獄為了做一項實驗，爭取死刑犯[註1]的同意，要以不同的方式處刑，如果犯人沒被處死，即可被當庭釋放。犯人同意後，旋即被關進一間暗室，綁住手腳並限制行動，然後用一條小管通到犯人腿部放血，想要了解人類能夠忍受多少失血，還能存活下來。

同時，把水桶放在犯人腳底，讓他聽得見血滴的聲音，

過了一夜之後，犯人終致死亡。在這項實驗中，監獄並沒有真的放血，「血滴」聲音其實是「水滴」的聲音。然而犯人確信自己被放血，**內心的恐懼，才是致死的真正原因。**

　　這項實驗說明了恐懼的心態，對於身體的傷害有多嚴重，然而絕大多數的恐懼，都是可能驅除的。

　　從「意識」創造的各種想像力，儲存於「潛意識」，將能無窮盡地產生各種正面心態，幫助克服可能造成恐懼的事故。所謂恐懼的心態，並不是別人在旁鼓勵幾句就可驅除，只有深刻瞭解生老病死的規律，積極預防疾病，減緩老化的進程，隨時注意飲食習慣，維持規律運動，多用腦想像與思考，保持健康有活力的身體，才會減輕恐懼的心態。

　　另外，多付出愛心，就不怕會失去愛。還有不斷加強智慧，增進知識，強化特殊技能，這方面愈成熟，就會愈有自信，就不怕窮困，不怕被批評。

　　邁向成功的道路上，恐懼所樹立的障礙層出不窮，是否具備能力克服那些障礙，正是晉升成功者的關鍵。

「零」導學
行動筆記

避免在事情還沒開始，就為失敗預作準備！

【註1】

1967 年，美國一度廢除了死刑，後來因保守派的壓力，以及層出不窮的犯罪與謀殺事件，於 1976 年再度恢復了死刑判決。目前美國有 31 個州和聯邦政府及軍隊仍有死刑法律，其餘的州、海外領地和首都華盛頓特區沒有死刑。這些沒有死刑的地區，絕大多數的最高刑罰是「終身監禁、不得假釋」。

02 吸引力法則，與成功共振

　　一位工程師若要建造一座橋，他需要各種關於重量產生的應力與張力變化的知識背景，舉凡材料力學、結構力學、數學原理和橋樑負荷等，然後在潛意識開始描繪所要建造的圖像。

　　有了這些先決條件，才能將心中藍圖，真實具體呈現於紙上，一步步建造出一座新的橋樑。

把成功變成一種習慣

　　「你是否也有一座心中橋樑？」

　　不管你準備展開什麼計劃，都要無時無刻思考著如何達成，運用想像力感受完成後的興奮、快樂與成就感的情境，並且將它培養成一項習慣，將可以強化對於完成目標的渴望。

　　所謂習慣就是重複的意識行為，將行為模式烙印在潛意識。對於目標的追求，一旦有了強烈的渴望，並根深蒂固地烙印在潛意識裡，就會產生不可挫敗的威力，升起一股奮戰到底，誓不甘休的心態。而且自然具有敏感度（sensitivity），警覺一切有助達成目標的條件，看到別人所看不到的許多事物，懂得隨時把握機會，甚至可以創造有利於達成目標的機會。

　　哈佛大學的羅森塔爾教授（Dr. Robert Rosental，1933 —）

做過一項實驗，他把學生分為三組，各組認養一群老鼠，訓練牠們闖迷宮。

羅森塔爾教授告訴第一組的學生，他所認養的老鼠是優等品種的老鼠，非常有智慧，要牠們闖迷宮並不困難，重點在於花費多少時間闖過迷宮。

一旦老鼠成功，就要餵給牠起司（cheese），所以需要準備許多起司做為餵餌與獎勵。

教授告訴第二組學生，此批認養的老鼠是普通、智慧平均的老鼠，想要試探闖過迷宮的比率有多少。預計並非每一隻老鼠都會闖出迷宮，因此作為餵餌的起司就不需要準備太多。

教授告訴第三組學生，此批認養的是品種低劣愚笨，不太可能走出迷宮的老鼠，即使有些老鼠可能走出迷宮，也只是偶然，大可不必準備起司。

經過 6 週的實驗，如同預料，智慧高的老鼠，表現得很有天分。普通的一群，雖然可以走出迷宮，卻成績平平，無法創出記錄。愚笨的一群也如同預期，有幾隻偶然可以走出迷宮，卻無法按原定計劃進行。

有趣的是，羅森塔爾教授採用隨機分配的方式，把同胎的老鼠分為三組，基本上優劣程度並無不同。闖關結果之所以表現出個別差異，基本上是來自操作實驗學生的態度使然。

實驗顯示，即使以同樣的方式處理事情，只要心態不同，取得的結果也會有所不同。他指出，**教師的期望深切影響學生的成就**。同時，每個人對於自己的期望極有可能成為自我實驗的預言，所以應該「以渴望準備成功的心態」面對所有事情。

開創心中的桃花源

陶淵明筆下的「桃花源」描繪出人們對於美好社會的嚮往。大多人總會期待自己處於理想的環境，但是有傑出成就

的人卻會將理想中期待的環境或條件，當做是自己要負責創造的任務，絕不會只有消極等待。

一般人常說：「時勢造英雄。」其實，很多情況卻是「英雄創造了時勢」。愛因斯坦、福特、比爾‧蓋茲、賈伯斯等，以及許多數不清的英雄，他們的思維創造了時勢，改變人們的生活方式。

所謂「勝利者從未放棄，放棄者從未成功」，就是成功者在潛意識烙印著灼熱渴望，即將完成確立的目標，從不放棄。然而，沒有人可以很精準地預測未來，所以成功者在不放棄目標的前提下，隨時檢視計劃的進程，做出必要的修正。

吸引力法則認為：「相信者吸引相信者，不信者吸引不信者。」

宗教信仰派別的產生，哲學、藝術派別的產生，或是一些科學理論學說，在還沒有實證取得公認以前，總是會有支持者和反對者，就是這種規律衍生的現象。

所謂「物以類聚，人以群分」，大企業的總裁、一流大學的教授，無法和無賴流氓相融，也是這個規律之下的表徵。宏觀大志者，可以落葉知秋，從小事觀大局。斤斤計較者，只能吸引貪小便宜之流。**積極上進者，在人生不如意之事十之有八九的當中，專注在如意的一二，從激勵的言語隙縫中獲得靈感。**多疑而沒有自信的人，卻專注於言語隙縫中察覺受辱而氣恨，滿腦縈繞在那不如意的八九。

只有相信，就能做到

從磁化的角度來看，潛意識具備的磁場分化了各種不同層次的人。一塊磁化的鐵可以吸附大於本身重量12倍的鐵，去磁化的鐵則連羽毛重的輕鐵也無法吸附。同樣的道理，有些人如同「被磁化」一般，具備特殊磁場，這樣的人擁有信仰並充滿信心，相信可以贏取成功——只要相信可以，就一

定可以做到。

另外有些人，類似「被去磁化」一般，充滿恐懼和懷疑，當機會來臨的第一個反應——如果失敗了怎麼辦？於是猶疑不敢進取，終究停留於原地踏步，有時候甚至自我解嘲，以為那是成熟冷靜的心態。

具備特殊磁場的人，對於生活周遭的人、事、時、地、物都能很快地取得和諧。他能變通看待問題，並且改變心情，顯現領導者的風範，絕不會露出任何憤怒或喪失自我控制的痕跡。這種磁場效應並非與生俱來，而是通過意識的努力，磁化了潛意識的結果。

從量子力學的角度而言，所有的人事物，都由能量構成。

所有能量都在不斷地轉化，從不停止。能量也不斷地在振動，只是不同的事物有著不同的振動頻率，人類思維是振動頻率最高的能量，x-rays 和 garmar-rays 可以穿透固體，思維的振波不但可以穿透固體，也可以穿透時空。吸引力法則是振動規律的子群，振動頻率相似者，互相吸引；振動頻率截然不同者，互相排斥。例如雨滴和水靠近，就相吸融合成一滴；一滴水和一滴油靠近，就相斥不融合。

思維振動頻率，雖高於一切，仍有頻率不同的區別，正面思考的頻率吸引正面思考的人和情景。沃倫（Warren Bennis，1926 —）在其著作《領袖：充電策略》（*Leaders:Strategies to Taking Charge*）中提到「**瓦棱達效應**」（Wallenda Principle）。瓦棱達（Karl Wallenda ，1905 — 1978）是一位高空走鋼索的藝人，一向對表演很有信心。有天他夢見從高空摔下來，從那以後，他特別小心，本來信任助理架設鋼索的事，變成要親自再檢查，注意力集中於避免摔下，結果卻在波多黎各表演中摔下身亡。

此即負面思考引發的感覺，進而吸引負面情緒。有人做過實驗，在家種植的花或小樹木，在它們面前放音樂或說話，

結果該植物長得比其他的美且高大些。

　　其實差別不在音樂或語言，而是照顧者多付出的能量所致。在物理世界呈現的任何物或事，本身沒有內在意義，只有當出現了互相比較才有冷熱、善惡、高低、好壞、快慢等相對的差別。腦的思維振動頻率的高低，造成「人以群分」的現象，於是有了成功與失敗的分界。

「零」導學
行動筆記

　　每個人對於自己的期望極有可能成為自我實驗的預言，所以應該「以渴望準備成功的心態」面對所有事情。

03 零失誤，
原來贏在說對話

　　害怕失敗乃人之常情，適度的怕，可以幫助提高警覺，集中注意力。假使過度害怕，則會影響到付諸行動的能量，阻礙邁向成功之路。

　　為了培養勇氣、面對失敗，我們就要經常自問：「如果失敗，最壞的情況為何？如果成功，最好的情況又是為何？」

給老闆一個名留後世的機會

　　透過許多經驗可以發現，失敗的最壞結果，經常是微不足道的，有時候反而是一件好事——培養了勇氣，又增加了經驗與智慧。成功的最好情況卻有不同形式的顯著報償。

　　IBM 的開創者沃森（Thomas J. Watson，1874 — 1956）說過：「如果你想成功，就要加倍失敗的頻率。因為成功就坐落在失敗的另一端，也就是必須跨越更多的失敗，才會攻上成功的頂峰。」失敗者往往就在失敗的中途棄甲逃匿，湮沒在人群中。成功者就會將每一次失敗，視為更有智慧地重新開始的另一個機會，具備了這種心態，就能改善害怕失敗的意識。

　　除此之外，具有實力，抓準時機，加上懂得語言的技巧，就可離成功更近一步。

　　石油大王洛克弗勒（John Davison Rockefeller，1839 — 1937）捐贈數百萬美元籌設芝加哥大學，並請哈伯博士（Dr.William R. Harper，1856 — 1906）擔任第一任校長。哈伯的工作效率非常高，也是募款高手。有一次學校要蓋一棟大樓，缺乏資金，他就搜集了芝加哥地區的百萬富豪，結果找到 2 位在事業上有成的人士，巧合的是，這 2 個老闆互為事業上的競爭對手。

　　其中一位是從事電動汽車系統業（Chicago Street Railway System）的老闆，平時想透過秘書約見都很難安排時間，甚至避不見面。一天，他利用中午休息時間拜訪，辦公室卻空無一人，秘書也外出午餐，他知道若在其他時間不容易見到老闆，所以刻意利用這種時間，進入了老闆的辦公室，一進門就自我介紹，並且向老闆致歉自己的不約而來。

　　哈伯說明自己只是路經此地，因為仰慕大名，特來拜會，又覺得老闆在電動汽車系統開創的成就，是一項了不起的事業，也一定賺了很多錢，不過人的成就再輝煌也有離世的一日，沒辦法帶走財富，總是要交給別人運用，而錢是不認人的，只是聽從擁有者去使用而已。因此，老闆的成就再大，財富再多，總有一天也會被世人所遺忘，這樣不免太可惜了！

　　所以，哈伯表示他想給這個電動汽車老闆一個機會，允許學校用老闆的名義，在校園裡蓋一棟樓，可以名留後世。但是，我們的董事會一些人卻想把機會給老闆的對手，然而哈伯卻認為這個機會應該給老闆比較妥當，所以今天順便來告訴老闆這個訊息，並表示沒有要老闆馬上做決定，請他仔細考慮後再和學校聯絡。

　　當他說完，不待老闆回應，就起身鞠躬離開了。

　　等他回到學校，才剛踏進辦公室時，電話鈴聲就響了，第 2 天一大早這個電動汽車的老闆就到校長辦公室，與他談了一個多小時後，就遞交了一張百萬的支票給校長。所以校

長就順利募到款可以蓋大樓。這個校長可以成功募到款項，一是學校聲望，一是校長身分，最後就是談話技巧。

成功者，不怕三振出局

一個人是否可以成功，從檢驗他的成功指示計（success indicatior）就可以推斷出結果。所謂成功指示計是涵蓋著一個人的學識、思考傾向、健康狀況，以及擁有的智慧、經驗、態度、品格等特質。

懂得自我批判（self-criticism）、自我檢驗（self-inspection）的人，就要檢查潛意識內庫存的清單（inventory），盡力清除有礙追求成功的要素，強化有助於成功的要素，成功就能指日可待。

首創黑人娛樂電視頻道，遍及全美國的創始人強森（Robert E. Johnson）說過：「**人生如同一塊磨石（grindstone），可以被磨光，也可以被磨碎。**」是否可以被磨出光亮，就要看自己是否具備如寶石般的品質。

所謂理想、夢想、希望，如果沒有汗水、自律、決心、毅力和堅韌作為後盾，再怎麼美好的理想，將只是一場空想。追求成功者，最危險的敵人是疑慮和恐懼──害怕失敗或被批評，也怕被拒絕、被反對，甚至害怕達不到別人的期待等。

歷史上許多成就者都有無數次的失敗經驗。柯布（Ty Cobb，1886 — 1961）在 1915 年寫下盜壘成功 96 次的紀錄，7 年後海盜隊的卡雷（Max Carey）成為第 2 位最佳盜壘者，成功 51 次。卡雷一生盜壘 53 次，成功率達 96％，柯布盜壘 134 次，成功率雖然只有 72％，但人們只記得他盜壘成功的最高紀錄 96 次。

他不怕嘗試失敗的經驗，才有機會創新紀錄。同樣地，魯斯（Babe Ruth，1895 — 1948）創下 714 支全壘打紀錄，他也嘗試了 1330 次被三振出局。當在低潮苦嘗三振時，記者問

他如何掌控情緒，他回答：「我瞭解平均值的規律，多嘗幾次三振，全壘打的次數就會跟上來。」成功者需要保持正面心態，不怕失敗的遭遇，沒有勇氣嘗試三振的滋味，就沒有機會品味全壘打的甜蜜！

不顧慮輸球，就能專注取勝

1954 年美國職棒大聯盟的 Milwaukee 勇士隊和 Cincinnati 紅人隊相對陣。兩隊正好都有一位新手，第一次上場打大聯盟。紅人隊的新手格林格拉斯（Jim Greengrass）幫球隊打了 4 支二壘安打，取得勝利。

勇士隊的新手出擊 5 次掛零，這種懸殊的對比，卻沒有讓勇士隊的新手喪膽。後來，格林格拉斯這個名字就漸漸被遺忘，而勇士隊的新手在之後 23 年的職業生涯，於 1974 年打破了魯斯（Babe Ruth，1895 — 1948）【註2】714 支全壘打的紀錄，最後創下到目前為止全壘打最高紀錄的 755 支，他就是美國人家喻戶曉的——漢克·阿倫（Hank Aron，1934 —）。人生中一時的失誤並不值得掛懷，如何面對失敗才是關鍵。

麥克密克（Pat McCormick，1930 —）在 1948 年的奧運會選拔賽，以微細的落敗失去參賽資格。一時失利反而激發努力訓練，而獲得 1952 和 1956 年兩屆奧運會的跳水金牌。

根據杜蘭大學（Tulane University）商學院教授莉莎（Lisa Amos）的研究，一般企業家平均要經驗 3.8 次的失敗，也就是要經歷第 4 次的創業，才有希望獲得成功。所以，具有勇氣接受失敗的考驗，才有機會獲得成功。

【註2】

魯斯（Bade Ruth）：為美國棒壇的傳奇人物，棒球生涯從 1914 至 1935 年，一共創下 714 支全壘打，成為有史以來排行第三，打點 2213 分排行第二。

愛迪生（Thomas Edison）一生獲得 1093 項發明專利權，其中有 1052 項在他還在世時，市場上就已經有了產品，他也在紐約市建立了世界第一座發電廠（1881 — 1882）。這樣一位偉大的發明家，一生中嘗試失敗的次數也比任何人更多，以 1879 年發明的白熾燈而言，就經歷了 1 萬 4 千種不同的實驗。

大約在嘗試 5 千次失敗的經驗時，有位記者問他：「為什麼經歷那麼多次的失敗以後，卻還要堅持下去？」他告訴記者：「年輕的朋友，你不知道這個世界是怎麼樣在運作的，**我並沒有失敗，反而是成功的確認了 5 千種方法**，可以更接近找出令燈泡發亮的方法。」

美式橄欖球的名教練隆巴迪（Vince Lombardi，1913 — 1970）【註3】，有一次帶領綠灣包裝工隊（Green Bay Packers）出賽，輸了球以後，當記者問他輸球後的感想時，他說：「我們並沒有輸，只是時間不給我們機會。」成功者與失敗者的差別，在於失敗者很容易接受失敗，成功者不可能接受失敗，他們知道用正面心態看待不如意的結果，認為那是可以幫助自己朝向成功的目標，更進一步地趨近成功的寶貴經驗。

邁爾（Ray Meyer，1913 — 1970）擔任德保羅大學（DePaul University）42 年（1942 — 1984）的籃球總教練，一身的戰績是 724 — 354，擔任了 11 年的大學明星總教練，於 1979 年獲選入籃球名人堂。有一年，他帶領德保羅球隊創下 29 連勝紀錄後，卻在主場被擊敗。賽後，記者們都很好奇地想知道他的反應，結果他竟然說：「**我們不必再顧慮不要輸球了，可以重新開始專注於如何取勝。**」這就是不會為失敗氣餒，隨時準備著從失敗中再出發，成功者的心態就是如此。

【註3】
隆巴迪（Vinve Lombardi）：帶領綠灣包裝工隊（Green Bay Packers）取得 2 次超級盃冠軍、5 次聯賽冠軍，勝率為 73.8%。

信心如肌肉，用進廢退

每一次失敗經驗都蘊藏著成功的種子，怕失敗、不敢嘗試新經驗的人，就等於失去追求成功的機會。

失敗者只有一次或二次的失敗就會放棄，而成為永久的失敗者，成功的人經歷無數次的挫折，愈挫愈勇，在這種情況下，使成功的種子萌芽、茁壯。消除怕失敗的恐懼，才有可能建立信心。

建立信心和培養肌力類似，以「用進廢退」的規律進行，例如培養肌力是通過重量訓練，使肌肉壯大、肌力增強，如果不堅持練習，肌肉就會萎縮或減弱。建立信心也是一樣，需要不斷地追求新知識、新經驗，在這個過程中，不斷地經歷挫敗、成功的重複歷程，才能培養信心，讓自己變得愈加堅強，假使不培養的話就會減弱，這就是「用進廢退」的規律。

我們大多被訓練如何去追求成功，但在人生的歷程，失敗的次數總是多於成功的次數。因此，訓練如何面對失敗、勇敢不放棄的精神，成了一件非常重要的課題。

「零」導學
行動筆記

人生中一時的失誤並不值得掛懷，如何面對失敗才是關鍵。

因為成功就坐落在失敗的另一端，也就是必須跨越更多的失敗，才會攻上成功的頂峰。

04 抱怨無用！
迎向適者生存的時代

所謂「適者生存」的規律，常常被以為是在深山、荒島的無助狀況下，懂得生存下來的人。然而，在任何處境、領域或解決問題的過程裡，都必須遵循這樣的規律。

適應環境，而非遷就環境

一個在團體工作中，懂得和諧、合作、最有組織能力，對於工作內容清楚瞭解的人，才是最能夠適應的人。尤其在資訊科技突飛猛進，生活瞬息萬變的時代，每一個人都相對顯得渺小。

無論個人或團體的事業，尋求與他人的合作就愈顯得重要。許多事實表明，採用合作方法取得的成就，比通過競爭來得輕鬆愉快，而且還會有許多意想不到的收穫。那麼，愈是懂得和諧合作，並在團體中最有組織能力者，就是最能適應的人。

對於預期達成的目標，能夠清楚該用什麼方法，必須具備何種條件和能力，才有可能達成目標。一旦瞭解條件和能力有所不足的地方，懂得培養並補足這些條件和能力，有這種能力的人，才是最能適應環境的人。

懂得一切自然的規律，包括成功的規律，並能夠遵循規

律來做事情的人，才是適應其中的人。很多人掛在嘴上，或是在寫賀詞標語時，經常用到「天人合一」這句話，其實就在說明懂得遵循自然規律做事的人，才能叫作「天人合一」。

許多人憑藉在狹隘範圍內學到的一點知識，就滿足於現狀，遇到新的變局就退縮，甚至排斥學習新技能。由於現代科技的迅猛發展，我們隨時都處在變化莫測的氛圍中，若不敢隨時準備迎接新的挑戰，怠於學習新技能者，就不能適者生存，遲早會被時代的變局所淘汰。

只有不斷地學習，不斷磨練自己的技能，保持追求新知的好奇心，永不休止者，才能做到適者生存。

僱用員工的首要條件

有人問過企業界的執行長們，僱用員工的首要條件為何？絕大多數的回應都是：「除了能勝任職務的基本能力外，最重要就是和同事間共事的態度。」

一項研究調查 2 千位雇主，最後解僱的 3 位員工中，至少有 2 位就是與同事不和。石油大王洛克菲勒（John Rockeffeller，1839 — 1937）也說過：「他願多付一些給有能力與同事合作的人。」這就是人際間合作的重要性。**具備適應能力的人，才能和別人和諧共事。**

如果生活周遭的人都討厭你，那是因為你的潛意識和意識投影在他們身上，他們所做出的反應。意識的投影，表現於言語、音調、表情、姿態和行為，潛意識的投影可以從放射能量的振波頻率，而感受得到。

同樣地，若你生活周遭的人都欣賞你、喜歡你，這也是潛意識和意識在發生作用而產生的結果。所以懂得自省的人，就可以從別人對你的態度、反應，來檢視或認識自己，進而分辨哪些有助於達到成功，哪些元素有可能產生阻力。

努力改善的過程，別人對你的忠告、批評和建議，並不

可能改變你自己，只有當你願意接受別人的忠告、批評和建議時，才有可能影響、改變你自己。

同樣地，不管是來自別人的稱讚或辱罵，當你為此反應出快樂或憤怒時，這皆是由你的意識所支配而來。如果有人想要激怒你時，故意說一些侮辱的話來使你生氣，而你真的生氣了，正好顯示出他可以支配你的情緒。

如果你想支配自己的情緒，而非受別人的支配，對於外界人事物的投影，就應該要通過意識與潛意識的過濾，當下作出適當的反應。唯有能夠自主地支配自己情緒者，才是最能與他人共事，創造和諧環境的人。你的偉大，便顯現於此。

付出在前，索取在後

採用「付出比報酬更多」（doing more than pay for）的工作態度做事，不但可以建立自己的聲望，也可以讓人見識到你的服務態度和工作能力。

小學和中學裡的老師，常常發覺有少數學生樂意為班上其他人服務，也樂意幫老師做些雜事。老師需要學生幫忙時，很自然地叫喚的也都是那幾位。

為什麼呢？因為他們滿懷熱忱，而且熱心公益為他人服務。

在許多工作單位裡，同樣會出現這種人物。時日一久，便建立一種聲望，更易獲得額外的工作機會。

額外的工作機會將培養出更多的技能和能力，在經營管理、效率完善的工作單位，每當有升遷機會時，就會優先考慮這種人。那些斤斤計較、逃避工作的人，則是公司想要裁員時，第一個被考慮進來的人。

升遷是否公平，並非由自己決定，明眼主管自然就會有定見。就算真的遇到不公平的待遇，未能得到主管賞識，只要具有才學，遲早有一天，會被別家公司的主管發現並挖角，

使你大展長才。

　　一時的挫折和失敗，只是為了增進你的各種能力，一時的不得志，或許蘊藏了獲取更大成就的機會。

　　大自然裡的規律，我們也看到了森林裡的樹木，凡是越能迎接風雨的摧殘與陽光的曝曬，就會長得愈高大、愈茁壯，而那些躲在大樹底下只想受保護或仰賴大樹遮風避雨的草木，相對地就愈長愈矮小。因此，如果想要獲得成功，就應該向大樹看齊，要有「能者多勞」的態度，多幫助同事或周遭的人。養成付出比報酬多的工作習慣，總有一天，你的付出一定會獲得意想不到的回報。

做自己所愛，愛自己所選

　　做自己愛做的工作，或為了自己所愛而做的事，一定會讓你廢寢忘食，工作量再多，也會有一定的品質。

　　有時你喜歡做的工作，不一定是待遇很好，或許開始時很難得到親人的支援，但是經過一段時間，技術純熟、工作投入時間增長，品質提升，不僅工作愉快，還會收穫意想不到的報酬。如果僅僅是為了錢而工作，不但不會有快樂，品質也不會好。

　　大部分成功者勤奮工作的用意，重點放在提供更好的服務，賺錢只是附帶的結果。石油大王洛克菲勒和鋼鐵大王卡內基都是從收入微薄的工作起步，最後擁有的財富，卻是沒有幾個人可以比得上。卡內基曾經告訴牧師兼許多暢銷書的作者希爾，請他寫一本「成功致富」的主題書，而**致富的秘訣，就是培養付出比報酬多的工作習慣**。

　　保羅・埃文斯（Richard Paul Evans，1962 —）寫的一本書《聖誕盒子》（*The Christmas Box*）原先就是一份愛的禮物，要寫給他的 2 位小女兒，後來影印了幾份送給家人和朋友。書中溫暖心房的故事逐漸傳開，獲得正面的回應，使得保羅

想要公開出版。但尋求許多出版社，沒有一家願意代為出版，就只好決定自己出版。

在一次地區性的書展，主辦當局邀請幾位著名作者到場舉辦簽名會，剛好有位作者未到場空下了位置，保羅便在此為自己的新書簽名。隔年他的作品，就被《紐約時報》列為最暢銷的書之一。一本原先找不到出版社願意出版的書，結果可以暢銷 800 萬本，被翻譯成 18 種語文發行全世界，著名出版社西蒙與舒斯特（Simom & Shuster）終於用 420 萬美元，買下作品的出版權。書內的劇情，後來更改編為戲劇在 CBS 的電視上映，同時得到了艾美獎（Emmy Award）。

把事情做好，自然就會有錢

1997 年，當查德（Chad Pregracke）年僅 21 歲時，就扛起一項艱鉅的任務，自願去清理密西西比河（Mississippi）兩岸的垃圾。其實他在 17 歲時，曾打過電話給政府，卻看到年復一年更加惡化的環境汙染，於是乾脆自己動手。

剛開始，僅靠他的雙手和一艘 20 呎的船，後來，由於他實際的行動和熱情，感動了許多企業人士，讓他可以募款超過 250 萬，擴充運輸設備與清理工具，志願參與清理工作的救世軍，也增加到 4 千人以上。

他清理密西西比河（Mississippi River）超過 1 千英哩長的河岸，以及伊利諾伊河（Illinois River）435 英哩的河岸，總共清除了 100 萬噸以上的垃圾。現在他終於可以建設公司，成立董事會，裡面成員有律師、會計師，以及許多全職員工和數千位志工，繼續清理美國各大河流。

詹姆斯·希爾（James J. Hill，1838 — 1916）一直到 40 歲的年紀，還是名電報員，仍然領著微薄的薪資，但他明確的目標，並沒有因為職位的低賤而放棄。後來，終於成為鐵路公司的執行官，負責開拓北美火車系統。有一次，在荒野

西部通車時，他把頭探出車窗外，從歡迎的人潮中特地向一位老朋友傑克打招呼致意。當時傑克立刻被一群工人圍繞，非常崇拜他能夠受到執行官的特別眷顧。傑克是一個工頭（foreman），他告訴了工人說：「他是和執行官同一天進來公司工作，而他是為賺取工資而工作，詹姆斯是為了實現理想而工作。」一位運動心理學的先驅羅伯特（Robert J. Kriegel），他是《紐約時報》和《商業週刊》的著名評論員。他和路易士（Louis Petler）於 1991 年在一本書《改變遊戲規則》（*If It Ain't Broke...Break It!*）引入一項研究，調查 1500 位的樣本，發現其中 83％ 的人是以賺錢為優先，然後才確定自己要做的事，將這部分人編為 A 組。另外 17％ 的人編為 B 組，這群人是以確定自己要完成的目標為優先，而把賺錢視為次要。

20 年後，1500 位實驗物件中有 101 位成為數百萬的富翁。然而在 101 位當中只有一位來自 A 組，其餘 100 位都是屬於 B 組。這說明了工作態度是以實現理想為驅動，比只顧現實賺錢的功利更為重要。

「零」導學
行動筆記

懂得遵循自然規律做事的人，就叫作「天人合一」。

支配自己的情緒，而非受他人支配。唯有能夠自主地支配自己情緒，才是最能與他人共事、創造和諧環境的人。你的偉大就顯在此。

05

你缺的是勤奮，
並非勤勞

現實環境裡，許多人皆會為五斗米折腰，為了生活找工作，根本沒辦法考慮工作是否符合自己的志趣。

因此，許多人都是隨著時間的流逝，消極地過日子而虛度一生。

你也在為了五斗米，頻頻折腰嗎？

也有一些人，以目前工作為跳板，寄望有朝一日，可以找到理想的工作。但是長期對不符合自己志趣的工作敷衍了事，怠慢工作之下，不自覺地養成一種惰性，一旦有機會找到新的工作，遇到新的挑戰時，卻無法擺脫舊習，仍舊用一種怠慢、推託的態度面對新的工作。

採用這種心態工作者，即使新工作的待遇較佳，也較有趣，可是長期敷衍了事的惡習，應付上下班打卡的結果，難以獲得升遷機會，最後也只能夠苦悶一生。

另外，也有一些人，雖承接了傳統教育的衣缽，苦幹實幹，安分守己，非常勤勞，最後卻落得兩袖清風，只好自我安慰或自我解嘲，如同俗語所說：「清廉的官，吃飯只好攪鹽。」其實所謂**「勤勞」**，是**「勤而勞累」**，結果只能徒勞無功。工作要有所成，就要「勤」，但是還要有「奮」，也就是「勤

奮」。如何能夠勤而興奮？也就是在工作當中，能符合自己的興趣與志向，即使廢寢忘食，也甘之如飴。

這樣的工作態度，才能成為創造財富的必要條件。常聽一些自命清高者說自己是「安貧樂道」之士，然而若能「安富樂道」不是更好嗎？在工作上我們需要的態度不是「勤勞」，而是要「勤奮」。

找到心之所向，成就人生

艾爾瑪（Erma Bombeck，1927 — 1996）19 歲的第一份工作，就是在報社擔任影印工作，從那時候她就立志要做報社作家。

進入俄亥俄大學就讀時，學生的諮詢顧問勸她放棄寫作生涯，她沒接受，轉學到德頓大學，並於 1949 年取得英語學士學位，此後開始在報社的訃訊欄和婦女欄寫作。

她的人生經歷了許多的不如意，包括身體的健康狀況，但她仍堅持寫作，於 1964 年說服地方小報，讓她為小報每週的「幽默欄」寫文章，每篇僅得 3 元報酬。

第 2 年即被《德頓前鋒日報》（*Dayton Journal-Herald*）聘寫專欄，每週 3 次。1967 年成為報社聯合會的專欄作家，每篇作品都會刊登在銷量 900 份以上的該社報紙上。大約 30 年的寫作生涯，她出版了 15 本書，被尊為美國最有影響力的 25 位婦女之一，經常出現在《早安美國》（Good morning Ameria）的電視節目中，成為時代雜誌（*Time*）的封面人物，獲頒 15 個榮譽學位。

英國倫敦一位在窮困家庭成長的小孩，父母為撫養 8 個孩子，經常處於入不敷出的窘境，為躲避債務頻頻搬家。1824 年小孩在 12 歲時，由於父親負債入獄，迫使他必須到工廠當童工。進入工廠之前，小孩是學校的好學生，所以當家庭財務稍微好轉時，就立即返回學校。

可是好景不常，3 年後家境再度陷入更為困苦，15 歲的他自知不再有機會返校，就去律師事務所工作。最初工作的新鮮感維持一段時間後，便逐漸開始感到厭煩，在半年後轉往其他律師事務所，感到情況並沒有好轉，幾個月後又辭職離去。

工作期間他的儲存所得，可以讓他有充裕的時間，好好考慮如何選擇適合的工作。他花很長的時間在英國博物館閱讀，發覺自己對英國文學有著濃厚興趣。由於不再有機會接受正規教育，一切必須靠自學，於是他決定選擇新聞記者這一職業。雖然家人和親戚朋友並不看好他的選擇，他卻不顧一切，盡最大努力追求夢想。

他先學會速記，18 歲時在法庭當自由速記員，又不斷練習寫作，先在報紙匿名寫小品文，然後再以博茲（Boz）筆名寫下 60 篇小品文，3 年期間刊載於各種雜誌。出乎他意料，於 1836 年應出版社的邀請，收集一些小品彙聚成冊的《博茲雜記》（Sketchs by Boz），一年內就出版印刷四次。

寫作的成就感終於給了他勇氣，在 1836 年他使用真名狄更斯（Cherles Dickens，1818 — 1870）出版了《匹克威克外傳》（The Pickwick Papers）。出版後第一個月銷售不到 500 冊，經修訂再版，銷售量逐漸增加到 4 千冊，然後再躍升到 4 萬冊，出版 20 年內累計超過 160 萬冊的銷售量。狄更斯終於寫了一打以上的長篇小說，以及許多小品和與耶誕節相關的故事。在英國文學史上，狄更斯被譽為繼莎士比亞之後的大文豪。

艾爾瑪、狄更斯，他們就是以勤奮的工作態度，找到心之所向，造就成功的最好實例。

借鑑前人成功，走出自己的路

科技突飛猛進、無人可以趕得上資訊暴增的時代，成功目標往往隱藏在混亂迷宮中的殿堂裡。

我們處在沒有地圖、沒有路標的迷宮中，必須克服對於前程未知的恐懼，無懼走在每一個十字路口的疑惑，忍受走錯路的挫折。

這樣的時代，也許效法一些成功地走過迷宮者，在方法、態度、知識、技能，以及意識與潛意識都能步在後塵，或自己藉由書籍刊物，搜尋資訊，融合、付諸行動，不斷反復、體會經歷，並且堅持永不放棄，才更有可能掌握開啟成功殿堂大門的鑰匙。

白手起家，擁有億萬資產的富豪艾倫（Robert Allen，1948 —）寫過一本房地產投資的書《零頭期款》（*Nothing Down:How to Buy Real Estate with Little or No Money Down*）。如同書名，他教讀者如何用很少的錢做頭期款，或是根本不用錢就可以買到房地產。

然而，他的方法受到質疑，於是《洛杉磯時報》的記者向他挑戰，在 1981 年的 1 月，他隨同記者們去生疏的地區，落腳在三藩市，在記者們的監視之下，他用了 80 元在 5 個小時內買了 7 處房產，價值 70 萬美元。他的那本書因此銷售了超過百萬本，被當時的《紐約時報》列為最暢銷書排行榜的第 11 名。

艾倫說：「探討每一位有卓越成就者，你將會發現，他們都是一位或多位大師級人物的學徒，**想超級成功，你就要尋找大師級人物，做他的學徒。**」

尋找大師，精進學習之路

成功者在一生的奮鬥過程，是不斷地嘗試錯誤，不斷地改善策略，經歷一、二十年，甚至更長時間的努力，終於才出現卓越的成就。

我們如果能夠模仿成功者，不但一樣可以獲得卓越的成就，有可能經歷較短的時間就成功。當然，所謂的模仿，必

須在人際應對的態度、面對處事的風格、策略、思考的傾向等，都要仿效得淋漓盡致。

曾經被認定為世界最富有的克薩基（Adnan Mohammed Khashoggi，1936 — ），一生效法石油大王洛克弗勒（John Davison Rockefeller）和金融家摩根（John Morgan，1837 — 1913）。凡是記載有關 2 位巨人的任何資料，克薩基都會盡量蒐集並細心研讀、盡情效仿。雖然這裡提到的幾位富豪都很能賺錢，但是當他們在累積財富時的過程，都是以勤奮工作、服務為優先，賺錢則是附帶產生的結果。

許多人往往會聽同事、朋友、親戚、師長之輩的勸導，可是真正要有卓越的成就，只有如同爬過「聖母峰」的人才能當你的嚮導，把你帶上去一樣。邁向成功之路，你要非常用心尋找大師級人物，如果無法找到，至少還有大量書籍可供參考。

「零」導學
行動筆記

工作要有所成，就要「勤」，但是還要有「奮」，也就是「勤奮」。

如何能夠勤而興奮？也就是在工作當中，能符合自己的興趣與志向，即使廢寢忘食，也能甘之如飴。

Chapter 4

光是努力還不夠，你需要洶湧拚搏

　　「有之不必然，無之必不然。」熱忱，是付諸行動的推手；自制，則是指引行動的方向。然而，興趣只是做事的起點，要能堅定不移地做下去，才有可能展現卓越的成就。

　　成功的第一步，就是找到自己喜歡的工作；再者，光是努力還不夠，需要對自己選擇的工作，具備高度熱忱，即便廢寢忘食，也能樂在其中。

01

努力拚搏，自有鋒芒

人生一連串奮鬥歷程中，有可能遇到偶然成功的好運。

可是這種「好運」的機率，如同中樂透的機率一樣的低。我們需要努力追求必然成功的結果，而不是期待偶然成功的好運氣。

失敗並非偶然，神仙都救不了你

沒有決心掌握自己的命運，想求教於命理師或廟神來決定命運者，為何不天天買樂透？至少每天都可以抱著中獎的希望。如果中獎的機率可以公平地讓購買者輪流獲得，那麼一年以 52 週計算，每一位購買者就可以靜待約 27 萬年輪流中一次大獎。或者每次買 2 張，約 13 萬 5 千年左右就可以碰到一次好運氣。

至於失敗的境遇，就沒有所謂偶然或運氣不好的現象，**失敗的結果一定會有釀成失敗的前因。**

人生的旅程中，無論是事業、學業、婚姻、健康（一些父母賦予疾病的基因，非個人可以掌控者除外）、財富，或是其他點點滴滴，只要想達成期望的目標，從開始就必須要有周全完善的計劃，在執行過程必須遵循計劃所定的時程。其間，如果遭遇障礙或困難，就要調整改變策略迂迴前進。

　每一個人從設定目標開始，就要自我訓練，培養足夠的能力來擬定周全完善的計劃。也要訓練有足夠的敏感度和自覺能力，檢視計劃的進程，是否有偏離預期的軌道。

　對於有可能遭遇的障礙與困難，必須要有心理準備和應對的策略。這些能力的培養，以及對每一件計劃所必須具備的專業知識，都是為了達成目標所應有的準備。不做充分準備，其實已經潛伏著失敗的因素了。

有之不必然，無之必不然

　人是帶有某種行為模式和習慣的動物。當行為模式根深蒂固地烙印在一個人的身心靈，就會塑造成個人的性格特質。有些性格特質或行為習慣，是助人邁向成功坦途的必要條件。

　所謂必要條件就是：「有之不必然，無之必不然。」也就是說，有了這些人格特質或行為習慣時，不一定會成功，但沒有了這些人格特質或行為習慣時，就不可能成功。

　只是如果有了其他條件的輔助，必然大大提高成功的機率。對於有些性格特質或行為習慣，卻是令人遭遇事事失敗的致命傷，那些性格特質或行為習慣，就是釀成失敗的充分條件。

　以下試著彙整一些常常被忽略、有阻成功的人格特質，提供警惕：

◆ 沒有時間觀念

　想要成功完成一項計劃或事業，事先需做好充分準備、妥善計劃，還得為超乎預期的意外安排應對之道。這一系列都與時效進程息息相關，沒有時間觀念者，顯然不可能準時完成計劃。舉例而言，當學生上課遲到，無法按時完成作業或專案報告，就業後上班遲到、開會遲到、約會遲到，無法準時完成任務等。依神經語言學程式的研究，認為這種「拖延模式」的壞習慣會因此定型，如果不加以改善，將會成為

邁向成功坦途的一大障礙。

改善這種行為最有效的方法，則是：每日晚上睡前，檢視一天該完成的工作是否做完，並計劃隔天該做的事，尤其要多挑戰那些比較困難的工作，或是比較不喜歡做的事。一旦養成這方面的習慣，就不會再有拖延的壞行為。

◆刻板僵化，而毫無彈性思維

許多人將刻板僵化與不屈不撓、堅定不移混為一談，以為這種性格特質是一體兩面。成功時，就被讚譽為堅忍、不屈不撓；失敗時，就被批評為僵固不化。

其實，堅忍、不屈不撓的特質，和僵固不化的特質完全截然不同。堅忍不移、不屈不撓的性格特質是為完成設定的目標，不惜嘗試各種可能的方法，以迂迴前進、非達成任務，絕不甘休的態度去做事，也就是原則不變，但策略卻是有所彈性。

然而僵固不化的性格特質，表面上看來好像堅定不移、一板一眼。其實這種特質的人，優先在意的並不是任務或目標的完成，而是堅持他的做事風格。無論重複多少次的失敗，仍然毫無變通地採取同樣的行為模式處理事情。這種特質的人比較在意的是「面子」問題，因而也無法培養終生學習的態度。那麼，在這個變化萬千的高科技時代，適應生活都會變得困難，遑論還能有什麼成就？

◆優柔寡斷，三心二意

一旦做了決定，卻很快又改變主意。檢視成功者與失敗者之間的差異，其中一個鮮明的對比：成功者由於專業知識背景、判斷能力和自信心等，當面對新的任務、新的工作計劃、新的挑戰等，應該做決策時，他會很快做出決定。而且一旦做了決定，就很少再做改變。

在執行過程即使遭遇困難，也僅止於對執行方法或策略

進行修正，對於已經決定的任務或目標，卻固執不變，不達到目的，絕不善罷甘休。

然而失敗者面對新的任務、新的挑戰，應該做出決定時，常常會優柔寡斷，遲遲不敢下決定，尤其還會偽裝成好像是老謀深算、思慮周密的樣子。可是經過長時間拖延而做出的決定，卻在尚未執行或執行的中途碰到一丁點困難，或甚至還未遇見困難，就對所做的決定立即改變。

這種性格特質是由害怕失敗的心理所致，結果不自覺地對於所做的決定，很快做出改變或半途而廢，這就是失敗的象徵，而這種失敗模式又會不斷重複上演。

◆ 放錯重點，煩惱瑣碎小事

該煩的事情不煩，只能庸人自擾地為一些無關緊要的瑣事煩惱。

百年前，義大利一位經濟學家維弗雷多（Vilfredo Pareto，1848 — 1923），也是工程師、哲學家、政治科學家，調查19 世紀英國人的財富分配，發現大部分的財富是由少數人所擁有。簡單地說，大約 20％的人擁有大約 80％的財富，於是他指出了 80/20 的規律。1924 年，哈佛大學哲學教授齊普夫（George K Zipf，1902 — 1950）提出的最小努力原理（Principle of Least Effort），可說大同小異，事實上這種現象也是自古以來一直存在於這個世界的普遍問題。

羅馬尼亞出生的美國工程師朱爾（Joseph Moses Juran，1904 — 2008）出版第一本品管手冊（*Quality control Handbook*）是 1950 至 1990 年代的品質管理革命的幕後推手，也指出了重要的「少數規則」（Rule of the Vital Few），他們所指的原則、理論可說大同小異。

事實上，任何行業頂尖的少數幾家巨頭，佔據大多數的市場，即使同一家公司也是靠幾種少數產品為公司創造大部分的利潤。財富 500 強，所擁有的財富絕對超過好幾千萬個

小公司擁有的財富。所以，有志邁向成功的寬闊大道者，必須自我訓練，以使自己具備敏銳的辨識能力，掌握住少數重點，不去煩惱無關緊要的瑣事。

◆ 做事半途而廢，不能信守諾言

阿爾卑斯山的半山腰有一家餐廳，老闆在經營多年的經驗中，看到一個很普遍的現象：每逢爬山的好日子，就有許多人在清晨從山底下往上爬，到了中午時分，就會有許多登山客陸續進入餐廳，部分客人只歇腳片刻，就會繼續再往上爬，而大部分人就會留在餐廳，享受美食，然後圍在火爐邊取暖，唱歌跳舞，彈鋼琴，宛如就在那裡開「派對」。

談笑歡樂且熱鬧異常，然後到3點半左右，歡笑的聲音慢慢消失，部分客人就會輪流到窗邊，望向山上，看那些繼續往山上走的人。等到那些爬上山頂回來的人一同下山時，那些攻上山頂的人，臉上都有一種成就的滿足感，而留在半山腰歡笑的人，卻開始顯出落寞的神情。

在人生的經歷中，**受眼前的一些誘惑而半途棄甲，再來為後半生掙扎的案例何其多**。這則登山的例子，不就是許多人的人生寫照嗎？

做事半途而廢，不能信守諾言，承諾要做的事而沒有做，這是導致失敗的因素。根據心理學研究，一旦有了一次的半途而廢或不信守諾言，就會有第2次、第3次，進而變成一種習慣，最後成為終生的失敗者。所以明知自己不能做的事，就不要承諾，不要開始著手去做。你應該從自己有信心完成的工作開始，累積成功的經驗，建立信心，再逐漸挑戰難度更高的工作。

◆ 缺代充份的教育（insuficient educatoin）

這裡所指的教育，不一定侷限於學校教育。許多自我教育（self-educated）造就成功者的案例，不一定擁有高學歷。

上述幾種現象之外，還有兩種心態，雖然不是導致失敗的充分條件，卻也是阻礙成功的重要因素，必須在此提醒讀者力求改善。

◆ 選擇逃避

有一些態度消極者很容易以「自命清高」的姿態作為掩飾，表示他不在乎錢，不在乎待遇，或是不在乎職位等，並以此為由，慢慢對工作感到消極，開始逃避、不願接受困難任務的挑戰。

基本上，正是害怕失敗的挫折，害怕挑戰困難的壓力。可是愈想逃避挫折感，避開困難的人，終將不可避免地遭遇更嚴重的挫折、更大的苦難。

◆ 意志力薄弱

意志不堅幾乎是每一個人都可能有的缺點，我們都無法徹底做到自己認為必須或想要做的事。但成功者的自我約束力和意志力，可以使自己更易於接近目標的達成。

為了避免失敗的命運，就要根除上述所指的不良習慣或人格特質，有志者必須要有決心，付出代價努力革新自己。

「零」導學
行動筆記

「有之不必然，無之必不然。」具備並培養優良的人格特質或行為習慣時，不一定會成功，但沒有了這些好的人格特質或行為習慣，就不可能成功。

02 工作中的你，快樂嗎？

成功的真正內涵，在於把生命的歷程當作企業，成功地經營下去，使其能夠長期保持著快樂、幸福、健康和平衡的心態，永續地不斷成長。

為工作賦予高貴動機

成功的第一步，就是找到自己喜歡的工作，如果不是自己喜歡的工作，即使居於高階職位，或是賺得龐大財富，表面上，或許別人會覺得你是一名成功者，但自己內心會知道，這並不是真正的成功。舉例來說，醫師在醫學院畢業了之後，將拿到的醫師執照掛在牆壁上開始執業，每天接連不斷地醫治病人，累積了不少財富，這樣的醫師只能算是一名醫匠，而非一個真正成功的醫師。被譽為醫藥之父的希臘醫聖——希波克拉底（Hippocrates）在神明前的誓言寫道：

- 今天我成為醫界的一員，立誓獻身為人道服務。
- 我感激並尊敬恩師，如同對待父母。
- 本著良心與尊嚴行醫。
- 患者的健康和生命是最重要的事。
- 我必須嚴守患者的秘密。
- 我必須盡力維持醫界的名譽及高貴的傳統。

- 我以同事為兄弟，對待病人的責任，不因宗教、種族、國籍、性別或社會地位的不同，而有所差別。
- 生命自成胎開始，這是至高無上的尊嚴。
- 我的醫學知識，即使遭受威脅，也絕不與人道相違背。

以上9條誓言，正是做一位醫師的基本條件。希波克拉底之所以被譽為醫聖，就是因為他留給了後代醫德。

現今，作為一位成功的醫師，除了要遵守希波克拉底的誓言以外，還必須不間斷地進修，不間斷地出席許多醫學討論會，不間斷地吸取醫學新知或閱讀醫學期刊，且對於病人和家屬要有一顆悲天憫人的同理心。對於其他行業的工作者，也必須有同樣的心態，才有可能走向成功之路。

希波克拉底的誓言其實不只應用在醫學界，也可以套用在其他領域。學校老師們的對象就是學生，各種企業團體的對象就是顧客、產品的使用者，政府服務部門的對象就是人民。

例如學校的老師從小學、中學到大學教授，他們的任務是傳授知識，引導學生讀書，結果很多學校老師，自己卻沒有讀書的習慣，這是一個非常讓人匪夷所思的事情，難怪現今世界中，真正成功及優秀的老師寥寥無幾。

為熱愛的工作，展現激情

邁向成功的第二步，是對於自己選擇的工作，不但要喜歡，而且要非常的專業，尤其是對於專業領域，要有卓越的成就。

工作中，充滿非常高的熱忱，即使廢寢忘食也樂在其中。但是所選的工作不應該只是為了滿足個人的成就，而是要對社會有所貢獻，具有意義的工作。選擇工作的動機必須是高貴的，有助於社會大眾。

所謂真正的專業者，除了必須具備專業知識外，還要有

不斷創新，追求登峰造極的精神。

如果你能熱愛自己的工作，有別於一般人對待工作的心態，真正享受工作帶來的樂趣，你的人生就已經往成功之路邁出了一大步。然而僅止於樂趣，就會永遠停留在業餘的階段。興趣只是做事的起點，要能堅定不移（perseverance）地做下去，才有可能展現卓越的成就。具備熱忱（enthusiasm）和激情（passion），並且要有 100％的承諾（commitmet），如此的人格特質正是每一位成功者必備的充分條件。

在洛杉磯附近有一所小學叫 Hobart Elementary School，是美國第三大的小學，校區鄰近卻充斥著販毒和幫派。其中有一班五年級的學生，全部都以英語作為第二外國語言，在一位名叫艾斯基（Rafe Esquith）老師的教導下，這班學生的數學和閱讀成績，卻高出其他所有班級 50 分以上。

學生們是透過演出莎士比亞的戲劇學英語。他們的演出從白宮（White House）到城市的貧民區，每場幾乎都會爆滿。戲劇巨星邁克萊恩（Sir Ian Mekellen）和霍爾布魯克（Hal Holbrook）都是他們的熱情支持者。

艾斯基的教室黑板上，掛著一個橫布條寫著：「沒有捷徑」（There are no shortcuts.），旁邊牆壁列出許多他教過的學生名字，那些就是進入 Stanford、Princeton、Yale 和 UCLA 等名校的學生。在惡劣的環境裡，艾斯基可以教出傑出的學生，使得世界各地的教職員都會來到艾斯基的教室，觀摩他不可思議的教學成就。艾斯基不僅榮獲迪士尼年度國家教師獎，並且是有史以來，唯一獲得國家藝術獎章（National Medal of the Arts）的教師。英國伊莉莎白女王（Queen Elizzbeth）授予非英國公民最高貢獻獎，命他為英國皇家的成員。

100％承諾，心安理得的成功

一位一生奉獻在教育，每天工作 12 小時，每週 6 天，一

年 52 週，持續 21 年燃燒著生命，如果沒有熱忱與激情，沒有 100％的承諾（commitment），是不可能持之以恆。

讀者也許會認為，只有少數人可以做得到的事，何苦要求自己這麼做。當然一切取決於個人的選擇與決定，不過，如果是強求自己，努力前進遠大的目標，也許終其一生也無法達成，正因為長年的勤奮與勤勞所能獲得的結果，將有著天壤之別。

個人成就、財富創造，只是一種附帶的結果，通常高貴的動機，所得到的回饋總是以複利計算，常常會收到想像不到的利益。假使以不當的手段獲得利益，表面上像是很成功，可是這種成功沒有辦法維持長久，總是如曇花一現即逝。表面上的利益、內在的損失，將使人難以心安理得。

一個真正成功的人，享受生活的樂趣，實現高貴的理想，財富的所得，都只是附帶的結果。當今企業界成功的領導者，在心理、精神層面，都非常瞭解如何融合想像與期待獲得的結果，以潛意識融合思維、感覺使其達成一致。一旦深切感受到自己內在真實擁有的偉大潛力，懂得充分發揮個人才華，那麼自然就能充滿信心而不感到焦慮，邁向心安理得的成功之道。

你把青春，賣給了誰？

經常在電視的新聞，或是平面媒體的報導上，可以聽見或讀到，有些公司或工廠受到大環境景氣蕭條的影響，或是因為營運不佳，必須裁員或遣散員工時，十有八九被遣散或裁員的員工，總會抱怨二、三十年的青春，賣給公司或工廠，如今竟被裁員！年歲過了 40、50，已經不容易另覓其他的工作，這是殘酷的事實。

不過二、三十年的青春歲月，如果懂得有效運用工作之餘的時間，每一個人，都可以在某一項專業技能或專門知識

上，自我訓練成為不平凡的卓越者。至少應該可以建立財務獨立的能力，安排事業生涯的第二春。

一項研究顯示：調查 200 位企業界的執行長，其中有 80％認為成功的最重要品質是——熱誠。

熱誠，是付諸行動的推手；自制，則是指引行動的方向。如果忽略培養自制的能力，不但會傷害別人，也會傷害自己，有自制能力的人就不會產生恐懼、仇恨、嫉妒，或是憤怒等破壞性的情緒，在任何情況下，他不會毀謗他人，不受悲觀或憤世嫉俗的人所影響，不會因為宗教、種族、政治意識不同，而失去邏輯思考的能力。具有自制能力的人可以激勵出熱誠和想像力，付出有節制的行動。沒有自制能力的熱誠，往往會給周圍的人一種無法承受的莫大壓力，產生抗拒或迴避。那些無節制的熱誠，結果經常都會產生反效果。

有所制約的熱誠，正是付諸行動的驅動力。結合知識和熱誠，才能產生有效的行動，工作要有熱誠才能精力充沛，對於一個推銷員尤其重要，深信產品的優質，在他介紹產品的語調與表現的態度上，才能令顧客感受到有所不同，才能進而感動別人，達到推銷成功的機會。

傳遞理念，感動別人

這裡所謂的推銷員，並不單單限制於商業行為，不只是推銷物品，它也可以是一種理念或信仰的推廣，想要說服別人的行為，也可以是一種推銷。

一個演說家，他的演說能夠說服自己、感動自己時，才能夠影響聽眾、打動別人。寫書或作文章也是一種推銷行為，寫下的文字或內容，如果沒有辦法真誠的感動自己，沒有辦法真確地深信自己所寫的作品，就沒辦法取信於人或影響深遠。他必須自己先有熱誠，才能進而影響別人，言行不一的人是無法發自內心產生熱誠，更無法使人感動而產生效法，

更別說能影響別人了。

　　想成為一名成功的律師、醫師、企業家、財經專家等，對於自己的信念就必須從心裡產生強烈的慾望，把信念深植在內心的潛意識，不斷地加強成為一名成功人士的慾望，隨時自我建議、強化內在的熱誠之心，這是未來能否成為一名專業人士的關鍵。

　　如何培養熱誠之心？先熱愛自己的工作，並常常和一些樂觀、懷抱熱誠的人士為伍，同時具備健康的身心靈，一顆樂於助人的心，還要培養自己成為一個財務的獨立者。什麼是財務獨立呢？也就是可以不為五斗米折腰。

　　這些充滿熱誠的人具有強大的磁場，放射出一種吸引力（aftractive force）影響周遭的人，帶動對工作的活力，鼓舞信心，趨向樂觀的心態。

　　所以選擇自己熱愛的工作，對工作產生興趣是多麼重要的一件事。有了熱誠，就如同蒸氣可以推動火車或汽船一樣，彷彿驅動心靈的機器（mental machinery），使人做出決定，訴諸行動，發揮堅持與意志力克服萬難，完成人生遠大的目標。

「零」導學
行動筆記

　　具備熱忱（enthusiasm）和激情（passion），並且有著 100％的承諾（commitmet），如此的人格特質，正是每一位成功者必備的充分條件。

03 留心好風景，擁抱每一天

　　成功的人都知道自己之所以能夠成功，是由於某種特殊的激勵，讓他發憤圖強。這種激勵也許來自所愛的對象、親人，或是崇拜的偶像。

　　人生中某些關鍵轉捩點，常常因為所處環境裡，得到某一種事物、體驗，或是閱讀書報雜誌所帶來的啟示或感悟。

培養敏感度，留心生活細節

　　大部分的成功人士，都具有特別的敏感度，他們會從所處環境獲得很多的啟示及激勵。所以你要隨時擦亮眼睛，觀察周遭的現象，清淨耳根，細聽周遭的聲音，因為許多激發潛能的啟示，隨時都會顯現在你身邊。

　　舉例來說，每一次挫折提供很好的題材讓人學習，每個逆境裡都是幸福的偽裝，你必須經歷和面對它，否則不會瞭解什麼是不幸？什麼又是幸福？尤其長期身處逆境、備受煎熬的人，不知不覺中鍛鍊出忍耐、體諒、同情、堅持，與不屈不撓的品德。

　　這些品德通過思維和行為的結合，長期培養之下，將會帶來強大的力量。如果身歷其境，卻不能體會，且無所感悟，那麼你所擁有的經驗就等於毫無經驗。此外，你要養成多多

注意別人優點的習慣，依據「物以類聚、人以群分」的規律，我們才有可能認識更多優秀的人，他們的優點才能慢慢潛移默化變成自己的優點。**成功的人才能吸引成功的人**，這是一種普遍現象，更是一項規律，因此才有「英雄惜英雄」的成語。

失去工作的鞋匠，成為養魚大亨

大約在 100 多年前，美國麻省有位鞋匠失去工作，在家裡發呆的時候，被妻子趕了出門，督促應該積極找工作。他就走到房子後面的草原，無聊地坐在一個廢棄的木桶上，忽然間看到一條小鱒魚在眼前的小溪逆流而上，躲到溪岸的角落。他迅速地捉了那條小鱒魚，拿到市場變賣。

一位好心人士想救助這位窮人，告訴他再去捉一條，願意付給他五塊錢。他回去找牧師開示，牧師推薦他閱讀一本養鱒魚的書。結果他從書本發現一條母鱒魚一年可生產 3600 個卵，每條魚每年可以長 0.25 磅，4 年後每年就可以生產 4 噸的鱒魚。於是，他就把家後面的小溪上下游建築了遮攔，開始養起鱒魚。後來，事業發達之後，他搬到另一個地方，在哈得遜擴大養殖，變成養魚專家，擔任美國魚會（United States Fish Vommission）的副主任委員。

一位失了業的窮木匠，有次拿了一塊浸泡過水的廢棄廣告板，無聊地用刀把它削成木鏈，孩子們爭吵著要，他就開始再做第二條。當時有位鄰居走過去勸他：「為什麼不利用自己的手藝做些玩具？」

他不知該做些什麼，鄰居說：「何不問問你的小孩？」於是他問了小孩，男孩子說要單輪手推車，女孩子則說要娃娃車，其他還有雨傘、娃娃的洗手台……，他開始迎合著小孩們的喜好，用他的鐮刀雕刻了各式各樣的木雕玩具，後來變成當時在新英格蘭州最富有的人。

這些故事告訴我們，在我們身邊就有寶貴的智慧，可以

給予一些激勵和啟示。

想像力多強，成就便有多大

我們無法改變已經發生過的事實，也無法改變那些不可避免、必然會發生的事情，所能掌控的就是自己的態度。

人們一生中所面臨的事情，其中 10％是超越能力或無法避免的事，例如：地震、颱風或海嘯的來襲，90％則是可以處理的事。一個人成功與否的關鍵，在於如何處理面臨的事情。所謂的「信心」，並不以言語或個人的期待、希望來衡量，而以個人的行動來表現。信心的強度，決定了目標的強度。

萊特曼（Elmer Letterman，1897 — 1982）以 50 年的經驗訓練 2 萬多名行銷人員以後，得出一個結論：「智慧、背景、教育、經驗，大約在同等的基礎上，最後勝出的是以懷有最強烈目標為導向的人員。」

華德‧迪士尼（Walt Disney，1901 — 1966）說過：「**你能夠發揮想像力到什麼程度，你的成就亦可以達到相呼應的程度！**」透過思維和想像，訴諸行動是創造機會和吸取經驗的最佳方法。

舒勒（Dr. Robert Schuller，1926 — ）曾經提出一個非常了不起的問題：「假如你明知做一件事，確實不會失敗的話，你會以什麼樣的企圖心做它？」事實上，成功者一開始就是以這樣的心態著手付出行動，所以不會懷疑自己，不會怕犯錯。

經過縝密思考所燃起強烈慾望和決心，不但言出必行，而且會堅持到底。這個世界總會預留一個成功的座位給言行一致、敢做決定，並能以行動表示的人。

1913 年諾貝爾文學獎的得主——泰戈爾（Rabindranath Tagore，1861 — 1941）[註1] 說過：「**你不可能老是凝視著水，而可以橫渡海洋。**」提醒了我們必須積極主動，親身投入，才能創造動量。只要堅持不放棄，中途遭遇的任何阻礙，都

能設法克服，成功的時機就會指日可待。

你的人生，到底要什麼？

行動是夢想和成就的分水嶺，只要堅持一致而不斷付出有智慧的行動，人生的每一階段都會有實現理想的成就。成功是由特殊的自然規律、支配科學所規範，如果你想改善人生，追求美好幸福的生活，就要改變目前的思維模式和態度，要有智慧的行動，並且明確地知道——你的人生要的是什麼？

著名的演說家夏柏（Nathan Sheppard），本來說話都很困難，聲帶又有缺陷，沒有人看好他能以公眾演說為業，連他的老師們都認為他會失敗。多次失敗造成尖酸刻薄的嘲笑批評，並沒有令他喪失信心，反而使他克服困難，不斷地訓練自己的聲帶，用耳傾聽自己的音調、韻味和修辭。

20年的努力、堅持之下，他終於成為出色的演說家，而且甚至有作家以他為榜樣，寫出成功秘訣之類的暢銷書。

愛爾蘭裔的富商史都華德（A. T. Stewart，1803 — 1876），在20歲那年移居紐約，以窮小孩的身份投資1.5元做生意，他批了針線和鈕扣來賣。結果沒人想買，讓他虧損了87.5分錢。這個經驗令他覺悟到必須賣別人迫切需要的商品，於是開始挨家挨戶了解多數人需要的生活物品，而以僅存的62.5分錢投資販賣大多數人需要的商品。

25年後，他在紐約百老匯（Broadway）建立了當時世界最大的大理石門面的零售商店，1869年就開始年收入超過百萬美元。

一位在阿肯色種植棉花，失敗破產再崛起的石油大亨亨

【註1】
泰戈爾（Rabindranath Tagore）：印度詩人，以《吉檀迦利》成為第一位獲得諾貝爾文學獎的亞洲人。

特（H. L. Hunt，1889 — 1974），被問到變成世界首富之一的成功秘訣時，他說：「你只需做兩件事，第一，必須精確地確定你所要的是什麼；第二，確定必須付出什麼樣的代價去達成所要的目標，然後下決心，付出代價。」這裡所謂的代價，就是奉獻和行動。

我能，故我實現

當你相信並且認為「我能」時，腦內的網狀活化系統（reticular activate system）會激發你的動機去承諾，產生信心及集中注意力，朝向認為「我能」的方向，實現最大的成就。

想要培養正面的心態，就要培養積極主動做事的習慣。遇到每一件事，首先就要尋求解決問題的方法，看到問題的困難點，更要想出克服困難的方法，以可獲得滿意的結果為目標。避免與一些說「這個不可能」、「那個不可能」或「假如你可以做得到，別人早已做到了」之類的人為伍。

當一個人相信某一件事是不可能做到時，總會想出許多**理由來證明自己的論點**，根本就不會有強烈的企圖心克服困難，解決問題。如果經常被這樣的人群圍繞時，就會潛移默化地受到感染，不自覺地加入這一類的人群裡。

因此，你要隨時提醒自己，尋找可以強化、培養正面心態的朋友。另外，你也要不斷提醒自己培養一種習慣的態度，凡是遇見新的挑戰，第一時間就要懷著「Yes，I can」的心態面對。

霍南都（Hernando Cortez，1485 — 1547）在 1519 年從古巴的海岸，帶領 500 名士兵，100 位水手，16 匹壯馬，開 11 艘船，航向在加勒比海和墨西哥灣之間的猶加敦（Yucatan）半島。他們的任務是要奪取半島統治者所擁有的金銀珠寶與其他資產。

之前的 600 年期間，曾經有過許多征服者企圖想去奪取，

但無人得逞。霍南都深悉過去征服者的做法，所以採取不同策略。他募集志願的士兵，面談中告訴他們取得資產和寶物後，未來的生活狀況，家庭以及下一代子孫的生活狀況，將有如何的改善。他還告訴士兵們要有夢想，想像奪取寶物時，手觸珠寶的感受。當大家有了決心，才開航駛向猶加敦半島。抵達半島聚集所有的人之後，霍南都就吩咐手下把船燒掉。大家疑惑不解時，他告訴大家，如果想要回家就要行駛他們（對方）的船回去。有了這樣的決心，終於完成 600 年以來的第一位勝利者。

凱薩（Julius Caesar，BC100 — BC15）在公元前 55 年征服英國龐貝（Pompey）王國時，也應用了這種「決死應戰」的精神，成語中的「背水一戰」，也意味著同樣的心態。我不贊同武力侵略的行為，提出這一則故事的用意在於強調，**要為成功做準備，不要為失敗找退路。**

懷著恐懼，隨時為失敗找退路，將侷限我們的信念。每次企圖進行一項任務時，在還沒有執行以前，就為著萬一失敗做準備。結果總是不敢下定決心，少了毫不顧慮地往前衝的動力。為失敗做準備，漂泊在潛意識裡隨時可以開著溜走的船，其實就是限制每個人不敢全力以赴、發揮潛能的最大敵人。現在，就把漂泊在潛意識的那艘船燒掉吧！

「零」導學
行動筆記

為成功做準備，不要為失敗找退路。

04 翻轉思考，做自己成功的靠山

　　一個簡單的公式可以用來解釋個人成功的因素，即（IA+AA）×A ＝ IHP。

　　IA 代表的是——與生俱來的特質（inborn attributes），AA 代表的是——後天取得的特質（acquired attributes），A 代表的是——態度（attitude），IHP 代表的是——個人的表現（individual human performance），也就是個人的成就。

　　後天取得的特質，可以藉由學習和經驗等加以改善，不過需要經歷長時間的醞釀。態度的改變，取決於個人的毅力，所需要時間的長短，也是由個人的毅力和自律來決定。有時候在很短的時間內，就會有極大程度的改善。

你也是溫水中的青蛙？

　　想要確實瞭解自己的處事態度，最好在做事面臨阻礙、困難、犯錯，以及處在高度壓力之下，細心地審視自己所表現的態度如何？

　　事實上，在最困難的逆境中，能夠好好處理事情，反而是訓練正面心態的最佳時機。有了這種經歷而獲得成功時，人就會特別有自信，且相信自己無論在各種領域，都會有卓越的成就。

　　絕大多數人都只能做個平凡的人，有不少人甚至會自嘲說，要做個平凡的人，已經是一件不容易的事情。連要做個平凡的人都會感到困難的人，究竟人生的意義是什麼？這是很令人費解的事情。大多數人之所以無法發揮自己的潛能，就是滿足於做個平凡的人，滿足於過著安逸的生活，卻不知「青蛙效應」【註2】的危機。

　　每一位卓越成就者，都有不斷跳脫舒適圈，突破圍牆的企圖心。他們會設定高標準，明確知道要成為一位被讚賞的人，就要自我要求、努力實現。心裡想著成功，內心就要有明確的圖像，看到自己所要扮演的角色，並且想像自己已經是理想中激賞的人物，從而有意識地令自己的一切言語、行動和態度都能表裡一致。久而久之，你就會在潛意識中，改善各項人格質量，成為理想中所欣賞的人物。

　　有些人難以接受別人批評，一旦受到批評便會動氣，反應非常激烈。有些時候，別人一句無心的話，卻會耿耿於懷，惦念不忘，甚至產生許多不必要的猜忌。對於有這種反應的人，自己又誤以為是自尊心太強的結果。其實，**真正有自尊心的人，都會非常自愛，具有自信。**

　　他們對於自己所在意的事情會認真從事，不會在不相干的事情上浪費時間。他們有很好的自制與自律的能力，懂得評估外來的批評。對於值得參考的建言，就會採納修正自己的做法；不值得參考的，就懂得不要浪費時間理會它。所以具有自尊心的人，都會有健康的心態，與朋友、同事間的相

【註2】

青蛙效應（frog effect）：把一隻青蛙扔進開水裡，它因感受到巨大的痛苦便會用力一蹬，躍出水面，從而獲得生存的機會。當把一隻青蛙放在一盆溫水裡並逐漸加熱時，由於青蛙已慢慢適應了那愜意的水溫，所以當溫度已升高到一定程度時，青蛙便再也沒有力量躍出水面了。於是，青蛙便在舒適之中被燙死了。

處都是平易近人的。

改變思考，創造成功的靠山

內在思維直接反應於外在行為。如果在思維層面能把所謂的「是否」（whether）轉換為「如何」（how），反轉命運的鎖鏈，那麼一個人的行為將會有極大改變。例如對於面臨任何問題，不是質疑問題是否可以解決，而是設法考慮如何解決。對於擬訂的計劃、設定的目標，不是憂慮是否可以執行？是否可以達成？而是思考如何擬訂計劃，如何落實計劃的執行，如何達成目標。心態上只有思考如何去做，才會一直持有主動積極的態度。

一般人以為環境可以決定一個人的命運，或者至少會影響一些。其實，對於命運產生影響力的不是環境本身，而是我們以什麼樣的態度面對環境。莎士比亞曾寫過：「事情沒有所謂的好或壞，而是人的思考賦予的。」（There is nothing either good or bad, but thinking makes it so.）心態上能夠專注於思考如何去做的話，就會想出辦法創造所處的物理的、心理的和情緒的環境，使其成為有助你成功的「靠山」。

定型的思考模式和行為模式會形成習慣，儲存於潛意識，記憶在舒適區，使得日常的思考和行為維持在一定的軌道，這就是一般人樂於維持安逸舒適生活的原因。一旦思考和行為脫離舒適區時，潛意識將會促使個人在軀體和情緒上感到不自在，有些時候甚至感到痛苦，於是總會設法退回安全的舒適區。大多人寧可過著低階的安逸生活，也不願突破舒適區，以求上進。

凡是有高成就者，都會突破舒適區的圍牆，忍受暫時不安逸的感覺，追求爬上更高一層；而爬到更高一層以後，又會繼續不斷突圍，再更上一層樓。這就是成功者之所以與一般人不同的特徵。

挑戰不可能，攀上人生最高峰

　　埃里克（Erik Weihenmayer，1968 — ）出生的時候，帶著一種稀有的疾病基因，13歲時就開始變成全盲。剛開始他感到無比慌張、恐懼、痛苦，後來他決定把殘障眼盲的缺陷變成優勢，參與所喜愛的運動。

　　他開始學角力，參加中學的角力隊，也參加空中跳傘、海底潛水、滑冰、跑馬拉松等。16歲時學習攀登後，便喜愛上攀登運動。他決定突破一般人認為盲人做不到的事，甚至正常人都很難做到的事，挑戰高難度的攀登。

　　他細心觸摸岩石，了解結構和品質，攀登各種不同的山，體會風速和風向，傾聽風聲。經過不斷挑戰高難度的山，又拒絕使用盲人的拐杖，他終於成為一位世界級的登山者。

　　他爬過全世界六洲七塊大陸所有最高的山。他知道企圖爬上世界最高峰的聖母峰（Mount Everest）者，90％以上的挑戰者未能成功，10％以上的挑戰者無法生還。埃里克卻非常勇敢地在2001年登上2萬9千英呎的世界最高峰，成為《時代雜誌》（Time）的封面人物，代表第一位登上「聖母峰」的盲人。

　　登上最高峰的過程，在零下30度的氣溫，風速超過每小時160公里，加上風向瞬息變化，光滑堅硬的冰塊，深而危險的山間裂隙，一失手或失足都有可能喪命的情況下，一位盲人埃里克不但成功克服一切困難，登上世界的最高峰。電視頻道《Discovery》也特別報導他一生挑戰7次成功登上「聖母峰」的事蹟。

　　後來在英國劍橋大學取得教育學碩士，成為小學老師的埃里克說：「**聖母峰不是一個山頂高峰的地方，而是一個象徵，提醒我們身心與靈魂的威力，可以帶給生命不可思議的奇蹟。**」埃里克的奇蹟可以鼓舞我們想像，還有什麼事情做不到的？

7世紀英國詩人德萊頓（John Dryden，1631 — 1700）【註3】說：「我們培養了自己的生活習慣，而習慣終於造就了我們的人生！」（We first make our habits, and than our habits make us.）你想要有快樂、健康、幸福的人生，就是要從平時的生活習慣中培養。每個人的成就可以直接影響愉悅幸福的人，成就與否，絕不是從生命旅程中，一件重大的事故來決定，而是由生活中一點一滴的成果累積所得。所以有心想改變自己原有的思維模式和行為，必須讓所改善的一切，能根深蒂固地變成自己的習慣。

許多人無法理解這項因果關係，才會經常白費力氣地想從表象的結果去改變另一結果。例如許多人常會從衣著或室內裝潢，甚至搬動祖墳等，以期改善現有的處境或命運。其實只有從心靈世界做改變，才有可能改變外在有形的許多現象。

要記得，壞習慣很容易養成，卻會令生活很難過，而好習慣很難養成，卻會令生活很容易過（Bad habits are easy to form, but hard to live with. Good habits are hard to form, but easy to live with.）勇於突破壞習慣的舒適區，將使一個人走向成功之路的關鍵。

「零」導學
行動筆記

培養什麼生活習慣，習慣將造就我們的人生！

【註3】
德萊頓（Jonh Dryden）：英國文學的泰斗，他是繼莎士比亞之後，對英國文學最有影響力者。

05 高情商，你就是贏家！

　　一般人的行為和情緒，很容易受到外在因素的影響，或被別人的意見所左右。

　　成功者通常具備獨立思考的能力，能夠傾聽內在的聲音，分辨對錯而行事，不為外在因素或別人的意見所左右。他們更會以精神力量激勵別人，以行動帶領別人。

你對得起自己的良心嗎？

　　追求目標的整個過程，是否可以圓滿成功，並非僅以達到目標的結果來評定。為了達到目標而違背良心，與內在的價值觀衝突，或有所妥協，外觀上看似達成了目標，卻無法真正心安理得。

　　真正成功地完成目標者，必須是在心安理得、對得起良心的情境下，充滿成就感。

　　在物質成就的層面，如果沒有建立在心安理得和身心健康的基礎上，擁有再多的物質資產，包括再多的財力，仍然無法得到真正的幸福人生。要有真正幸福的人生，除了在心安理得和身心健康的基礎上，維持財務獨立外，還要有真正快樂的人生。

　　要有快樂的人生，必須在人際間的互動關係，以及工作、

生活環境之間取得和諧，以達到心平氣和的境界為原則。做人處事，處處要取得和諧是一項不可或缺的能力，每一位立志成功的人都得努力。

發怒或平靜，全由自己決定

一個人只有隨時可以真誠地對待自己，維持心平氣和的心境，才有可能得到真正的幸福、快樂與健康。而心平氣和的心境，只有在有能力排除所有負面的情緒時，才有可能實現。

所有負面的情緒都不是與生俱來的人格特質，而是在生活經驗中逐漸培養的特質。既然是後天培養的特質，它可以被培養、就可以被消除。在培養的過程中，就如同技能的學習一樣，愈演練，愈純熟，長久不練，自然就會生疏。例如：憤怒的情緒如果經常出現，就會導致芝麻小事，也可以觸怒一個人。

憤怒的壓抑，長期下來，就是致病的主謀，若發洩在別人身上，就是破壞與別人關係的主因。無論如何都是阻礙每個人邁向成功正途的絆腳石。憤怒的情緒，並不是由於某件事情的發生觸怒了你，而是你對發生的事情所做的詮釋產生了你的憤怒。

事實上，你可以用不同的詮釋，令你不但不會憤怒，甚至有可能感覺到興奮。所以事情的發生是否會令你發怒，完全是由你自己的選擇所決定。

我有個認識的朋友，有一次在停車場倒車嚴重衝撞到別人的車，他不但要花錢修理自己的車，還要付巨額賠償。結果他竟非常興奮地安慰自己，認為壽命有劫數，逃過了這一劫，很快就會開運。雖然這樣的詮釋有迷信色彩，可是能令他有正面的情緒反應，就是值得肯定的態度。

苦難中生出的巨大力量

1972 年，獲得普立茲（Pulitzer）獎的一張照片，在 70 年代世界各地的報紙可能刊登了數千次。一位越戰中，從剛被轟炸的村莊裡跑出來，在路上兩手張開，全身裸露的小女孩，驚慌痛哭的模樣，讓每一位看到報紙的人都悽惻流淚。

作者回想到那一張照片，動筆寫這一段的片刻，手還會顫抖，禁不住流出淚水。那位名叫潘氏金（Phan Thi Kim Phuc，1963 —）的小女孩，全身一半以上遭受第三級燒傷，經過 17 次手術，14 個月的復健，終於奇妙地活下來。

目前她是加拿大公民，做為聯合國教育科學與文化組織（United Nations Education and Scientific and Cultural Organization, UNESCO）的親善大使，並籌設 Kim 氏基金會，救助戰爭中無辜的受難者。如果大家知道這位從生死邊緣，身受慘痛災難存活下來的女性，可以放射出全然和平與溫良的氣質時，誰還能為著芝麻小事懷有仇恨呢？

上尉傑利卡非（Jerry Coffee）在越戰時，他所飛行的戰鬥機被北越擊落。從那時候開始，他就變成戰俘，被關了 7 年，7 年時間有如生活在地獄，營養不良、經常挨打、孤立好幾年關在一人的小牢房，在這種悲慘的局面下，傑利卡非上尉卻認為是一個好機會，可以讓他獨自一人，在牢裡深入探討人性的許多不同的層面。於是出獄後，成為一位非常謙遜、和平，而有智慧的人，建立了幸福的家庭，並且做為一位成功的作家和演說家，具有說服力的分享，鼓舞聽眾的士氣。

所有負面的情緒，追根究柢就是不負責任衍生的結果。有心想要成功，就得負起責任，消除它們，或將其轉化為正面情緒。正面有建設性的情緒，是邁向健康、快樂、長壽、幸福成功的人生基礎。

所謂心理治療的領域，其實就在幫助人們誠實地面對產生憤怒、罪惡感、仇恨、嫉妒等情緒的根源，對其給予適當

的詮釋。如果對自己存有的負面情緒無法負起責任，無法做自己的心理治療師的話，就得求助於別人的幫忙。

高效能，高情商

《高效能人士的七個習慣》（*The 7 Habits of Highly Effective People*）的作者科維（Mr. Stephen R. Covey）在一個星期日的早晨，坐在紐約的地鐵，車廂內頗為安靜，有些人在看報紙，有些人在閉目養神。

突然間，有個人帶著他的孩子們進入車廂，他就坐到科維的旁邊閉下眼睛，孩子們卻互相叫囂非常吵雜，拋丟東西，又拿別人的報紙打擾許多人。那種情況很難令人忍受，科維也被激怒了，而不得不提醒坐在旁邊的那一位先生，好好管教一下孩子們。

那時候，那位先生突然驚醒，為此感到不好意思，並且解釋他們剛從醫院出來，孩子們的母親在一個小時之前過世，他們也許還沒有辦法接受這個事實，所以才會如此。科維聽到那些話時，立即由怒氣轉變為同情的情緒。

相信許多人都會有類似的經驗，對於同樣一件事，只要用不同的角度看待，給予不同的詮釋，就有可能產生截然不同的情緒反應。而你卻有自主的能力選擇從什麼樣的角度來詮釋問題。有了這點認識，就會懂得掌控自己的情緒，邁向成功之路。

弗朗克（Viktor Frankl，1905 — 1997）在他的書《尋求人生的意義》（*Man's Search for Meaning*）【註4】曾經寫道，第二次世界大戰期間，他被關在納粹（Nazi）的集中營，飽

【註4】————————————————————————

《尋求人生的意義》（Man`s Search for Meaning）：本書於 1991 年獲「紐約時報」列為十大最具影響力的美國書籍。

受許多不公平和痛苦的煎熬。其中最不堪忍受的是，有一次他躺在消毒過的手術台上，接受沒有注射麻醉藥的情況下進行手術。在那種極度疼痛不堪忍受的情形下，他選擇的情緒反應和思考是同情那些醫療團隊，而非痛恨他們的作為。

他同情他們沒有自由拒絕進行那種非人性的行為，在那種極端痛苦的環境裡，弗朗克可以自由選擇如何思考，我們當然也可以在任何環境下，選擇如何做思考。弗朗克具有的思考傾向，就是致使他變成非常有說服力的演說家。

我是，我所想

每個人的思維左右著他的言語行為，也就是影響著他的一切的生活型態，所以思維創造人的生活，思維模式決定著我們的命運。你無法決定心態以外的事，**如果內心感到不快樂時，就無法感受快樂的生活。**

憤怒、仇恨、焦慮、恐懼、失敗的心境，是不可能體會什麼叫做快樂的生活。思維、心境可以創造我們的人生，要想快樂幸福的人生，就要先培養快樂幸福的思維和心境。

很明顯地，當我們很順利的完成一件重要的事情，克服困難時，總會產生一種興奮和快樂的成就感，但要讓一件重要的事得以順利地完成，前提是你也必須先用興奮和快樂的心態來處理它，才能減少阻力，得以順利完成。

想要有一個快樂幸福的命運，取決於快樂幸福的心態，是否能時時懷抱著一顆快樂幸福的心，完全是由個人的意識來操控，所以瞭解這種因果關係者，就可以決定自己的命運。

不斷重複有系統的思維，可以變成潛意識裡一定模式的思維習慣。**快樂也可以養成一種習慣。**所有的情緒都是一種內心的狀態，可以由意識所控制，或由意識重複不斷輸入潛意識，培養成習慣，之後就會不自覺地接受潛意識所支配。所以希望過快樂的生活，就必須先有快樂的習慣。

　　北美有位 95 歲的獨居老翁，喪偶後應政府的要求，住進政府安排的公寓。當社工人員帶著他前往公寓的路途時，對著老翁說：「希望你會喜歡房子，快樂的住下來。」老翁回答：「沒問題，我一定會喜歡，也會很快樂的住在那裡。」社工人員疑惑地問他：「你還沒有看到房子，怎會知道喜不喜歡？」老翁說：「喜不喜歡，快不快樂，是我做的決定，不是公寓所決定。」老翁的心態，是讓他長命百歲，仍然健壯地可以自理自己生活的條件。

　　決定個人的命運，不在於生活的環境和遭遇的處境，而是由於如何面對的態度而定。

你，就是自己情緒反應的導演

　　電影導演可以把同樣的事情，編制成喜劇影片或悲劇影片。導演懂得操控觀眾的視覺、聽覺和情緒反應，利用在銀幕上顯現的情節、畫面、音響、燈光的暗亮，令你歡笑、痛哭、恐懼、憂心，或振奮。

　　同樣地，你就是自己的情緒反應的導演。對於自己所經歷的一切事情，你就可以在**內心的銀幕**（screen of mind）編制影片，如果你是個優秀的導演，你就會在內心的銀幕編制影片，使得表現於外在世界的情緒，是可以幫助你實現成功的目標。

　　可惜絕大多數的人無法領悟這一運作系統（operation system）的存在，不自覺地擔任笨拙的導演，使得表現於外在世界的情緒，好像是一種反射作用，不但無助於實現一個人的成就，經常反而製造阻力。

　　人們所表現的負面情緒如：憂慮、恐懼、憤怒、仇恨、嫉妒等，都是笨拙的導演在自己內心的銀幕編制情節創造出來的，它並不是根深蒂固地存在著，而是創造出來的樣子。

　　你應該訓練自己做一個優秀的導演，多創造一些正面的

情緒。所謂欣悅、快樂、幸福感、興奮，或憤怒、悲傷、憂愁等情緒，都是自己的選擇，反應於外在的世界。

很顯然地，我們可以適當地指揮自己的思想，當然就可以操控自己的情緒。如果有人刻意要激怒你，而你可以無動於衷，就表示你有自主能力選擇自己的情緒反應。相反地，如果你有憤怒的反應，顯然就表現出你的情緒可以被其他人所操控。**憤怒的面孔背後，往往會隱藏著一顆憂傷的心靈。**那就是因為憤怒者扮演了笨拙的導演，在自己的內心銀幕編制了毀損自己的悲劇。

你，決定要當一名什麼樣的導演呢？

「零」導學
行動筆記

一個人只有真誠對待自己，維持平和心境，才有可能得到真正的幸福、快樂與健康。

06 但求無傷，自省 70 問

　　我們必須經常進行詳細的自我分析，探討從兒童時期到成熟階段，有哪些因素塑造了自己的人格特質，培養出哪些擅長的領域。

享受人生真正的幸福

　　經常反省和自我覺察，瞭解自己的興趣與才華，瞭解自己與生活和工作環境的互動，與人際關係的互動，以及為什麼要如此互動的理由。如此，才會有自知之明，才能明確瞭解自己的立場，才有可能設定正確細緻的人生目標。

　　我們必須先瞭解自己的現況，分辨處理一切事情的妥適性，才能在朝著自己釐訂的人生目標邁進，瞭解每一個階段的進程。**享受人生真正的幸福，往往不在於獲得的結果，而在於獲得結果的過程。**

　　從現實層面來講，每個人的身價，是以他的能力可以付出多少貢獻，或以他的能力可以影響別人付出多少貢獻做評量。所以能夠精確分析自己的弱點，努力加以清除或改善，並清楚瞭解自己的優點，加以強化突顯，充分發揮，身價就有可能提升，而成功的坦途自然就會為你鋪設。

《論語‧學而篇》曾說：「吾日三省吾身」，透過「自省 70 問」每年定期檢視下列問題，可以進一步瞭解自我：

第 1 問：人生必須要確立一個終生追求的大方向目標，而在大方向目標內，要有階段性期待實現的短期目標，每年都要檢視，究竟完成了多少比例？

第 2 問：對自己工作的付出，是否盡了最大的努力，這一年來，在品質上改善了多少？

第 3 問：在工作上，是否一直都能保持與同事間和諧合作的精神？

第 4 問：是否有拖延的習慣，減低了工作效率，嚴重到什麼程度？

第 5 問：在人格特質的哪些部分有了改善，改善多少？

第 6 問：是否可以徹底執行自己擬訂的計劃，是否可以堅持到計劃完成？

第 7 問：是否受恐懼心態的影響，降低了工作效率？

第 8 問：是否由於缺乏注意力，或缺乏集中努力的焦點，導致精神或能量的分散？

第 9 問：是否能開放心胸，容忍歧見？

第 10 問：對於工作的付出，在能力上是否有了進步？

第 11 問：自己的行為習慣，是否有缺乏節制的部分？

第 12 問：在公共場合或私底下，是否有自大的表現？

第 13 問：向同事所表現的行為是否可以取得尊重？

第 14 問：自己所做的決定和表達的意見，是基於臆測，還是依據事實，做出精確的分析和判斷？

第 15 問：浪費了多少時間和能量，在對自己毫無成長意義的事情上？

第 16 問：是否可以改變習慣，使得對時間的管理，在下一個年度可以更有效？

第 17 問：是否做過一些行為，在意識上，感受到對不起自己的良心？

第 18 問：是否曾經付出比所得到的報酬更多？如果有，是任何付出都如此？還是只限於那些特殊狀況？

第 19 問：是否曾經對待別人不公平？如果有，在什麼樣的場合？哪一些事情？

第 20 問：如果扮演成接受自己服務的物件，那麼是否會滿意所得到的服務？

第 21 問：是否選對了職業？如果不對，為什麼不對？

第 22 問：如果有人不滿意你的服務，是否探討過為什麼？

第 23 問：是否受到別人一點點挑釁，就會與他關係破裂？

第 24 問：是否在自己的工作上經常犯錯？如果是，為什麼？

第 25 問：與別人交談，是否常會語帶諷刺和攻擊性？

第 26 問：是否會刻意避免與人交往？如果會，為什麼？

第 27 問：是否感到人生無益，前途沒有希望？

第 28 問：是否會經常自怨自艾？如果會，為什麼？

第 29 問：是否會嫉妒那些超越你的人？

第 30 問：對於付出最多時間所做的事情，內心想的是成功還是失敗？

第 31 問：在逐漸成長或變老的過程中，你會增加自信心？還是減低自信心？

第 32 問：是否從所有做錯的事情中，學到有價值的事？

第 33 問：是否讓自己的親戚朋友為你擔心？

第 34 問：誰能產生最大的影響力鼓舞你？

第 35 問：是否會由於太多的麻煩纏身，而變得對於麻煩感覺麻痺、不在意，進而無動於衷？

第 36 問：如果允許別人為你設想，替你做決定，你是否會認為自己是軟弱、沒骨氣的人？

第 37 問：有多少可以避免的干擾，你都沒有避免？為什麼可以容忍？

第 38 問：是否一直忽略了一些導致脾氣變壞，無法忍受的因素？

第 39 問：是否會依賴酒精、香菸，或其他會上癮的藥劑，來鎮定你的情緒？可不可以用意志力來控制？

第 40 問：是否有人會經常困擾你？假如有，是什麼原因？

第 41 問：是否有一套方法，可以使自己免受他人負面情緒的影響？

第 42 問：是否會刻意使用自我提示方法，建立自己正面的心態？

第 43 問：是否很容易受他人的影響，改變自己的判斷？

第 44 問：究竟有什麼在個人的知識領域裡，值得加分？

第 45 問：是否會正向面對因環境而產生令你不高興的情緒，還是會逃避責任？

第 46 問：是否會分析所有做錯的事和遭遇的挫折，力圖取得教訓以便改善？或者認為那不是你的職責需要面對的煩惱？

第 47 問：是否可以指出 3 件會對你造成致命傷的弱點？

第 48 問：是否會主動瞭解別人的煩惱，而給予同情？

第 49 問：日常生活中，是否會尋求一些題材，來幫助自己成長？

第 50 問：是否由於你的出現帶給別人負面的影響？

第 51 問：別人的習慣最會困擾你的是什麼？

第 52 問：有自己的主見，還是常受他人的影響？

第 53 問：你的職業是否可以激勵你的希望和信仰？

第 54 問：是否可以意識到自己擁有足夠的精神力量，來免除恐懼？

第 55 問：宗教的寄託，是否可以幫助你擁有正面的心態？

第 56 問：是否相信「物以類聚，人以群分」的定律？

第 57 問：從觀察相聚的朋友中認識到什麼？

第 58 問：是否有可能某些你認為是朋友者，其實是你最壞的敵人？因為那種人對你的心靈，經常產生負面的影響。

第 59 問：根據什麼準則來判斷什麼樣的人對你有幫助，什麼樣的人對你有傷害？

第 60 問：在內心裡覺得與上級較親密或與下屬較親密？

第 61 問：每天 24 小時究竟花多少時間在 a. 工作 b. 睡眠 c. 放鬆閒暇 d. 進修學習充實知識 e. 荒廢？

第 62 問：認識的人當中 a. 誰給你鼓勵最多 b. 誰給你最多勸告或提醒 c. 誰會令你洩氣？

第 63 問：最大的慾望是什麼？你是否會企圖去實現？你是否願意為達成這項慾望，把其他的慾望先擺在一邊？你每天花多少時間，從事於追求這項慾望的實現？

第 64 問：是否會經常改變主意？

第 65 問：著手做的事情，常一定會完成還是半途而廢？

第 66 問：是否容易受到別人的事業、頭銜、學問，或財富等打動？

第 67 問：是否容易被別人對你的看法，或描述你的為人所影響？

第 68 問：是否會因為某些人的社會地位或財力的不同，而給予不同的對待？

第 69 問：誰是你現在生活圈裡，令你感到最值得尊敬的人？有什麼優於你，而令你尊敬的地方？

第 70 問：你會用多少時間思考分析，而回答這些問題？

如果每個月可以用些時間，細細檢視上列的問題，幾個月以後，你會驚訝地發現，不但對自己會有更深刻的認識，也會發現自己更能善解人意，待人處世、自省與自制力也提

升到更高的境界。

　　具備雄心，想要追求成功的人，絕對不會吝嗇於不斷努力地改善自己。

「零」導學
行動筆記

　　每個人的身價，是以他的能力可以付出多少貢獻，或以他的能力可以影響別人付出多少貢獻做評量。

07 心無旁騖，演繹成功

　　牛頓「慣性定理」說明——物體如果沒有外力的作用，則靜者恆靜，動者就會以等速持續運動。要讓靜止的物體移動，必須耗費大量的能量，一旦產生運動，即使有阻力，只要花費克服阻力的能量，就可以令物體持續運動。

　　這種物理特性，事實上也可以適用於許多不同的領域。

萬事開了頭，就不難

　　所謂萬事起頭難，一旦創造動量，就要繼續維持慣性。成功人士都會培養一種能力，**一心一意地專注於自己覺得最重要的一件事情**，具有耐心地堅持到做完為止。中間的過程不會心有旁騖，更不會讓思維停留在過去的問題。他們的關注點在未來，因此總是一心一意思考如何解決問題。這就是符合自然規律的慣性定理，使用能量最有效的做法。

　　古希臘時代有一則寓言，有位旅行者，在路上遇見一位老人，就問老人如何才能爬到奧林匹斯山上。那位老人正巧就是來自奧林匹斯山，他回答說：「**如果真想要爬到山上，就必須要確認每一個腳步，都是朝著山上的方向走。**」也就是說，如果你想要成功，你就要確認每一次的思考，每一次的行動，都是朝著追求成功的方向邁進！

心無旁騖，專注的力量

　　牛頓在數學與物理學的傑出貢獻，奠定了近代科學的基礎。在他晚年的時候，有人問他：「為什麼一個人竟能給世界做出那麼偉大的貢獻？」他的回答是：「心無旁騖」（by thinking of nothing else.）的確，**想要成功，就必須自律**，約束自己，一心一意專注於朝向設定的目標邁進。

　　這就是遵守「慣性定理」的自然規律，使得能量可以最高效率的應用。一個人處在負面、道德敗壞、破壞性的環境時，開始都會有反對排斥的心態，可是日子久了之後，慢慢地會容忍那種環境的存在，然後從容忍到接受而認可環境，最後產生融入並參與到環境裡的行為，甚至享受那種行為。

　　這種現象就是慣性定理的自然規律使然，那麼，你希望成為什麼樣的人，就應該懂得選擇在什麼樣的環境中生活、讀什麼樣的書、和什麼樣的朋友交往。

　　2千多年前羅馬的政治家加圖（Porcius Marcus Cato，BC234 — DC149）訪問迦太基（Carthage）的富裕繁榮城市，極力反對奢侈的生活，主張要消滅迦太基。

　　他的主張備受許多國人的嘲笑，但他專注於他的思維，堅持在一個目標，每次向大眾演說時，都會把聽眾的思維集中到他所終結的一句話：「迦太基必須被毀滅。」最後，迦太基真的被他毀滅了。

　　雖然我並不認同這種侵略的行為，不過若一個人的專注力可以毀滅一個國家，如果用同樣的專注力來創業的話，那還有什麼可以擔心的。

　　1878年，在英國成立的所謂救世軍（Salvation Army），專司傳佈福音與社會服務的工作，本來僅僅是一個小團體，在第一次世界大戰期間，他們專注於供應油炸圈餅（doughnuts）給孩童們，集中於服務一件小食品，卻讓它名震一時，奠定事業的基礎，遍及北美洲。

能者多勞，開創新商機

20 世紀初，紐約市的國家銀行聘請了聞名的銀行家弗蘭克（Frank A. Vanderlip，1864 — 1937），一開始就給他比一般人更優厚的薪水，還附帶一間豪華的辦公室，內有高級的辦公桌椅，以及專屬的秘書。

這種禮遇在百年前是非常稀有的事，但是第一個工作日，銀行並沒有給他任何工作，第二、第三、第四天也沒有給他工作，也沒有人去找他。一位積極主動的人是閒不下來的，所以第二個星期，這位赫赫有名的銀行家就親自跑到銀行首長的辦公室：「您給我那麼高的待遇，卻不讓我做事，這樣會讓人發狂。」

在沒有事情的狀況之下，他坐在辦公室思考、計劃，如何來增加銀行的商機。於是他計劃開發債券部門，並做廣告。

百年以前，銀行從來沒有做過廣告，弗蘭克是第一位為銀行做廣告的人，也是第一位開發銀行債券的人。他使紐約市國家銀行成為最有權威的財經機構，弗蘭克最後也成為這家銀行的主席。能者多勞，心無旁鶩，終能演繹成功。

「零」導學
行動筆記

你希望成為什麼樣的人，就應該懂得選擇在什麼樣的環境中生活、讀什麼樣的書、和什麼樣的朋友交往。

Chapter 5

日常 EMBA，
自我歸零管理淬鍊

　　暴風圈的侵襲之下，強硬的樹有可能被吹倒，但蘆葦卻可以生存下來。

　　每一位成功者都有一種特質，一股超乎常人的勇氣，這項特質並非與生俱來，必須假以時日努力培養。培養終身學習的習慣，不但可以吸收更多的資訊，強化職業技能，豐富學識的深度與廣度，更能加強一個人的自信心。

　　當信心深植於一個人的靈魂，就會產生信仰（faith）的力量，任何挫折、逆境都不可能難倒一個具有信心的人。

01 慾望驅動力，連 5 匹野馬都攔不住

　　當一個人為實現理想而工作時，和僅僅為五斗米折腰，而不得已要賺錢做的工作，其中的努力程度，一定有著天壤之別。

　　然而，人是一種很奇怪的動物，一個很平凡的人，只要有了強烈動機想要實現理想，即使處在不利的環境下，也能克服困難，發揮超人的威力。

你為誰工作？

　　一般而言，最有可能引發動機的背後原因，起源於自我保護、吸引異性關注，或是取得財富與權位。無論是領導者或個人，在追求成功的歷程中，都要懂得採取智慧、正當方法，善用可以引發動機的某一因素，或組合兩項以上的因素作為動力，來付諸行動，實現理想。

　　如果你能熱愛自己的工作，有別於一般人對待工作的心態，真正**享受工作帶來的樂趣**，你的人生就已經朝向成功之路邁出了一大步。

　　經由工作的過程，可以發展良好的人格特質，促進健康，提升自己克服困難的能力，能夠從窮困變成富有、獲得知識，同時培養自我認知的能力，以及做好事情的方法。相信自己

可以把事情做得更好的方法時，就會更有動力運用新的方法，以行動回應內在的驅動力，如此反復交互作用，將培養出良好的行為習慣。

從不絕望，永不放棄

加拿大溫尼伯（Winnipeg）的一對夫妻伊萊恩和伯尼（Elaine & Bernie Lofchicks），育有一男二女。他們發現最小的男孩出生後不久，就顯得有些異樣，頭向右傾斜，頸部向前彎曲。尋求許多醫師的診斷，最後經過一位頂尖專科醫師的徹底檢查，確認大衛（David Lofchicks）罹患嚴重的腦性麻痺（cerebral palsy），將來有可能無法走路，連說話和學習都有困難，最多或許只會數到 10。

醫師建議為了孩子的健康，也讓家庭可以有正常的生活，最好是把孩子送到醫療院長期接受照顧。大衛的父母卻希望看到自己的孩子，可以和一般正常的小孩一樣健康地成長，竭盡所能地又找了 20 多位專科醫師，結果每一位醫師都給予幾乎同樣的答案。

就在幾近絕望的時候，聽到芝加哥有位皮爾斯丁醫師（Dr. Pearlstein），專門治療腦性麻痺而聞名世界，他的病人來自世界各地，必須透過其他醫師的引薦，無法親自登門求診。伯尼就請求了他們的家庭醫師代為引薦。惟皮爾斯丁醫師的病人來自世界各地，掛號求診幾乎就要等一整年。

伯尼不能如此等待，想盡辦法在一個夜晚和醫師通電話。說服了可以讓他的兒子排在後備（standby）的位置，一旦有人取消掛號的時候，就可以插隊求診。11 天後，等到了看診機會，皮爾斯丁醫師檢查了好幾個小時以後，仍然確定大衛是腦性麻痺，未來不可能講話和走路。

不過，皮爾斯丁醫師告訴他們，如果他們真有決心，願意接受漫長無止境的挑戰，也許會有希望。大衛必須終生做

復健，並且要強迫要求，超出人類可以忍耐的限度，長期掙扎奮鬥，如此就有可能克服病症。

大衛的父母從那一天開始就下定決心，要幫助大衛變成一位正常的人。他們回家之後立即把地下室裝設為復健室和健身房，並請了 2 位專業的復健師和健身指導員。

父親伯尼為支付專業人員的費用，找了 2 份工作，每週工作 7 天日夜不休，連續 7 年只休息了一個夜晚。大衛在專業指導員的幫助之下，幾個月之後開始看到希望的曙光。兒子開始可以自己移動身體，6 歲時第一次非常掙扎地做了一次伏地挺身，做完時汗流浹背，連地上的墊子也濕透。家裡的父母、2 位姊姊及復健師都喜極而泣。

對抗不可能，毅力能翻轉一切

大衛在成長的過程，穿著滑冰鞋整整學了一年，還得靠曲棍球棍的支撐，才能站在冰上。

大衛在行動如此困難的情況下，由於父母和 2 位姊姊的長期關心、鼓勵，加上自己的決心與毅力，每天必須刻意花 3 個小時的時間做運動。他竟然參加地區性俱樂部的曲棍球隊打左翼，也學會游泳、騎自由車、每天要做累積 1 千次的俯地挺身，可以一口氣跑完 6 英哩，11 歲時高爾夫就可以打進 90 桿以內。

中學就讀加拿大最負盛名的私立學校 St. John's Raven Coart School For Borys，從被認定最多只能數到 10 的腦性麻痺小孩，七年級的時候竟然可以做九年級程度的數學。大衛對抗腦性麻痺的毅力，使他可以過著正常人的生活，結婚後育有 3 位健康的孩子，還開設一家加拿大最大的家庭用品店。

這個故事告訴了我們，**沒有任何事不可能**（Nothing is impossible.），愛的驅動力見證了生命的偉大。

轉化性慾，昇華為驅動力

性慾的衝動，可能讓一個人甘願冒生命危險，犯上一生聲譽，只為追求發洩。這種性慾的衝動有著非常強大而神秘的力量，它的發洩是一種天生而自然的現象。

若以錯誤觀念強加壓抑性慾時，遲早會變成犯罪的禍根，但是純粹肉體的發洩，只能停留在動物性的滿足，這種現象維持的時間都不會長久。當一些男性有了一點財富之後，為了滿足性慾，在毫無愛情基礎或極為淡薄的情境下，貪求美色，而靠著美色吸引這類男人的女性，結局就如古諺所說的「自古紅顏多薄命」。

性慾必須昇華為深刻的愛（love），才有可能轉換成強烈的慾望，促使一個人獲得名聲、權位、財富等。許多文學、藝術、音樂的成就，甚至科學上的卓越表現。世界知名的魔術師大衛（David Copperfield，1956 —）一生超越 4 千萬人購票觀賞他的表演，本身擁有 11 項金氏記錄（Guinness World Records），他就曾坦承由於仰慕女人，才使得他努力學習魔術的技能，類似的現象應該不乏其人。

只有父母的愛、異性真誠深刻的愛所引發的動機，才會有這份神秘的力量。那些發明創意的想像力（creative imagination），許多就是來自異性的影響引起動機，產生一種連自己平時都無法想像的不可抗拒力量（irresistible force），進而發奮圖強，展現驚人才華，創造偉大的成就。

「零」導學
行動筆記

為自己工作，並熱愛它，享受真正的樂趣。

02 拒絕藉口，練習愛的 7 種動力

我們常常聽到一些老生常談的勸告：「不要感情用事，要有理智。」感情用事被誤解為沒有理智的表現，事實上，沒有感情就不會有動力。

現實生活中，要把感情融進思維，才會產生動機，醞釀出強烈的慾望，然後才會讓人付出行動，實現理想。因此，我們必須培養豐富的正面情感，進而產生強而有效率的動力，驅策我們追求遠大的目標，實現理想。

關於正面的感情層面，特別需要加強「愛的 7 種動力」：

一、愛心

福克斯（Emmet Fox）說過：「只要你有足夠的愛心，你就會是世界上最有力量的人。」大家在口頭上都會這麼說，包括感恩和感激的心，但是必須在身心靈的層面都有愛、感恩和感激的心，才有可能真正體會這些情感所帶來的巨大力量。

二、好奇心

這是求知的動力，也是生命力長保青春的基礎。愛因斯坦說過：「不停發問是一件重要的事情，好奇心自有它存在的理由。當一個人沈思於外在世界和人生的奧秘，就不得不對其產生敬畏之心。」永遠不要失去那種神聖的好奇心，不

斷地追究問題，才有可能使一個人的身心長保青春。

三、激情和熱情

有了激情和熱情，可以使面臨的一切挑戰，變成實現理想的大好機會。它可以讓生命力像脫韁的野馬，加速節奏向前奔馳。

四、決心

在不侵犯他人權益的條件下，如果有不惜付出任何代價完成目標的心念，並在面對挫折、失望、阻礙、逆境時，都能下定決心克服的話，事實上就不會有不能成功的事。

五、韌性

柔韌的特質是不僵化，但也不是善變。在人生的旅程中，我們總是會遇到一些無法掌控的狀況，以及無法預測的障礙。有了這種遭遇，並不是要逃避或放棄原有的計劃，而是要在方向不變的原則下改變策略。在**暴風圈的侵襲之下，強硬的樹有可能被吹倒，但蘆葦卻可以生存下來**。因此，韌性的培養是不容忽視的事情。

六、信心

信心是考驗一個人成功與否的關鍵。有了信心才敢做決定，也才有決心去做自認為應該做的事情。沒有信心的人，不敢做決定，接收到太多眾人的意見，經常猶豫不決，一旦做了決定，也會朝令夕改。所謂**「意見」是世界上最廉價的資產**，每個人都可以提供一大堆的意見，等待別人的採納。

信心要從簡易的成功經驗開始培養，多做決定並付諸行動，就如強化肌力的訓練，充實學識，增加智慧，提升判斷力與洞察力，這些都是強化信心不可或缺的途徑。

七、活力

所有情緒都是通過身體表現於外在環境，唯有健康的身

體，才能令一切正面的情緒充分發揮，包括神經系統的活力。

停止無謂的藉口

　　大多數不成功的人都有一個共通特質，就是他們都有很好的理由，解釋自己為什麼不能成功。

　　現在細心檢視下面清單，是否曾用過這些理由替自己捍衛（辯解）：

- □ 假如我沒結婚、沒有家庭拖累的話——
- □ 假如我有良好家庭背景或關係、有人提拔的話——
- □ 假如我有錢的話——
- □ 假如我接受較好的教育的話——
- □ 假如我能夠有較好的工作的話——
- □ 假如我身體更健康一點的話——
- □ 假如我有時間的話——
- □ 假如時機好一點的話——
- □ 假如其他人可以瞭解我的話——
- □ 假如我的人生可以重來的話——
- □ 假如我可以不必擔心他們會說什麼的話——
- □ 假如可以給我機會的話——
- □ 假如不是因為受人嫉恨而傷害我的話——
- □ 假如我可以喘口氣的話——
- □ 假如我沒有負債的話——
- □ 假如我沒有失敗過的話——
- □ 假如我知道怎麼做的話——
- □ 假如大家並沒有反對我的話——
- □ 假如我沒有那麼多煩惱的話——
- □ 假如我能夠有適合的物件結婚的話——
- □ 假如別人不是那麼笨的話——
- □ 假如我家裡的花費不是那麼多的話——

□ 假如我能更確定的話——
□ 假如我不是運氣差的話——
□ 假如我不是生不逢時的話——
□ 假如命運註定不會如此的話——
□ 假如我可以不必工作得那麼辛苦的話——
□ 假如我沒有賠錢的話——
□ 假如我居住的周邊環境好一點的話——
□ 假如我們沒有過去一些不幸的遭遇的話——
□ 假如我能夠有自己的事業的話——
□ 假如不是發生一些其他的事情阻礙我的話——
□ 假如我年輕一點的話——
□ 假如允許我只做我想要做的事的話——
□ 假如我有一些人的那種天分的話——
□ 假如我能把握住以前的機會的話——
□ 假如沒有別人干擾我的話——
□ 假如我可以存一點錢的話——
□ 假如我的家人可以瞭解我的話——
□ 假如我是住在大城市的話——
□ 假如我可以開始的話——
□ 假如我能夠自由的話——
□ 假如我有那個人的個性的話——
□ 假如我不是那麼胖的話——
□ 假如我的才華能受到肯定的話——

　　「最大的敵人，正是自己！」不成功的人都可以從上述的藉口，綜合一些理由來保衛自己。可是再怎麼保衛，爭取別人的同情也好、諒解也好，仍然改變不了失敗的事實。
　　柏拉圖說：「人們第一件也是最重要的一件勝利，就是要克服自己，一個人如果是被自己所擊敗的話，那是多麼的

可恥和不幸。」可是究竟有多少人能夠在心靈深處，真正領悟這個道理呢？

　　頻頻找藉口解釋自己不能成功，或做錯事的理由，最糟糕的後果，是合理化整件事，並讓這種錯誤觀念深植於潛意識，從而泯滅追求成功，改善錯誤的驅動力，正是追求成功者必須改正的習慣。

「零」導學
行動筆記

　　不斷提出有品質的問題，自問自答，生活自然而然就會走向你所要的方向，關於你所提出的問題，自然就可以得到答案。

03 好身體，才撐得起強激勵

一個人在精神抖擻、體力充沛的時候，和精疲力竭、體弱多病時的心境，一定截然不同。

也就是說，每個人的生理狀況（physiological condition）會直接影響他的心境，對於同樣的經歷也會有截然不同的詮釋。

健康運動，成功的根本

有一種人在生理狀況良好的時候，會以正面態度詮釋人生，生理狀況不佳的時候，則以負面態度詮釋人生。有一種人不論生理狀況的好壞，都以負面態度詮釋人生，只是生理狀況欠佳時更悲觀。只有極少數的人不介意生理狀況好壞，一直以正面積極樂觀的態度面對人生。

可惜，生理狀況極度不佳時，即使態度再怎麼積極正面，順利成功的機率仍然會非常的低。所以，**健康的生理狀況是人生追求幸福的基本條件**，已是無庸置疑的道理，可是為什麼大多人會不顧健康，一味追求財富、權位？

維持身體健康最有效的方法，是讓全身各部位的肌肉做有規律的運動。在各種項目當中，競技體操算是比較均勻能使各部分肌肉進行強度運動。不過，由於技術上的難度，加上沒有經過特殊的訓練，一般人無法從事那些有難度的運動。

在運動過程外加阻力的負荷，舉凡重量訓練或使用各種張力的橡皮筋，加強各部位肌肉的向心和離心收縮（concentric and eccentric contraction），還有心肺功能（cardiopulmonary funtion）的刺激，可讓肌肉發揮更好的效果。

游泳和間歇跑步算是最簡單的運動，其他各種球類運動都可以達到訓練心肺功能的效果，尤其足球運動經常可以維持快跑和慢跑的均勻分配，又有競逐的快感。

你呼吸對了嗎？──關於呼吸的科普

2008 年，國際足球總會（FIFA）的醫學委員會曾經宣佈：「一個人每星期踢 3 次足球，每次 45 分鐘者可以維持良好的健康，患病比率遠低於一般人。」

人體健康的基礎建立在循環與呼吸系統（circulatory and respiratory system）的順暢運作，當心臟停止收縮時，呼吸也隨著停止，當停止呼吸後，心臟也將隨著停止跳動，二者都直接與生命息息相關。

心血管是血液循環的通道，血液由左心室流向主動脈，經動脈分佈到全身各部，再由毛細血管匯集進入靜脈血管，回流到右心房，進入右心室，再流向肺動脈，分佈左右肺臟，然後回到左心房，再流進左心室，血液就如此周而復始地不停在體內循環。

血液在體內循環，重要功能在於攜帶氧氣和營養質給身體組織的細胞，同時也攜帶二氧化碳和排泄物，將之排除到體外。當血液流到毛細血管時，血管壁的半透膜（semi-permeable membrane）使血液和淋巴液間由於氣體分壓的差異，可以進行氧氣和二氧化碳的交換，同時各種物質滲透壓（osmotic pressure）的差異，使得血液可以提供營養質給淋巴液。

淋巴液內的白血球具有保護功能，可以吞噬壞死細胞、代謝廢物和毒素，能在淋巴結裡被中性化或破壞，而淋巴液

內的這些物質，有一部分可以透過與血液進行氣體與物質交換過程，輸進靜脈血液，最後排除到體外，其中一部分則滯留在淋巴系統內。

橫膈膜式的呼吸，加速淋巴液循環

藉由肌肉運動和呼吸節奏可以推動淋巴液循環，除了規律運動以外，最好每天做 3 回深呼吸，每回做 10 次橫膈膜式的呼吸（diaphragmatic breath），以 1：4：2 的比率，重複深呼吸 10 次。

舉例來說：用 3 秒吸氣，閉氣 12 秒，呼氣 6 秒，如此可以增加氣體與物質交換的效率，橫膈膜的舒縮有唧筒作用，可促進淋巴液循環的速率。配合運動與橫膈膜式的呼吸，淋巴液循環的速率，可以增快到平時的 15 倍。

血液在組織細胞間進行氣體與物質的交換過程，經過肺臟時特別偏重氣體的交換，在經過消化系統則偏重攝取營養質，到排泄系統就以排除廢物為重。在肌肉組織間則進行大量的氣體交換以及提供營養質給肌肉纖維並接受肌肉運動的代謝廢物。

淋巴學家傑克博士（Dr. Jack Shields）曾指出，**橫膈膜式的深呼吸（deep diaphragmatic breath）是促進淋巴系統加速循環，提昇免疫系統最有效的方法。**當一個人完全缺氧一段時期後，就會影響健康、導致生命危機，可是卻很少受到關注。1931 年，德國生化學家瓦爾堡博士（Dr. Otto Warburg，1883 — 1970）對於細胞呼吸的研究，使他榮獲諾貝爾獎，就曾指出部分缺氧的情況會導致正常細胞惡化。

美國的哈利哥德布拉德博士（Dr. Havry Goldblatt，1891 — 1977）繼承他的研究，從一些新生家鼠體內抽出一些細胞控制於實驗管內，分為 3 組，其中 1 組每天刻意斷絕供應氧氣 30 分鐘，幾週後就發現缺氧組的細胞部分死亡，部分

降低了活動量，部分產生毒素與結構性的變化。其他 2 組，則維持正常方式供應氧氣。30 天後，將原來分為 3 組實驗管制的細胞，注入 3 組家鼠的體內。

兩週後發現，注射正常細胞的家鼠吸收了注入的細胞，繼續維持正常狀態，而第三組注射缺氧轉惡化細胞的家鼠，在體內繼續擴展惡化的細胞，這就是許多疾病與癌症腫瘤的根源。所以，規律運動和定時進行橫膈膜式的深呼吸，是值得注意的日常生活保健。

如何喝水才健康？——關於水的科普

許多寫書者會建議讀者每天要喝 8 到 12 杯的水。雖然攝取水分是不可或缺的事，可是攝取多量的水，卻要考慮水質內所含的氯、氟化物、不必要的礦物質和一些含毒物質。

其實，更應該注意多吃水分含量高的食物，如蔬菜、水果和豆苗芽之類的食物。如果攝食太多缺少水分的食物，又沒有充份補足水分時，就會增加血流內部的特殊性重力，阻礙血液與淋巴液的物質交換，導致淋巴液滯留過多代謝廢物和毒素，影響了人體健康。

1912 年獲得諾貝爾獎的法裔美國外科醫生卡雷爾（Dr. Alexis Carrel，1873 — 1944）是一位血管縫合和血管及器官移植方面的專家，1906 年就以一項實驗證明了——淋巴液環境直接影響細胞的生活品質和生命的長短。

卡雷爾醫生從正常平均壽命為 11 年的公雞心臟，取出一些組織細胞放置於實驗器皿，然後繼續不斷地清除組織細胞分泌的毒素和代謝廢物，同時不斷地供應組織細胞所需要的營養質，結果這些組織細胞繼續健康地存活了 34 年。

這項實驗告訴我們，透過淋巴系統清除細胞分泌的毒素和代謝廢物，並且不斷供應適當的營養質，細胞就會健康地長久存活，身體才會保持健康。

好好照顧你的胃──關於營養的科普

關於各種食物所含的營養素，以及人體每天所需要的量，可以在許多營養學書籍得到解答，這裡只提出鮮少被注意的重點。

有一位史密斯醫師（Dr. Steven Smith）在慶祝百歲生日的時候，有人問他：「活得健康又長壽秘訣是什麼？」他的回答是：「**如果你可以用前半輩子的 50 年好好照顧你的胃，那麼你的胃就會照顧你後半輩子的 50 年！**」可見飲食習慣與健康有著密切關係。

俄國生理學家巴洛夫（Dr. Ivan Pavlov，1849 — 1936）以狗的唾液分泌為實驗題材，發現了條件反射（condition reflex）而著名，他是第一位研究食物混合消化作用有特殊的貢獻者，並於 1904 年獲諾貝爾獎。在他以後，著名的謝爾頓博士（Dr. Herbert Shelton，1895 — 1985）進一步研究，澱粉質的食物如米、麥、地瓜、馬鈴薯等，需要鹼消化酶如口內的唾液澱粉酶（ptyalin）做為媒劑，幫助分解消化；而蛋白質的食物如肉類、乳製品、豆類等，則需要酸性消化酶，例如鹽酸（hydrochloric acid）和胃蛋白酶做媒劑，幫助分解消化。

可是依化學定律，酸鹼性的物質混合一起即呈中性，並失去分解消化的功能。那麼堆積在胃腸未經消化的食物就會被滋生的細菌侵蝕加予腐化發酵。所謂消化不良、脹氣就是這種現象產生的結果，這種現象也是胃腸疾病的根源。健康的飲食習慣，最好要把澱粉和蛋白質的食物分隔開。

食量減半，壽命卻延長一倍

眾所皆知，暴飲暴食有傷身體，克萊夫博士（Dr. Clive McCay，1898 — 1967）在康乃爾大學（Cornell University）做出一項研究，控制供應食物給予實驗室的老鼠，在供應量減半的結果，老鼠的壽命卻延長了一倍。

馬薩羅博士（Dr. Edward J. Masaro）在德州大學（University of Texas）也做了一項實驗，他把老鼠分為 3 群，有一群是充份供應足夠的食物，滿足他們的食量，第二群則減低供應到正常食量的 40％，第三群供應量與第一群相同，但食物內的蛋白質減半。經過 810 天後的結果發現，第一群老鼠只剩下 13％存活，第二群的老鼠有 97％存活，而第三群的存活率為 50％。這些結果告訴我們，**每餐只要吃五分飽，不但不會餓死，反而更健康長壽。**

研究結果解開了一項蛋白質的迷思，許多人以為蛋白質是人體最需要的營養素，市面上各處也都可看到推銷高蛋白的廣告。然而，人體首先需要的能量葡萄糖（glucose C6H12O6）是來自蔬菜水果和豆苗芽等，然後再依序來自澱粉質和脂肪。只有當身體缺乏供應能量維持生命或身體活動時，才會分解蛋白質釋放能量。蛋白質是人體在生長的過程，做為建構組織細胞的基本物質，人體到了成熟階段以後，蛋白質的功能只在修補被破壞的組織細胞。

由此看來，人體需要較多蛋白質的時候，主要在嬰兒時期，然後就是成長期。母奶就是供給嬰兒最佳的營養素，剛出生的嬰兒，母奶的蛋白質含量是 2.38％，出生後 6 個月母奶的蛋白質含量，就減低為 1.2％至 1.6％。

因此，處於成長期的人們需求蛋白質應該在總食量 1.2％以下的比率，可是大多人對蛋白質的誤解，導致過量攝取的傾向。如果攝取超過身體所需要的量，那些多餘的蛋白質，不但不能儲存在體內備用，還會增加腎臟和胃腸的負擔。

更糟的是，殘留在體內的蛋白質會產生過量的氮（nitrogen），引發身體的疲勞，也會導致骨質疏鬆（putrefactive bacteria）、關節疼痛發炎。

素食，提升肌耐力和爆發力

　　歷史上一些了不起的大人物，例如：畢達哥拉斯（Pythagoras）、蘇格拉底（Socrate）、柏拉圖（Plato）、亞里斯多德（Aristotle）、達文西（Leonardo da Vinci）、牛頓（Ossac Newton）、伏爾泰（Voltaire）、梭羅（Henry David Thoreau）、蕭伯納（George Bernard Shaw）、富蘭克林（Benjamin Franklin）、愛迪生（Thomas Edison）、史懷哲（Dr. Albert Schweitger）、甘地（Mahatma Gandhi）等，都是值得我們敬仰而效法的成功者。

　　不過，你知道他們有什麼共通的特徵嗎？他們都是素食者！

　　有些人也許會認為上面所列的歷史人物，多屬比較靜態生活的智者，現實生活中需要勞動力的工作者，是否仍然適合素食？其實像達文西（da Vinci）不僅是集文學、藝術與科學於一身的全方位天才，也是一位運動健將。

　　此外，近代還有許多素食者皆是運動健將，如莫斯（Edwin Moses）保持 8 年 40 多次 400 公尺中欄國際賽會的不敗紀錄，又 6 度創世界紀錄；斯科特（Dave Scott）也是曾經創 6 次世界紀錄的鐵人三項健將；萊諾瑞斯（Sixto Linares）參加過 600 多次的鐵人三項，是第一位於 24 小時內完成雙鐵人三項比賽（Double Ironman distance）創個人最佳成績 10：44 分；諾米（Paavo Nurmi，1897 — 1973）是 1920 年代最傑出的中長跑的健將，得過奧運會 9 面金牌，創 20 次世界紀錄；羅伯特（Robert Sweetgall）是世界頂尖的競走者，他曾 7 次走遍美國 48 州，平均每天走 31 英哩（相當於 50 公里），一年內走了 1.1 萬英哩；還有游泳健將羅斯（Murray Rose，1939 —）是 1956 年奧運會 400 公尺，1500 公尺自由式的金牌得主，也是 4X200 公尺接力破世界紀錄的成員，1960 年奧運會又得 400 公尺金牌，1500 公尺銀牌，4X200 公

尺接力銅牌，更曾打破 880 碼自由式世界紀錄。

這些運動員的卓越成就都不是只有曇花一現，顯現他們不僅肌耐力和爆發力，還有堅忍的毅力。

素食食物裡的蔬菜、水果、豆芽等，確實是最重要的食物。可是大多人在日常生活中缺乏正確攝食水果的認識。

水果大多含有 90％以上的水分，消化水果需要的能量極少，所以攝食水果在體內所能使用的能量效率最高，人腦所需要的能量只能來自葡萄糖所釋放，而水果所含的果糖（fructose）吸收到體內以後，可立即轉變成葡萄糖。

然而，水果的消化是在小腸並不在胃，所以應該在空腹時吃水果，才能被消化吸收。否則吃了其他的食物以後，再吃水果的話，滯留在胃的水果，立即就會被發酵破壞養份。攝食水果如能有效地被消化吸收，豐富的水分可幫助淋巴液清除代謝廢物和毒素，果糖又是維持生命及身體活動的能量。

依據名心臟學家 Dr. William Castillo 指出，**水果是保護心臟免於患病的最佳食物**，水果內所含的生物黃酮（bioflavinoids）可避免血流阻塞在動脈血管，也可強化毛細血管壁，避免內出血。

17 世紀有位湯瑪斯醫師（Thomas Moffett）曾說：「人們是用自己的牙齒挖著自己的墳墓！」從現在起，好好善待自己的胃。

「零」導學
行動筆記

每餐只要五分飽，健康又長壽，更能提升肌耐力和爆發力，更有體力迎向成功。

04 事事感恩，讓你得到更多

　　柏拉圖說：「當你有了感激的情懷，才會變成偉大的人物，也才會成就大事業。」（When you feel grateful, you become great, and eventually attract great things.）。

　　事實的確如此，時常對一切懷抱感激的人，總是有著不平凡的成就。

時時感恩，避免動嘴不動心

　　有些人把「感恩」掛在嘴邊，變成口頭禪，這種動嘴皮不動心的行為，對個人的成敗總是無濟於事。真正有感恩的情懷，不必脫口說出，而是用行動使人感受。感激情懷一旦可以動人心弦的時候，所能發揮的威力，將使人得到幸福的回報。

　　一個人其實不必太在意人生是否會成功，只要懷著感恩圖報的態度，全心付出的服務精神，成功將會是附帶而來的結果。

　　19 世紀，範德比爾特（Vanderbilt）的家族從鐵路運輸和航運業累積了龐大的財富，幾位兄弟姊妹裡，阿爾弗雷德（Alfred Vanderbilt，1877 ─ 1915）有著感恩、為人服務的精神，他堅持要從最基層的職員做起，在父親科尼利厄斯的其

中一個辦公室裡工作,而其他的兄弟姊妹都要求從經理級的階層做起。阿爾弗雷德的服務精神受到肯定,他的父親也非常認同。所以當他的兄弟姊妹各得 700 萬美元的遺產時,父親特別給阿爾弗雷德 7600 萬美元的遺產,以繼承他的事業。

阿爾弗雷德的確沒有辜負父親的遺志,他繼續發揚家族的事業,為人服務的精神更被廣被流傳。1915 年 5 月,當路西塔尼亞郵輪下沉時,阿爾弗雷德雖然不會游泳,但在生命的最後一刻,還幫忙把救生圈繫在一位嬰兒的搖籃上,並把自己的救生衣讓給一位婦人。許多報紙都特別撰文紀念阿爾弗雷德的大愛精神。

被尊敬,而不是被同情

同情弱者是一種美德,所以大家都會讚揚雪中送炭,而鄙笑錦上添花的行為。然而,社會上總是錦上添花多於雪中送炭。

其實錦上添花是一種自然的規律,在競技運動場上,觀眾會對優勝者歡呼鼓掌,在人生奮鬥的旅程上,群眾也是會讚美、尊敬成功者。

那些失敗者只會淹沒在人群中,因此你必須自力自強,在你努力的過程,一旦有了成功的跡象出現時,自然就會吸引更多人幫助你成功。否則,當你自甘墮落或陷於困境時,不但不會有人為你雪中送炭,可以幫助你的人反而會愈加遠離你。

真正成功富有的人,都有能力做財富的主人,不會做財富的奴隸。這些人的共同特質是:

◆ 有眼光(a vision for life):

清楚了解自己要的是什麼,所以都會擬訂完整的計劃,確立目標。追求目標的過程,懂得集中焦點,依優先順序執行計劃,不會受到其他雜事的干擾,走偏方向。

◆ **懂得選擇與付出：**

他們會選擇符合自己興趣和才華的工作，願意付出代價，把物質報酬視為副產品（by-product），專注而熱衷於工作，又能從工作訓練自己，加強語言、行動或技能的熟練度，顯現高度的說服力和激發他人的動機。同時潛移默化地影響周遭的人，也會很樂意幫忙別人追求他們的目標。

◆ **具有理想和願景：**

他們不但都有理想，更有能力實現理想。他們深知無情的社會，不會在意你的努力，而是以努力所呈現的結果來評判你的成敗。再好的理念，必須要有了具體成果，才可以獲得肯定，所以擁有理想之餘，更要有執行力。

◆ **具有終身學習（lifelong learning）的習慣：**

培養終身學習的習慣，不但可以吸收更多的資訊，強化職業技能，豐富學識的深度與廣度，更能加強一個人的自信心。自信心有許多層次的差別，有些人的信心，是掛在嘴邊經不起考驗。唯有深植於一個人的靈魂，就會產生信仰（faith）的力量，任何挫折、逆境都不可能難倒一個具有信心的人。堅持、堅忍的特質，就會附加於信心者身上。

愛迪生曾說：「我不是偉大的發明家，我只是像海綿吸水一樣，吸取別人的想法！」具備可受教的能力（teachablility），養成終身學習，才能成為一位令人尊敬的對象。

「零」導學
行動筆記

懷著感恩圖報的態度，成功將隨之附帶而來。

05
不只是站得高，
重點要看得遠

任何一項工作或計劃，一旦開始執行，就會有回饋作用，以相關資訊回應給計劃執行者。

勇敢批評，虛心接受

正面的回饋作用，在於可預期的結果，例如增加收入、受到褒揚、提升顧客滿意度等。負面的回饋作用，則表現在無法獲得預期的結果，像是收入減少、受到抱怨或批評等。

然而負面的批評，可以得知計劃執行已偏離正軌，並提出許多改善的機會。大多人都不願意接受負面回饋，所以，有些人為了避免得罪他人或怕被否決，即使有良好的建設性提議，也不會自願提供出來。

許多成功的企業家之所以成功，就是不僅會敞開心胸接納負面回饋，還會積極主動地尋求負面回饋作用，所帶來的指正和建議，養成了心胸開闊、具有膽識、宏觀的視野。

你要賣糖水？還是改變世界？

蘋果電腦（Apple）的創始人賈伯斯，於 1997 年重返擔任蘋果和皮克斯動畫電影工作室的 CEO。1983 年，他以一位 28 歲的企業家的身份，坐在陽臺和 44 歲的史卡利（John

Sculley，1939 —）交談，當時史卡利是百事可樂的執行長。

賈伯斯為了邀請史卡利到蘋果工作，對他說：「你是要花費剩餘的生命去賣糖水？還是要有機會改變這個世界？」多麼豪邁的氣概。當時史卡利如果繼續留在百事可樂賣糖水，應該可以賺更多的錢，可是他選擇做他認為更有意義的事情。

史蒂芬・史匹柏（Steven Spielberg，1946 —）早在 10 幾歲的時候，就確定目標要做電影導演和製作人。還在學生時代，就拿著父親的公事包，裝扮導演的模樣，利用暑假混進好萊塢的攝影棚，觀摩導演們的工作，而自己在 36 歲的年齡就已經成為歷史上最成功的影片製作人。

截至 20 世紀歷史上十大賣座的影片，在他手中製作的影片就有 4 部，其中包括賣座記錄空前的《E.T. 外星人》（The Extra-Terrestial）。成功者的視野和自信，也可以從此看出端倪。

接近成功者，累積財富資本

擁有億萬財富的航運業巨亨奧納西斯（Aristotle Onassis，1906 — 1975）在晚年時，有位記者問他說：「如果失去了所有的財富，將做什麼把錢賺回來？」他說：「在我的人生有那麼多的人幫我工作，就是起源於我幫別人工作。所以首先我會去找一份工作或 2 份，甚至 3 份工作，節儉存錢，過最簡單的生活。一直到存足 500 美元，我就到餐廳吃一頓 500 美元的大餐，然後再回去工作，存足 500 美元後，再去餐廳吃一頓。」

記者驚訝地問：「辛苦工作存下的錢，一頓餐就花掉，什麼時候才可以累積財富？」奧納西斯說：「可以走進昂貴餐廳的顧客，他們具備可以達到那種生活水準的條件，如果有機會常和他們在餐廳相遇，伸手給予一些服務，建立互動關係，吸取他們的智慧，這些才是未來累積財富的資本。」

可見奧納西斯的確有不同於一般人的獨特風格。

勇氣與真誠，是你的超能力

發現美洲新大陸的哥倫布（Christopher Columbus，1451 — 1506）說過：「**真理就是真理，真理不因眾人的意見有所改變，我寧願孤獨地遵從真理，也不會隨著庸俗的意見搖旗吶喊。**」有邏輯概念的人都知道，眾人的意見無法改變真理的存在，不同的時空也不會影響真理的價值。

成功的規律就如同重力加速度的原理一樣，不會因個人的意見或時空變遷而有所改變。哥倫布不但認知真理，更有勇氣排除眾人的意見。在大家還認為地面是水平，所有航海家只敢沿著海岸邊緣航行時，他竟然敢遠離海岸的視線，朝著和海岸垂直的方向航行，成為歷史上第一位橫渡大西洋、發現新世界的人。

他也以行動幫助了波蘭天文學家哥白尼（Copernicus，1473 — 1543），確立「地球是圓球」而不是平面的理論，哥白尼在哥倫布新發現的基礎上，推翻了埃及托勒密王朝（ptolemie，100 — 170）的地心體系，提出「日心說」。

每一位成功者都有一種特質，一股超乎常人的勇氣，這項特質並非與生俱來，必須假以時日努力培養。勇氣根源於強烈的慾望，並且確信會成功。這種基本模式，同樣適用於人生所有其他的領域。

「零」導學
行動筆記

獨立思考、不受意見左右，才能獲得大成就。

Chapter 6

頂到天花板，
職場翻轉修煉學

你是每天為了打卡趕上班？看著鐘錶等下班的人嗎？

馬克・吐溫說過：「成功的秘訣，就在於能夠把職業當作在放假。」真正愛你自己的工作時，你就會有如此的心情——工作就是在享受人生。

我們必須認識自己，不要浪費時間與能量在不擅長的領域，應該專注於自己擅長的領域。如此，不但可以快速進步，增加興趣與信心，更能激發動機，發揮潛能，就算頂到天花板，也能在職場上順利翻轉。

01

改變世界，
集合眾人之力

　　有一種鑰匙叫「萬能匙」，它可以打開各種不同的鎖。那麼顧名思義，「萬能心」應該是可以瞭解或解決許多不同問題的能力。

　　的確如此，不過它並非一顆心，而是結合許多各行各業專業者的頭腦，通過和諧合作組成的智囊團。

賞自己一顆萬能心

　　歷史演變的過程告訴我們，原始社會可以靠體力掌握權力，工業革命的時代，擁有財富和土地就會擁有權力。可是現代卻不必依賴財富，不需要有土地有資產，只要懂得改善人們的生活，就可以發揮「萬能心」的威力，使其應用於現實生活的層面。

　　一般說來，知識必須經過智慧的引導，有系統的整理、組織與運用，帶給人們更健康、快樂、幸福、方便、有效率的生活，才算發揮了它的威力。我們生活在資訊科技突飛猛進的時代，全世界的資訊是以每 2 年半擴增一倍的速率在膨脹。所以每個人對知識的追求、資訊的收集，就會越來越趕不上資訊膨脹的速度。

　　個人的腦力相對於資訊的膨脹，就會愈顯得渺小，所以

結合許多各行從業者的頭腦，通過和諧合作組成的「萬能心」就會愈顯得重要。

微軟、蘋果、谷歌、英特爾、雅虎、亞馬遜等等的崛起，就是「萬能心」發揮極致的典範。他們沒有以前資本家那種龐大的土地資產和財富為後盾，卻能扮演舉足輕重改變世界的巨人。

資訊科技的突飛猛進，社會經濟體系已經逐漸轉變為「無國界經濟」和「數位經濟」的局面。在這種經濟體系下的商業行為，不需要有豪華的大理石商店的門面，不需要龐大的倉庫，營銷人員也不必直接與客戶面對面，就可以輕易地跨越國界與時差進行交易。

管理學大師彼得（Peter，1909 — 2005）曾經說：「未來的歷史學家會寫到，這是人類生存條件產生最重大改變的時代。」的確，在這個時代，如果你想要有點成就，就要懂得如何把握機會，運用各種大小型的「萬能心」智慧。自己必須屬於「萬能心」集團中的一份子，才有可能領悟和應用它的智慧。想要有卓越的成就，成為「萬能心」集團中的一份子就得培養能力，看到別人看不到的現象，聽到別人聽不到的問題，嗅到別人嗅不出的機會，想出別人想不出的解答。

有些人具備想像力、有宏觀視野、有遠見、善於擬訂企劃；有些人則善於注意細節；有些人善於執行，還有人能擬企劃又能執行。在合作的團隊中，必先分析自己能扮演什麼角色。團隊中的每一位成員要有充分的空間，發揮各自的專長和技能，彼此之間也要和諧，朝向同一個目標共同努力，這就是必須建立所謂「萬能心」的理由。

當今快速發展的社會中，無論你多聰明，多麼努力工作，總是跟不上資訊發展的速度，個人威力愈顯渺小。所以要**追求成功，尋求夥伴合作就愈顯重要**。找到能幫助你成功的合作夥伴，就有如使用槓桿原理舉重物一樣，省力又省時。

不過尋求合作夥伴，你必須瞭解「物以類聚，人以群分」的規律，鷹是不會和鴿子一起飛。

你要尋找有成就的夥伴一起合作或幫助你，就要修煉自己，使思維能量的振波和期待合作，或希望幫助你的人和諧共鳴。吸引力法則指出，有相同思維能量振波的人會互相吸引，而不引起共鳴與和諧振波的人，則會相互排斥。

選擇工作，為自己創造機會

尋找工作，不一定可以找到最適合個人興趣或才華的工作。

那麼從事不合適的工作時，可能發生以下幾種情況：

一、消極敷衍，每天打卡上班就望著時鐘等下班，工作能逃避就逃，不能逃避就適度應付，幸運的也許就在為五斗米折腰的情況下，默默無聞地虛度終生，而有些不幸的人，則會在不景氣時，首先被列在裁員名單上。

二、盡責維護工作，利用工作之餘，投入到本身最感興趣的工作，時機成熟，辭掉原有的工作，將副業改為正業，專心投入。

三、一方面盡責維護工作，一方面積極尋找適合本身才華與興趣的工作，一旦有機會就轉職。

四、積極培養工作的興趣，培養付出比報酬更多的習慣。那麼終生只要有這份習慣，總有一天就會得到比付出多好幾十倍，甚至好幾百倍的回報。**機會不是找來，而是創造出來的。**

個人的性格與才華，已經可以通過科學的方法檢測。你應該盡早細心分析自己的才華，從而確定志向，為自己選擇要從事的工作趁早做準備，培養應有的專業知識。95％的人都無法做到這項看似簡單明確的事，如果做得到，將會是頂尖的5％的成功者。

選擇適合個人志向和才華的工作，就會廢寢忘食地專注在工作上，很快地就會有非常顯著的成果。像永田佳子剛進

日本的 IBM 工作時，日本還未制定「男女僱用機會均等法」，一般女性職員不被允許加班到深夜。她卻躲進女廁內工作，且還要求公司給予更多分量的工作。於是她在數年後就晉升為 IBM 的常務執行董事。

每個人都有某些方面的專長和才能，他可以比別人更容易學到那一方面的技能，領悟它的精髓。同樣地，每個人也都會缺乏某些方面的才能，在那一方面的學習，他總是比別人笨拙。

我們必須認識自己，**不要浪費時間與能量，在不擅長的領域，應該專注於自己擅長的領域**。如此，不但可以快速進步，增加興趣與信心，更能激發動機，發揮潛能。

時時問自己，愛自己的工作嗎？

許多成功者必須具備的品格特質，如毅力、堅持、堅韌、意志力和積極主動的態度等，都可以在自己熱衷和專長的工作過程中逐漸培養。因此，為求卓越的成就，在人生的旅程中，必須經常檢討並且問自己：

◆哪一方面的工作，是你所熱愛？會令你甚至不考慮報酬的多寡，都會廢寢忘食地埋頭苦幹？或者假如沒有時間和經濟上的顧慮，選擇什麼樣的工作，能夠令你真正覺得享受？即使沒有報酬，是否仍然會熱衷於那一份工作？

◆檢視你目前的職業，是否可以發揮你的才華和技能？是否做得比別人好？

細心檢視之下，確認出你特有的才華，將其投入到你的生命，集中焦點，強化那特有的才華，使其優而更優。如果自己無法確認，就請你所尊敬的長輩或良師益友幫你確認。

其實，自己特有的才能愈是突出，愈容易確認。如果選擇符合自己興趣的工作，又能發揮自己的才能，成功的日子

不但指日可待，附帶的結果即財富也會隨著時間水漲船高。

選擇工作首先要考慮的因素，不在於待遇的多少和工作的難度，而是工作是否符合自己的才能與興趣，還有工作的內容是否有機會令你可以持續發展。我們應該瞭解，隨時準備好等待機會的來臨，比機會來臨卻尚未準備好更佳。然而，**真正準備好的人，不僅在等待，更會懂得運用創意去創造機會，把長滿野草的荒地，變成可以豐收的園地。**評定工作職務的好壞，不在於職位的高低和待遇的多少。

每天為了打卡趕上班、看著鐘錶等下班的工作，無論職位多高、報酬多好，就是最低賤的工作。有成就者，經常會抱怨的是時間不足以讓他完成工作。他最在意是否可以充分發揮自己的潛能，使其應用於工作上。馬丁·路德·金（Martin Luther King，1929 — 1968）以不訴諸暴力策略的辯才，促進了 20 世紀五、六十年代的民權運動。

1963 年，他發表了一篇流傳後世的演說《我有一個夢想》（I have a dream），並在 1964 年獲得諾貝爾和平獎。他說：「如果你是個打掃街道的清潔工，能像米開朗基羅揮筆繪畫，像貝多芬在作曲，像莎士比亞在寫詩一般地揮舞你的掃帚，即使在天上的天使，也會停下來說，這裡有位非常稱職的清道夫。」每一樣工作，都能像馬丁·路德·金所形容的心態，盡自己最大的努力，則所謂成功，只是遲早的事。

「零」導學
行動筆記

不管你是鷹還是鴿子，讓人投以欣賞目光。

02 用盡洪荒之力，
扭轉自己

　　工作勤奮的習慣，是一個人能否成功的必要條件。懶惰、不努力工作，當然不可能成功，但是努力工作必須講求方法、策略與效率，才會提升成功的機率。

你願意為工作付出多大代價？

　　一個人工作會不會勤奮，與其是否能有策略、有效率地工作，以及個人才華和工作內容是否投合他的興趣息息相關。所以每個人尋求工作時，應該注意下列幾點：

◆ 分析才能，確定適合自身興趣和才華的工作。如果職業市場找不到自己理想的工作，就要設法創造。

◆ 尋找有職缺，符合自己理想的工作的公司，無論是私營公司、上市公司、政府機關。

◆ 深入瞭解預計申請工作的公司，瞭解其高層成員的人品、公司的政策與人事制度。

◆ 評估自己的才華，可以給預計工作的公司做出多少貢獻。

◆ 有了信心確定自己可以為期待工作的單位做出貢獻，在申請工作時，就不要在意工資待遇是否豐厚，而是要集中精神專注於如何做出貢獻，甚至可以充滿信心

地向公司表達，願意接受低待遇的試用期合約。

制度健全的公司，不會以廉價勞力占你的便宜，只要你有信心、有才能，所謂試用期的低待遇，很快就會獲得補償。

◆ 寫出詳細完整的計劃，表達自己如何為期待的工作單位做出貢獻。

把申請工作的意願、個人背景及計劃，交給有人事權的人。個人的教育背景、工作經歷與意願、工作計劃等，只要不摻雜贅言，愈詳細愈佳。健全的公司不會草率聘用人，會很耐心地閱讀夠資格候選人的申請文件，並慎重考慮。

申請工作之前的準備工作，事實上就是已經在考驗一個人是否願意付出代價，為自己的前途鋪設。付出的代價，可以在工作的成就、報酬、未來的發展獲得回報。而不願付出代價者，不曉得自己其實也已經付出了失業、待遇微薄、生活清苦的代價。

一位心理學家格林·伯格（H. M. Greenbery）曾經調查過 18 萬名工作人員，發現有 80% 的人厭倦自己的工作，這是人生的悲劇。其實，工作不只是在賺取生活費，工作本身就是人生的一部分。每個人都可以從工作中培養自信、自尊、責任感等許多人格特質。凡是登上巔峰的企業家，尤其是白手起家者，無不是勤奮的工作。他們之所以勤奮，是因為都熱愛自己選擇的工作，認為工作是一種享受。

至於工作報酬，卻是附帶所得的結果。第二次世界大戰後，美國人民的工作時間顯著減短，休閒時間增加許多。這種現象帶來的結果，竟然是社會問題如婚姻破碎、犯罪、身體疾病、精神疾病、酗酒、吸毒等比率升高，可見工作在人生中扮演何等重要的角色。第二次世界大戰以後，許多文明國家職業運動聯盟之所以崛起，應該就是解決社會問題的一

帖處方。

熱愛工作，享受工作

資訊與科技突飛猛進的時代，資訊傳遞面之廣、頻率之高、速度之快，使得每個人的生活都處在應接不暇的狀態。你必須針對適合自己的核心才華可以發揮的領域，選擇方向確立目標，專心集中焦點，做好時間的管理，把大部分的時間用在可以發揮自己核心才華，有助於實現目標的方向上。

每個人都可能會有幾項核心的天賦，也就是特殊的才華。當你從事適合於自己才華的領域時，你會樂在其中、得心應手，或者可以學得比別人更快更容易，表現得比別人更突出。因此，必須細心檢視自己，找出自己的才華，列出 2、3 項考慮作為生涯中可以專心從事的事業或職業。

1943 年，奧斯卡金像獎最佳女明星加森（Greer Garson，1904 — 1996）說過：「**人生最大的錯誤，就是開始為賺錢找工作**。你應該尋找適合自己才華的工作，如果你真的足夠好，錢自然而然就會來。」加森的話，確實道破了許多無法成功的人，未能獲取成功的根源。假如目前的工作並不適合你的才華，但待遇優厚，那麼就應該從工作中培養出興趣。

懷蘭（Wyland）喜歡畫圖，開始在鄰近的中學開畫展，只要有人想買他的畫，無論價格高低，他都不計較，只希望可以得到一些錢，買繪畫的材料。有一天母親告訴他，藝術只能當嗜好，不能當職業，並且把他帶到底特律失業局找工作。懷蘭卻無心在工廠之類的場所工作，連續 3 天換了 3 種工作，都被解僱。

他一心只想當畫家，就在自家的地下室設立工作室，日夜工作，終於獲得底特律藝術學校的全額獎學金。

於是他把握機會，專心繪畫。雖然幾年繪畫所得的錢只能維持基本的生活，但他仍然決心要做畫家，繼續磨練繪畫

的功力。最後為求發展，他搬到加州拉古那海灘，因為那裡有許多畫廊可以啟發靈感。

懷蘭就在那裡又奮鬥了好幾年，終於開設了自己的畫廊。他一度每年可以畫 1 千幅作品，有些作品一張可以賣 200 萬美元。後來他在加州夏威夷佛羅里達擁有 4 棟房子，經濟狀況應該相當富有。他能把自己的嗜好作為謀生的工具，又能創造財富，這是多麼幸福的人生。當然這也是付出代價所得的結果。

做自己喜歡的事，找到謀生方向

威廉姆斯（Pet Williams）的策略是先尋找自己喜歡做的事，再從喜歡做的事當中，探究是否可以將其作為謀生的事業，然後確立人生的目標，朝自己既可以享受，又能作為謀生的方向努力。

對於威廉姆斯而言，在他孩童時期，父親第一次帶他去看費城隊的棒球賽開始，他就愛上運動，並且決定要以運動作為謀生的事業，確立他的人生目標。威廉姆斯開始參與運動，學習閱讀《紐約時報》的運動版，搜集棒球卡片，在學校的報紙寫運動專欄。

畢業後，威廉姆斯找到可以在費城棒球隊的辦公室裡工作，後來轉到費城的一個籃球團隊中工作。當 NBA 考慮擴展球隊數時，威廉姆斯即帶領他的團隊，爭取到奧蘭多魔術隊的經營權。他成功地選擇了自己喜歡的工作，作為謀生的事業，最終當上奧蘭多魔術隊球團的首席副總裁，並寫了 36 本書，成為職業的演說家。

曼蒂・羅伯特（Monty Roberts，1935 —）在中學時代，老師要求學生寫未來的志向時，他寫了長大以後要擁有 200 畝的牧場，馴養純種賽馬，老師給了「F」的成績，老師認為一位只能在小型卡車的後院，搭帳蓬的窮家小孩，不可能積

蓄那麼多的錢買牧場，買純種賽馬，還要僱用馴馬師，所以給「F」的成績，正是反映不切實際的寫作。

老師要求曼蒂·羅伯特重寫，來換取較高的成績。曼蒂·羅伯特回答老師說：「你保留『F』就好，我繼續維持自己的夢想。」

這位正是《傾聽馬的人》（The Man Who Listens to Horses）的作者，目前在加洲的索夫昂（Solvang）就擁有 154 畝的牧場，以人性化的方式訓練了數百位的訓馬師，也蓄養了許多純種的賽馬。曼蒂·羅伯特本身充滿激情，喜愛自己的工作，本身的馴馬獲得了 8 次美國賽馬的錦標，也贏得超過 300 次以上國際純種馬的賽跑。

他寫了數本書，《傾聽馬的人》在《紐約時報》列為最暢銷書長達 58 週之久。一個人如果沒有雄心壯志，沒有理想，只侷限在現實環境認為合理的尺度下立定目標，則一生只有處在妥協的情境，無法發揮深藏的潛能。

西蒙·波娃（Simon de Beauvouir，1908 — 1986）【註1】說過：「天才不是與生俱來的，而是培養出來的。」（One is not born a genius, one becomes a genius.）真正有了興趣，特殊的才華就可以從中培養出來。

假如目前的工作待遇不高，又不適合自己的才華，最好在工作之餘，尋找創造適合自己才華的工作做為副業，慢慢地副業就會變成正業。**做自己可以樂在其中的工作，又可以賺錢，這是人生何等的享受。**老虎伍茲（Tiger Woods）從小學高爾夫，迷上了打高爾夫，大家卻要付錢請他，繼續玩他自己喜歡的小白球。

【註1】

西蒙·波娃（Simon de Beauvouir）：法國女權主義和存在主義的哲學家，《第二性》（Le Deuxième Sexe）是現代女權主義的奠基之作。

　　沙沙（Sammy Sosa）小時候在多明尼加擦皮鞋，每個月賺不到十塊錢，愛上棒球以後天天玩，到了美國大聯盟，在芝加哥俱樂部（Chicago Club），每季打出 60 到 70 支的全壘打，打出去的那種快感，是他人生的最大享受，而他在享受自己人生的同時，又獲得年薪 10,625,000 美元，請他繼續享受，難怪他會說棒球太好玩了。

　　所有成功的畫家、雕刻家、樂器演奏家、歌唱家、演說家、作家、教師、醫師、企業家，還有**各行各業成功的工作者，都是由別人付錢，請他們來享受著自己的嗜好。**

　　選擇自己真正喜歡的工作，作為謀生的工作，那麼你一定會廢寢忘食地工作而不會感到疲倦。畫家畢卡索曾經說：「當我在工作時，我覺得是在放鬆，當我在無所事事或為著要應對訪客時，我覺得很疲憊。」馬克‧吐溫（Mark Twain，1835 — 1910）也說過：「**成功的秘訣，就在於能夠把職業當作在放假。**」真正愛自己的工作時，就會有如此的心情——工作就是在享受人生。

「零」導學
行動筆記

　　選擇自己真正喜歡的工作，就不會感到疲憊；從事不感興趣的工作，可以從中確立人生的目標，投入洪荒之力翻轉自己！

03 時間，就像海綿裡的水

人生所面臨的問題，不外乎是人、事、物和時間。

解決人的問題，講究的是效果；解決事、物和時間的問題，講究的是效率。每個人面臨的問題，都可分為是否重要和是否有急迫性的問題。

效率管理，你就是時間的贏家

懂得有效管理的人，會把不重要、又不急迫的問題減低到幾乎為零，也會把不重要，但是急迫的問題立即解決。所有重要的問題，雖然都會有時效性，但是如果對於問題的解決能事先做好準備，做好完善計劃，除非一些突發事件並不是人為能力可以預先防範之外，所謂重要又有急迫性的問題，應該可以減到最少。所以，人生應該集中焦點處理重要而不急迫的問題。

所有重大計劃、重大工程，都必須進行長時間的經營，不可能急促速成。無論是人或事物的問題，**製造問題和解決問題都是來自於人**，包括你和我。所以，人才是處理問題的核心。

一位合乎品德倫理又有才華的人，在一個有良好制度的環境，也就是面對良好的人事物時，他就會有良好的發揮的機

會。如果制度環境不良，他也會設法克服改善。但是缺乏品德倫理或沒有才華的人，即使在制度良好的環境，也許由於居心不良，或根本體會不到良好的制度，仍然發揮不出什麼傑出的成就。所以是否可以成功，完全取決於你如何培養自己。

時間管理是追求成功最重要的組成部分。世界唯一最公平的一項資源，就是「時間」，每個人的時間都是相等的，沒有人可以有特權分得較多的「時間」過日子，每個人每天都只有 24 小時可用。

魯迅說過：「**時間就像海綿裡的水，只要願意擠，總還是有的。**」在公平待遇的情況下，懂得善用時間，就是成功者能夠成功的必要條件之一。

所謂善用時間，不僅是要講究工作效率、節省時間，還要講究在對的時間做對的事，得到預期的回應。這些對時間的管理必須經過演練再演練，才可培養出來。

壓力管理，淬礪菁英

人生無法避免面對壓力，如果懂得做好壓力管理，它可以激發你的工作熱情與能量。馬斯洛（Dr. Abraham Maslow，1908 — 1970）稱這種壓力為「良性應激」（eustress）。如果壓力管理不佳，就有可能引發成為許多疾病，例如：癌症、潰瘍、結腸炎、甲狀腺功能亢進、皮膚病、定期偏頭痛、關節炎等。

此外，其他一些致命的疾病，和退化性失調的毛病等，都與高壓情緒有密切的關係。

不當的壓力管理，大多來自不必要的憂慮。經過研究，當被詢問一個人為何憂慮或在憂慮什麼事時，結果發現：他所憂慮的事情，有 40％是從來不曾發生，30％是過去已經發生了，不可能再有所改變，12％是關於健康問題，10％是不重要的芝麻小事，4％是並非個人能力所及可以改變的事情，

只有剩下4%的事情值得憂慮，在個人能力所及可以將其改變。

為了做好壓力管理，避免不必要的憂慮，首先就要明確地寫下令你憂慮的事情是什麼？在許多情況之下，明確地寫下令你憂慮事情的同時，就看到了解決問題的辦法。

否則，就更進一步探討，如果憂慮事情真的發生，最壞的後果會如何？然後一方面要有心理準備，坦然接受最後的結果，另一方面想盡辦法，減輕後果或避免讓它發生。曾經是世界首富的保羅．蓋帝（John Paul Getty，1892 — 1976）透露成功的秘訣時，說過：「每一次生意上的交易，我會先評估，如果有任何錯失，那麼最壞的結果是什麼，然後盡量避免讓它發生。」

小心，你是否為 Type A 行為人！

根據三藩市 2 位心臟專科醫師羅森曼（Dr. Rosenman）和弗萊德曼（Dr. Friedman）的估計，大約有 60% 的男性和 10% 的女性（女性比率有逐漸增加的趨勢），呈現「Type A 行為」的類型（東方社會的比率也許稍低一些）。這一類型的人，工作認真積極，好求表現，常常會自願參與許多工作，個性急躁，會給自己許多壓力。由於工作認真，常會被誤認為工作狂。其實工作狂是樂在自己的工作之中，懂得享受工作的樂趣。

但 Type A 類型的人由於內在的不安全感，為求表現，才會積極認真，卻經常處於急躁，容易動怒又沒耐心的狀態，並懷有攻擊性與敵意。工作中他們會經常強烈意識到時間的匆促。這一類型的人，不自覺地持續燃燒著自己的生命。

最糟糕的是，由於他表面上顯得積極，有可能被只懂得看表面的人讚賞而感到自豪。因此，你應該誠實對待自己，深省並且檢討，如果有一點跡象類似這種狀態，就要力求改善。羅森曼和弗萊德曼醫師經過 9 年追蹤研究 3 千位健康者，

因心臟疾病死亡者的 257 位患者當中，就有 70％是屬於 Type A 的類型。

兩種不同類型的人格特質，顯示對壓力的反應不同。美國一所名校曾經對一群學生進行了測驗，分出傾向於逃避壓力的一組，將他們歸類在「逃避者群」，而另一組傾向於接受壓力，將他們歸類為「面對者群」。

然後讓每一位受試者坐在實驗室，手指繫上電極，每 60 秒傳輸一次電流，溫和地電擊受試者的手指。實驗過程把時鐘放在受試者面前，內裝一部錄影機記錄受試者的反應。實驗結果發現，每當時鐘的秒針將走到 12 的位置時，逃避者的一組都會做出各種不同的行為，臉上都會有不舒服的表情，同時避開視線不想去看時鐘。

實驗結束時，這一組人的心跳、呼吸頻率及血壓都比實驗前增加 30％至 40％。而面對者的一組，雖然也會顯示刻意分心，不想看時針，但當秒針將走到 12 的位置時，幾乎都會去注視秒針，好像在做心理準備，接受電擊。實驗結束以後，他們的心跳、呼吸頻率及血壓似乎和實驗前沒有顯著的差異。

擁有健康的心態，面臨挑戰，就會坦然地面對該來而不可避免的事情；而逃避的結果，不僅仍然無法避免事情的發生，反而傷害健康，讓自己帶來更大的不幸。

「零」導學
行動筆記

人是處理問題的核心。世界唯一最公平的資源就是「時間」，懂得善用時間，就是成功者能夠成功的必要條件之一。

04 扮豬吃老虎？
別被年齡給騙了！

　　每個人經歷過事情後，並不等於就有了經驗，只有親自檢視如何處理所經歷的事情，才會產生經驗。

　　如果無法詮釋經歷的事情，就等於沒有因經歷那一件事而獲得經驗。相反地，如果詮釋得愈細緻，獲取的經驗就愈豐富。

提升溝通能力，增加詞彙運用

　　為了能細緻地詮釋，就要加強個人的溝通能力。強化溝通能力的重要途徑之一，是加強使用文字能力和詞彙的運用能力。有能力增加詞彙的運用，又懂得選擇適當的詞彙用在適當的字裡行間，不但可以使辭豐意深、增進經驗，更能激勵包括自己在內的所有讀者，使其因受感染而增加行動力。

　　日常生活中習慣使用的語句和文字，能夠在不自覺的潛意識裡影響自己的行為模式，也影響所有因經歷過的事情所產生的經驗深淺。經驗正是培養智慧、判斷力和洞察力的踏腳石。

　　如果想要有品質的生活，就要慎重選擇使用的語句和文字，也要豐富自己的詞彙。英文在各種語言當中詞彙最多，大約有 75 萬個詞彙。僅次於英文的德文，字彙大約是英文的

一半。而英文的字彙裡大多屬於動詞、助動詞、分詞和形容動詞的副詞。

從語言使用和行為關係來看，就可以理解講英語的人們其背後的文化，為什麼會使他們產生較強的行動力。而中文字彙多屬名詞，這也說明了中華文化的特徵，靜思而不動。

現在資訊科技的突飛猛進，使資訊與文字的傳遞打破了國界，新一代使用的中文，當然會逐漸融合英語的詞句。那麼從語言使用的習慣，希望也逐漸能看到新一代會具有更多行動力。

把每次經歷用文字寫下來

每個人經歷過的事情，只要是重要的事件，無論成敗為何，如果能經過文字的整理，親自把它記錄下來，那麼烙印在潛意識的深刻記憶，將會是一次成長的經驗，勝過多次未經整理所形成的經驗。

如果對許多經驗一一做記憶的整理，並形成文字，從對其歸納與邏輯推理中洞察出一些規律，那麼你將會具有超乎他人的豐富經驗。**一年資歷的經驗，有可能勝過別人 10 年。**

做自己的內在心靈溝通者，不但可以增長智慧，還可以改變一個人的行為模式，使其趨向符合追求達成目標的要求。每一個成功者都有高人一等的洞察力和判斷力。

這種高人一等的洞察力和判斷力是從經驗的累積中培養出來的，而最能取得深刻經驗的機會，來自所犯的錯誤和對逆境的克服。所以你的人生若一直在順境度過，並不是一件好事。

只有在犯過錯或克服逆境後，你能夠愈細緻精確地把經驗陳述給自己內在的心靈，雖是一次的經驗，收獲卻會勝過其他人的 10 次經驗。無論是圍棋或西洋棋的高段棋士，每逢下一盤重要的棋之後，總會複盤檢討每一步的得失和勝負關

鍵的棋步，也就是因為擁有複盤的能力，才會成功地成為高段棋士。

如果我們把人生每一階段的歷程想像為一盤棋，那麼能夠精確細緻地與自己內在的心靈溝通，視同高段棋士的複盤檢討一樣，檢討自己以往犯下的錯誤，和其中克服逆境的關鍵點，則一次的經驗所得就勝過一般人好幾次的經驗。所以是否有豐富的經驗，不是用年齡與資歷來計算，而是以每一次經歷後對自己所做的溝通，精確與細緻的程度而定。

如果你肯對每一件所經歷的重要事情，都以如此用心的方式檢討，雖然你很年輕，也會成為一個經驗豐富的老手。否則經歷再多的錯誤，仍然得不到經驗。

將知識轉化為成功利器

做了決定的事，就必須確實執行，做出結果，才算做了決定。當然做出的結果，有可能符合預期的結果，也有可能不符合預期的結果。

不能符合預期結果的原因，要不是執行上出了問題，就是做決定時出了問題。執行上出的問題就要改變策略，在不違害別人權益的條件下，不惜代價地不斷改變策略克服障礙，以非得到預期的結果不休的毅力去執行。

做決定所出的問題，是在於事先的評估與判斷有差錯。為提升評估與判斷的能力，一方面要充實做決定的相關領域的專業知識，另一方面要增加決定的經驗。

培養做決定（making decision）的能力，與訓練肌力的「用進廢退」的原理一樣，或與練習技能（skill）的熟能生巧的原理一樣，必須勇於經常做決定，才會提昇它的能力。

凡是成功者都是因為有能力做正確的判斷與決定，才會獲得滿足預期的結果。之所以**有能力做正確的判斷與決定，就是來自於豐富的經驗**，不過豐富的經驗卻來自錯誤的判斷與決

定，又能夠如同高段棋士復盤檢討每一步棋的得失一樣，檢討犯錯的癥結加予改善，才會有高人一等的判斷能力，做出正確的決定。當一般人如果每週做一次決定，而你卻每天都在做決定，又做檢討，你一個月的經驗就會等同於別人一年的經驗。

在任何領域裡被稱為天才或幸運的成功者，其實與一般人的差別就在於此，**為增加豐富的經驗，你不必等待歲月。**

知識只是潛在力量，寫書為奮鬥起點

每個領域裡的專業知識是相關領域取得特殊成就的必要條件。在每個專門領域裡，具備高人一等的專業知識者，就會有更高的機率取得特殊的成就。不過，具備專業知識，僅僅能夠使取得成就的潛在機會更大一些而已。

專業知識必須通過系統的組織，使其能夠有益於實際生活，才可能發揮它的威力。掌握專業的知識並懂得使其發揮威力的人才會有特殊的成就。許多具備高人一等的專業知識的學者，誤以為知識就是力量。

其實知識只是潛在的力量，如果不能讓知識發揮它的威力，那麼終其一生，也只能傳授知識，自我安慰地過著清貧的晚年生活。**我自身也誤陷於傳統知識份子的泥沼，一直到年過 75，有了慾望要動筆寫這本書之前，才有了覺悟**，而且為了要向讀者們證明，如果能遵循成功者的規律，追求設定的目標，就沒有任何障礙無法克服。所以只要有機會，我將會讓讀者們見到持續奮鬥的過程，著手寫這本書就是一個起點。

英文裡，教育（education）一詞是來自拉丁語的 eduo，等於 educe。而 educe 就是演繹從事實推斷出或啟發的意思。所以接受過高等教育者，不僅要懂得如何取得他所需要的知識，還要從知識中獲得啟發推演，加以有系統的組織，使其在具體工作得到運用，如此才可以幫助人們的生活層面得到

改善。也就是說，按道理，凡是受過高等教育者，應該都要有能力實現自己的理想。

在高度競爭的環境裡，掌握更多資訊和知識者，往往會有比較有利的條件。在個人成長的領域裡，如果你能夠**約束自己每週讀一本書，一年可以讀 52 本，10 年 520 本，20 年就可以超過千本書**。或者持續不斷閱讀專業期刊，不斷埋首從事研究，那麼你就有可能在專業領域裡，成為居於頂尖的專家。

不過，每個人所得到的報酬，並非根據所知或掌握多少資訊來做決定，而是以付出產生的貢獻來衡量。只有以掌握的知識和資訊為基礎，並付諸行動，才有可能發揮應有的貢獻。

「零」導學
行動筆記

經驗正是培養智慧、判斷力和洞察力的踏腳石。

對許多經驗一一做記憶的整理，並形成文字，從對其歸納與邏輯推理中洞察出一些規律，那麼收穫經驗將遠勝於其他人。

05 花若盛開，蝴蝶自來

　　我們對於外在世界的認知，經由味覺、視覺、聽覺、觸覺、痛覺，和本體感受器所組成的肌體體系，接收外界的資訊，經過腦神經系統的綜合整理，把一些資訊一般化、扭曲化和刪除化的過程，再經過複雜的過濾程式，對外界的認知才有了具體明確的詮釋，才肯定了外界給予的資訊有其認知的條件。

　　通過一切程式獲得的認知和真實存在的事實相比，是否完全吻合或有多少歧異，連愛因斯坦本身也承認無法確定。

把相信變成確信

　　從感受器接受外界的刺激，傳遞資訊，到資訊的一般化、扭曲化，以及過濾的進程，每一個階段都承受著個人的生理狀況、認知水準、信念體系、價值判斷和態度等的影響。

　　舉例來說，讀了一本書之後，再讀第二次時，總是會有不同的心得，那是由於認知水準有了改變的結果。所以每一個人對於外在世界的認知，是有條件地不斷在改變，對於面臨的一切事件或處境的詮釋、內在的心境等，都是個人的主觀意識可以左右的。

　　那麼，由心境表現於外在世界的行為，也就可以接受主觀意識的引導。無論遭遇任何障礙，幾乎每一位成功者都會

自覺，或不自覺地朝著相信自己一定可以克服困難的方向，去詮釋面臨的狀況，如此，他的心境也就會處於充滿信心的狀態，並會以此來引導行為。

古老農業社會遇到乾旱季節時，都會藉由宗教儀式來祈雨。原住民部落大多數也會結合宗教儀式和舞蹈來祈雨。澳洲有個原住民部落聞名世界，他們跳舞祈雨，有求必應，引發了大家的好奇。

有位媒體記者專訪酋長，想要探究秘訣，結果酋長的回答是：「沒有秘訣，我們只是每天跳，跳到雨下來為止。」也許讀者們會覺得這是多麼愚笨的行為，可是這個現象說明了一個事實，他們相信跳舞可以達到祈雨的效果，這種信念使他們有了繼續堅持跳下去的毅力。

梅爾（Mel Fisher，1922 — 1998）花了 17 年的時間尋找海底的寶藏，終於找到價值 4 億美元的金和銀。當跟隨他的船員被問到：「為何可以跟隨著他那麼長的時間？」船員的回答是：「梅爾每天都充滿著信心，有把握找到埋在海底的寶藏！」而他所充滿的信心，還會感染到所有的船員，可以讓船員很興奮地感受，明天一定會找到寶藏的情境。

這個真實的故事也說明了，成功者之所以會成功的關鍵，在於內在的心境本來就存在著信心，認知自己會有能力完成所要追求的目標。

想要成功，就不容懷疑

每個人遇到一件挑戰或需要完成的任務時，如果第一時間對那份挑戰或任務就存著懷疑的態度，不敢相信自己是否可以勝任，那麼接下去執行任務或面臨挑戰的結果，失敗的機率一定非常高。大多數人有了這種經驗時，就會歸功於自己有敏銳的預感，或有準確的判斷力。

所以假如對任何一件工作一開始就有了這種疑慮跡象，

最好就不要輕易敷衍塞責。審視成功者之所以會成功，是因為面對預計要完成的工作，一開始他們就充滿著信心，從未懷疑工作是否可以完成。即使執行過程遭遇困難，他們也都會想盡辦法加以克服。

成功者都有一種特殊的能力，即能夠敏銳地察覺出在困難的問題中，或逆境的縫隙間，經常會隱藏著一些有利的條件或新的可能性，這些催促他改變策略，繼續追求期待完成的目標。

每個人只要相信它的可能性，潛意識就可以把灼熱的慾望轉換成事實。只要有心尋求幫助，就可以找到完成目標的辦法。如果對於自己想去做的事情，事先就充滿著信心，確信絕對可以做到，盡心盡意依自己的信念去做，那麼態度就會藏有成功的因素，令你克服一切障礙和困難。如果發覺能力有所不足，你的態度也會提供指南讓你補足。結果任何事情，**只要你想做，就一定可以做到。**

每個人體內的細胞都在和諧地呼應著思維，所以思維主宰個人的行為是很明顯的道理。例如一個人以恐懼的心態面對一件事時，在行為上就不可能會有勇敢的表現。痛恨一個人，就不會對他很仁慈。沒有信心，就不會有膽識、果斷。而我們的身體是億萬細胞所組成，每個細胞都有高度敏感性，接受心腦的影響。當心腦昏睡，不積極想像時，身體的細胞也會發懶下來，變得不活潑。

腦內相信系統，讓自己超越巔峰

麻醉醫學大師亨利·皮奇（Dr. Henry Beeche，1904 — 1976）曾經在哈佛大學邀請 100 位醫學院的學生參與一項實驗。他將一種鎮定劑巴比妥裝進紅色膠囊，提供給學生服用，並且告訴學生那是超級興奮劑。

另外，又將興奮劑安非他命裝進藍色膠囊，而給學生服

用時，告訴他們那是超級鎮定劑。學生服用藥物以後，有半數表現出來的身體反應與給予藥物時的訊息一致，並沒有受實際藥物的化學作用所影響。

　　所以皮奇醫生的結論是：「藥物在體內所產生的效應，不僅有化學作用，**患者相信藥物可能產生的效果，也會影響它在體內的作用。**」

　　這樣的例子可以瞭解到，人腦的相信系統是如何在操控著一個人的行為。另一個案例，也許還可以進一步幫助瞭解這個現象。人類從過去千年以來，一直相信人類的極限不可能在 4 分鐘內跑完 1 英哩的路程。

　　但是在 1954 年班尼斯特（Roger Bannister，1929 —）除了身體的鍛鍊以外，在心裡又不斷想像自己有突破極限的可能。當他確實突破 4 分鐘的關卡以後，更激勵了許多跑者腦內的相信系統。於是，在班尼斯特打破 4 分鐘關卡的同年立即有 37 位跑者跑進 4 分以內。到了 1955 年，更有另外 300 位跑者跑進 4 分內。

　　一般而言，相信的情境有不同的層次，如果賦予相信的依據不夠充實，則所謂的「相信」將僅止於「意見」，很容易動搖而改變想法。但是，如果賦予相信的依據非常充實，使得相信者深信不疑，則所謂的「相信」就是「確信」，就能專心地捍衛自己的想法，達到巔峰。

「零」導學
行動筆記

　　成功者在於內在心境存在著信心，潛意識就可以把灼熱的慾望轉換成事實。

Chapter 7

你不必樣樣贏，
但你要對得起自己

　　領導者應該要知道，多數人並不在乎你知道多少，有多少能力，而是在乎你是否會關心他們。一項研究顯示，經理階層的工作者，有3/4的時間是在處理與「人」有關的事情。

　　作為一名成功的領導者沒有捷徑，想要立竿見影的作為，再怎麼立也只能立小竹竿而已，永遠無法樹立衝破雲霄的神木。如果可以持續培養，無止境地追求進步的心態，才有可能真正走上成功之路。

01 好領導必須具備的 幾大風範

　　一位了不起的領導者，必須要有想像力、熱心、自制力、平易近人、精確的思考、容忍、責任感、迅速的決策力等特質。

人的管理，人的關心

　　其中精確的思考，就是他要能夠分辨知識和意見的不同。意見可以因人而異、見仁見智，知識是放諸四海皆準，不可能因人而異。此外，所謂的精確的思考，要求領導者能夠分辨小道消息和真實資訊。

　　想像力是一種指南針，指引著自己應該朝哪一方向思考和行動。團體中的領導者，還要肯犧牲奉獻及以身作則的風範，懂得關心和照顧下屬，又願意付出比報酬更多、更優質的服務，才有可能長久居於領導的地位。

　　貪婪、仇恨、沒有辦法容忍、以自我為中心、疑心、缺乏信仰、嫉妒、不真誠、拖延及遇事馬上放棄，這些心態都是成功的最大阻力。所以成功的領導者，一旦有任何跡象顯現這些負面的心態，地位就會立即動搖。

　　作為一名領導者應該要知道，多數人並不在乎你知道多少，有多少能力，而是在乎你是否會關心他們。一項研究顯示，經理階層的工作者，有 3/4 的時間是在處理與「人」有關

的事情。無論是政府單位、企業公司，人就是最大的資產，人事費用也最高。任何計劃都必須要有對的人去執行，才能把事做對。

所以領導者除了要具備上述的內在條件外，更要懂得如何關心和激勵下屬。

IBM 曾經有一位高層的年輕經理因為一項實驗失敗，讓公司虧了 1200 萬美元，而負起責任引咎辭職，IBM 的創始人華森（Tom Watson Sr.，1874 — 1956）告訴這位經理說：「我剛付了 1200 萬的學費教育你，你怎麼可以辭職？」華森的胸懷、經理的負責任，就是企業家可以成功的特質。

傑克・韋爾奇（Jack Welch）說過：「假如你能選對人，給予機會施展他的才華，並在事後有適當的補償，那麼你幾乎可以不必管理他們。」這就是領導者懂得用人，並敢於授權的領導風範。

懂得用人，感於授權

一般而言，人可以分為兩種形態，一種是領導者，一種是跟隨者。

每一個人幾乎都有可能在某些場合擔任領導者，在另一些場合擔任跟隨者。成功者經常是在重要的任務上擔任領導者的角色，在瑣碎小事務方面擔任跟隨者的角色。不過，絕大多數成功者，在重要任務上扮演出色領導者之前，都是先扮演有智慧的跟隨者，並且都會向偉大的領導者學習，通過自我訓練成為出色的領導者。如果你能培養下列一些優秀領導者應有的重要特質，就可能擔任出色的領導者，同時也會成為成功者。

◆ 自信、果斷：

基於自信和對自身角色及職務的認知敢做決定、有果斷力。沒有人會長期跟隨一位猶豫不決，沒有自信的領導者。

其實只要有明確的目標，評估有可能面臨的障礙，瞭解自己的局限，有了適當的準備，就可以著手付出行動。

許多困難或障礙都是在計劃執行中才會浮現，並非事先就可預料得到，所以關鍵在於訓練應變的能力，而不是等一切計劃臻至完美，才開始行動。有時候機會來臨，一旦失之交臂，也許就是終生的遺憾。

1870 年代格雷（Elisha Gray，1835 — 1901）和貝爾（Alexander Graham Bell，1847 — 1922）都在熱衷於研究如何改善電報機。1876 年的 2 月 14 日，貝爾提出申請專利，格雷卻去找律師商討提出申請專利的意向書，晚了一個小時提出申請。結果當貝爾申請專利獲准時，格雷卻抱怨說是他先有那個電報機的概念。搶先一步、捷足先登的後果，則是貝爾公司已經聞名世界，可是很少人知道格雷也是了不起的人物。果斷力的重要性，由此可見。

◆有自約能力：

如果一位領導者連自己都無法控制，顯然就無法領導別人。有特別良好的自制能力者，不但可以勝任領導，還可以給有智慧的跟隨者做榜樣。

◆敏銳的公平與正義感：

用公平與正義的處事態度待人，才有可能長期居於領導地位，並受到尊敬。

◆決策明確：

無法明確做決定者，即顯現自己沒有信心，顯然就沒有能力領導別人。

◆計劃明確：

成功的領導者，對每一件事都要有明確的計劃，而且依照計劃行事。如果不依實際狀況訂計劃，僅以臆測行事，就像沒有舵的船在大海行駛，遲早都會觸礁。

◆ **習慣付出比所得報酬更多的服務：**
他必須以身作則，要有意願做比回報更多的事。

◆ **平易近人：**
關心照顧下屬，才有可能扮演平易近人的領導者，才有可能被敬重，而不是畏懼。

◆ **具有同情心與同理心：**
對下屬要有同情心，並對他們遭遇的困難給予諒解，甚至伸出援手。

◆ **掌握狀況熟悉細節：**
居於領導地位應該熟悉細節，必須確實掌握。

◆ **願意負全責：**
成功的領導者不會推卸責任，即使下屬有人做錯，顯示對工作的不適任，也願意承擔責任，認為是自己的錯誤。

第二次世界大戰中，德國納粹橫掃歐洲大陸，同盟國家於 1944 年 6 月 6 日在艾森豪將軍（Dwight D. Eisenhower，1890 — 1969）的策劃下發動諾曼第戰役。下達反攻戰役是一件非常痛苦的決策，艾森豪知道那一場戰役一定會有難以估計的死傷，但由於這場戰役是抵抗德國納粹戰爭的轉捩點，他不得不下達命令發動攻擊。

發動攻擊前的數小時，艾森豪親筆寫了一份萬一攻擊失敗時，應該由他負全部責任的新聞稿。當然諾曼第登陸成功，那份新聞稿就變成歷史的遺物。不過，從那份新聞稿可以看出艾森豪敢負責任的態度。

新聞稿的內容大致是這麼寫的：「我們登陸失敗，撤退了軍隊。我決定發動攻擊的時間與地點是以最可靠的資訊為根據，陸海空三軍都已盡最大的職責和勇氣。如果有任何疏失，該被指責的就是我個人。」艾森豪這種敢負責任的品德，

使他終於能順利當選美國總統的因素吧！

朱利安尼（Rudy Giuliani，1944 —）從 1994 到 2001 年任紐約市市長，他在辦公室貼著一張標語：「是我的責任！」（I'm responsible）而在 2001 年 911 恐怖事件發生時，他的確盡了責任，迅速做出一些艱難而負責任的決策。

◆懂得合作：

成功的領導者必須瞭解和應用合作的原理，領導下屬共同合作。

◆激情：

每個人都會有慾望追求更美好、更幸福和更富有的生活，付諸行動去追求目標實現的動力，來自個人懷有的激情。越有激情，行動力就會愈積極並愈堅持。無論是超級的明星運動員、卓越的藝術家、科學家或企業家，都有非常豐富的激情。

◆明確的價值觀：

價值觀是一項特殊的信念體系。從倫理道德的標準，審視現實生活的基本面，判斷是非對錯，明辨何者有意義或無意義，以及何者為重要或不重要，就可確立每一個人的價值觀。

每一個人的為人處世，不可能會付出最大的能量，去從事一項與自己的價值觀相衝突的事情。所以每一位成功者都很清楚自己的價值觀。當然也就會明白自己是什麼樣的人（who you are），做什麼樣的事（what you do）以及為什麼要做這樣的事（why you do）。

◆充沛的活力：

在運動競技場上，不可能看到衰弱蹣跚而行的運動員贏得比賽。同樣的現象，在現實生活的各行各業，也必須在身體、智慧和精神的層面具備充沛的活力，才有可能脫穎而出。

我們都有**共同的缺憾，就是時間永遠不敷使用**，而現實生活的周遭，隨時都存在著機會幫助塑造成功的人物。唯有在身

體、智慧、精神的層面具備充沛的活力者，才會有比較高的機率把握時間與機會，從而取得脫穎而出的成果。對於缺乏充沛的活力、來不及把握機會的人，時間可是一去不復返的。

◆ 宏觀的視野：

可以看出時勢的潮流，也可以看出別人看不到的機會，思維不受局限，可以讓幻想轉換成妙想，有能力把自己投影在未來的景象，讓似乎是遙不可及的夢想成真。

把幻想轉換成奇思妙想

大約在 100 年前美國南方一個小鎮，有位老醫師，駕著一輛馬車停在一家藥房的後面，然後靜悄悄地從藥房後門走進。在櫃檯後，低聲細語地和房內的年輕店員交談了一陣子。

之後，這位老醫師就到馬車裡拿出一個水壺和一枝在水壺內攪拌東西的木瓢，再走進藥房的後門交給年輕的店員，同時他又遞了一張寫著秘方的紙條給年輕人。那位名叫坎德勒（Asa Candler，1851 — 1929）的青年人就從褲子的口袋拿出他一生所有積蓄的 500 元給老醫師。

一個水壺和一張紙條，在百年前，老醫師就可以賺到 500 美元，按物價指數推估，相當於目前大約 50 萬美元的價值，是多麼可觀的數目。然而坎德勒這位青年用一生的儲蓄為賭注，把紙條上神秘的成分加上他的想像力和理念，竟然使那個水壺發揮了比《天方夜譚》裡阿拉丁（Aladdin）的神燈更大的威力。

那個神祕的水壺扭轉了百年來幾十億人的飲食習慣，在 21 世紀的時代還會繼續維持它的影響力。它不但讓美國南方的那個小鎮變成商業的大都市，1996 年就在這個城市亞特蘭大（Atlanta Geogia）舉辦奧運會。

在全世界，從耕種甘蔗的蔗農，工廠製造玻璃瓶、塑膠瓶和鐵罐的工人到廠長，媒體業、廣告業、販賣機業、運輸業、

保險業、餐廳、飯店及飲料業等等，也因為水壺內的秘方，百年來在世界已創造了幾億人的就業機會。水壺內的秘方也已經給了好幾萬人創造了億萬的財富。

現在無論你住在世界的哪一個角落，或是走到哪一個角落。都有可能看到或聽到可口可樂（coca-cola）這個名稱。水壺內的秘方就是可口可樂發揮令人難以置信，極度驚人的影響力。可是相對之下，我們在東方世界，古老的歷史文化裡，可以看到許多所謂的祖傳秘方，不是半途夭折失傳，就是僅侷限於家庭事業，能擴展的只有鳳毛麟角，大部分事業都在逐漸萎縮。

同樣是秘方，演變下來的後果，為什麼會有天壤之別？這就是為何這本書之所以會經常以西方人為例，激勵讀者的原因。也許有些讀者會認為西方人太遙遠，沒有親切感。但是如果你**想要成功，重點不在於親不親切感，更應該開闊視野和認識成功的規律，帶給我們成果。**本書所提西方名人，儘量保留原文，其用意也在於此。懂得做好時間和壓力管理，發揮創新的想像力，以及練就優異的有組織、有系統的經營理和行動力，才能有這麼驚人的成就。

「零」導學
行動筆記

絕大多數成功者，在重要任務上扮演出色領導者之前，都是先扮演有智慧的跟隨者，並且都會向偉大的領導者學習，通過自我訓練成為出色的領導者。

02 出色領導者
絕不犯的致命錯誤

　　下列所舉的一些事例，也許是簡而易明的，可是為什麼絕大多數有機會擔任領導角色者，卻經常會犯下列所舉的錯誤？因此提出來加以討論，供有心成為成功領導者作為深思。

◆ 有效率的領導者，對於與本身職務相關的事務，不僅必須非常熟悉，而且要深入細節。有些領導者沒有深入細節，熟諳事務，導致沒有組織能力處理面對的事件。

◆ 在緊要關頭不得不處理平時屬於下屬所做的工作時，優秀的領導者就會放下身段，奮身前去承接工作；而平庸的領導者，常常會扮裝高高在上的架勢，從不放下身段。

◆ 世界上各個角落每一個人所得的報酬，是基於他做出的貢獻或影響別人做出的貢獻來決定。平庸的領導者昧於周遭的奉承，經常會誤判自己的貢獻而期待取得更高的報酬。

◆ 優秀的領導者可以通過職務的知識背景和個人魅力，影響和鼓勵下屬的工作人員發揮能力，付出更多的貢獻。平庸的領導者不僅無法發揮影響力，更會懷有警戒心，深怕下屬超越他的能力，遲早會取代他的位置，

所以常會刁難有能力的下屬，反而令許多人的工作效率下降。

◆ 平庸的領導者缺乏想像力，所以無法釐訂富有創意的企劃，遇見緊急狀況更無法領導下屬做有效的應變。

◆ 平庸的領導者存有自私心態，常將下屬做出的貢獻歸為自己的功績。優秀的領導者卻深諳大多數的工作者不僅是為金錢在工作，當一個人的努力能受到認可與讚賞，他就會更加努力地去工作。所以優秀的領導者會樂見下屬獲得獎賞，如果有任何成就，也儘量歸功給下屬。

◆ 缺乏節制的領導者無法取得下屬的尊敬。無論是飲食方面或情緒的發洩，無法節制時，一定會破壞周遭相關人員的耐心與活力。

◆ 缺乏忠誠，無論是對於相關聯的上級還是下屬，都應該是最嚴重的錯誤。

◆ 過度強調領導的權威，時常以強勢顯現領導的魄力，以高壓手段對待下屬使其產生畏懼，這也許在表面上和短期間可以見到一些效果，但長期延續下去的後果總是不堪設想。優秀的領導者以鼓勵、同情、體諒，以及顯現自己對於本職工作的遊刃有餘，來取得工作同仁的敬重。

◆ 缺乏能力，沒有本事的領導者都會很在意並強調頭銜。可是真正的領導者，辦公室的門始終開放給下屬，下屬可以隨時進入討論問題。這樣的領導者不在乎頭銜、不炫耀、不拘於形式，而是著重工作的品質。

除了上述幾項，當然還有應該注意的其他事例。可是上述探討的事例，是最普通卻最容易犯的錯誤，而又是有心追求做一個成功的領導者，最需要注意的問題。

領導者更要重視道德標準

所謂品格倫理，是一個人追求成功最重要的元素。恪守嚴格的道德標準：仁慈、愛、謙遜、忠實、節制、溫和、勇敢、正義、耐心、勤奮、單純、謹慎不輕率等。

至於個人具備的專業知識、技能、溝通能力、公眾形象、人際關係、正面心態等，必須建立在品格倫理的基礎上，才有可能幫助自己走向成功。否則，無論怎麼樣善用個人技術求得成功，只要忽略了品格倫理的元素，即使表面上飛黃騰達，好像很成功，卻總是無法欺騙自己，無法得到心安。

許多表面上看起來雖是成功的人，竟然會非常迷信？從這一點應該不難瞭解其中的道理。沒有以品格倫理為基礎，就不可能真正地維持永遠成功的局面。

品格倫理是存在於人性世界的原理，主導人類行為的效果。例如公平、尊嚴、誠實等上述所列的元素，是促成社會和諧、互助合作與信賴的基礎。

世界各國，以及國際間所制訂的法律，也都是以品格倫理作為基礎。這些原理的存在，就像重力加速度存在於物理世界的原理一樣，不會受任何感情因素的影響產生變化。我們的行為有可能服從這些原理，也有可能違反這些原理。但無論你是否願意承認，這些原理是一種永遠存在的事實，而且只有遵從這些原理，為人處世才有真正成功的機會。

科赫（Frank Koch）在航海機構發行的一本雜誌叫《法律程序》（*Proceedings*），其中報導的一則故事，也許可以反映一般人對於品格倫理的心態：有 2 組戰艦中隊在海上進行軍事演習，好幾天氣候都很惡劣。艦長站在駕駛艙的橋樓督導一切演習的活動。

有一個晚上，海上濃霧瀰漫，視線非常差。到了黑夜不久，眺望台的哨兵通報，在右舷方向出現了亮燈。艦長問：「燈光是在穩定狀態？還是向艦尾移動？」眺望台回報說是在穩

定狀態，也就是在危險的衝撞航道。艦長立即叫信號兵通報對方軍艦轉 20 度方向，避免衝撞，可是回報過來的信號，反而是勸艦長的戰艦要轉20度方向，艦長再送信號說他是艦長，問對方是誰，命令他改航道。回報過來的說是二等兵，請艦長改航道。

艦長暴跳如雷，命令對方立即轉 20 度，二等兵立即閃燈回報資訊說這是燈塔，請轉向20度。艦長獲悉是燈塔的信號，就趕緊命令舵手轉向 20 度。

這則故事說明，艦長即使居於領導的地位，仍然還是要遵從二等兵的信號。艦長在黑夜濃霧中，無法分辨燈塔或其他軍艦，就有如我們平常看不清品格倫理的存在一樣，甚至有時候還企圖想要改變它。

燈塔就像品格倫理，只能順從，不能要求它改變，一旦違反就會受傷。

「零」導學
行動筆記

品格倫理不受感情影響而變化，無論你是否願意承認，這是一種永遠存在的事實，而且只有遵從這些原理，為人處世才有真正成功的機會。

03 傾聽，真實收服人心

　　每一位優秀的領導者都具備非常傑出的溝通能力。這種溝通是「雙向」的，不但表達自己，還要傾聽別人。

　　當你能認真用心地聽取別人的表達，不但可以讓說者感受到被尊重，也能取得說者對你的信任。

表達自己，傾聽別人

　　溝通能力是人生最重要的技能之一。

　　然而，對於溝通能力的培養，從學校或自我教育的過程裡，幾乎每個人都要花費好幾年的時間，學習培養說、讀、寫的能力，卻從來沒有重視過學習及培養如何聽的能力。

　　人際互動中，想要影響別人之前，就得先瞭解對方，才有可能知道從何著手給予影響，而傾聽對方，是可以真正瞭解對方的唯一途徑。

　　可惜大多數人在聽取別人的表達時，過程中很少用想要徹底瞭解對方的方式而用心去聽，只是為了準備如何回應對方的態度去聽。所以，人們經常會戴上自己的有色眼鏡去看對方，用自己思維的尺度過濾對方的語言，用選擇性的聆聽方式，扭曲原意，斷章取義。

　　每個人要訓練及培養自己用正確的態度傾聽別人說話的

能力，用耳、用眼和用心來傾聽，不斷重複訓練，培養成為習慣。

每個人表達語言的速率，平均每分鐘大約是 150 個字，而聽語言的速率大約是每分鐘 600 個字，潛意識聽的速率更快。所以聽別人說話時，很容易分心。要集中精神聽別人說話，必須培養自律與自我控制的能力。這種能力的培養，不僅可以提升聽的效率，在人生的其他領域，也可以帶給你更好的效率。

想集中注意力聽別人說話時，就不得中途插嘴。大多數人聽別人說話時，只聽不到一半就忙著思考要如何做回應，當說者稍一停頓，就即刻插嘴。說話者一旦意會到聽者沒有用心聽，總會覺得不被尊重或受侮辱。

聽完說者講過以後，如果有疑問或為了釐清說者的真意，或為了進一步瞭解，可以用自己的說法轉換措辭，請說者確認。千萬不能自我假設，扭曲說者的原意。

提問時要含六個字眼：是什麼、為什麼、何時、如何、何處和誰等開放式的問題。用開放式提問題（open-ended questions）時，可以讓你增加機會瞭解說話者更完整的想法和感覺。如果你是一位說比聽多的人，你也許可以改進表達的能力。但是當你在說話時，只能講出自己已經知道的事。只有當你在傾聽的時候，才有機會吸收新的知識和新的資訊。如何改進聽的能力，比說更為重要。而二者都能加以改善，就會增進溝通的能力。

成功者要有良好的溝通能力，除了要學習認真傾聽別人的語言，細心閱讀別人的書文之外，更要注意自己的言語和文字的使用。華麗優美的辭章也許有助於供人欣賞，但更重要的是要言之有物，而且要堅守誠信。

言行不一致的語言或文字，首先會與自己深藏在潛意識裡更高層次的自我產生衝突。使用的語言或文字，如果蘊涵

肯定、激勵、感激、仁愛、正義、寬容、凝聚力、可能性和宏觀等意義時，語言和文字的表達才會有穿透力。也因此，才可以建立自尊和自信。

語言和文字的使用要避免蘊涵偏見、傲慢、不耐煩、敵意等，更不能有人身攻擊的字句。出現人身攻擊的字句時，除了會被多數讀者或聽者所唾棄外，即使暫時能討好部分人士，但在他們心目中也會想到，如果有一天成為競爭對手時，你很有可能就會以同樣的方式對付他們，因此會對你產生戒心。所以這類字句所得到的效果，只有損毀自己。

所有的成功，都是從零開始！

所謂能者多勞，事實上是「多勞者能」和「能者多勞」相輔相成促成的結果。付出越多的服務和勞力，自然而然會增加自己的工作經驗，並培養或訓練出超人一等的能力，同時由於能力的提升，也會增加自信心。

如果你能夠不介意報酬，願意付出比該得的報酬更多的服務，做出超乎別人所期待的結果，終究會獲得超乎自己所預期的報酬。

邱吉爾（Winston Churchill，1874 — 1975）【註1】說過：「我們靠著我們的所得維持生活，靠著我們的付出維持生命。」（We make a living by what we get, we make a life by what we give.）世界上偉大的成就者，卓越的成功者，常常都是付出最多者。自然的規律會使付出者得到應有的報酬，只要付出而不必計較報酬，則所謂「自食其果的原則」（The

---

【註1】

邱吉爾（Winston Churchill）：英國保守黨的政治領袖，擔任過 2 次總理職務，被譽為 20 世紀最偉大的戰時領導之一，是唯一獲諾貝爾獎的英國首相。

Boomerang Principle）會以各種形式回報，使得付出愈多回報就會更多。

所謂「自食其果」的成語常被用在負面現象。其實它就是作用力與反作用力之間的規律，正負面都適用。有一家搬運公司格拉貝爾（Graebel）【註2】在威斯康辛（Wisconsin）的沃索（Wausau）鎮開設時只有幾部搬運貨車，而在迅速擴展的過程，有一次為一家大公司搬家獲得百萬元搬運的契約，就增買6部貨車，多僱用了司機及幫忙上貨、卸貨和裝貨的員工。

但在準備好要搬運的2天前，接到對方公司老板的電話，告知該公司在星期一已向法院申請破產保護，沒有能力付款，所以無法履行搬家契約。不過搬運公司的執行長（CEO）大衛・格拉貝爾（David Graebel）不計較是否可以收到錢，向破產公司表示，他希望建立良好的關係，不必介意是否可以拿到錢，於是仍然幫破產的公司搬到加州。

這種服務的付出，雖然搬運公司最後從法院處理破產公司的財產中僅收到30％的運費。但是搬運公司服務的聲望卻獲得無價的廣告，使得事業擴展到遍及世界。

其實在那一次慷慨的服務的2年後，接到了破產公司老板的電話，告訴他由於他的服務讓他們能夠搬運到加州重整事業，現在已經有能力把原先所欠的搬運費用100％付清。成功者不計較的付出服務，在「迴旋鏢原理」（The Boomerang Principle）的自然規律下，其實都會以各種不同的形式得到回報。多數人從很少的付出，卻想要期待獲得許多回報，這是違反規律，不可能產生的現象。

【註2】

格拉貝爾（Graebel）：1981年成立的貨運公司，目前已擴展至世界各國。

用心工作，就會被看見

約克（Harv Eker）賣運動器材時，他不但運送器材到家，還幫客戶裝設，並指導正確用法。所以他的公司從零開始，僅僅 2 年就變成百萬富翁。

西雅圖有一家烘焙咖啡豆的店叫迪拉諾斯，僱用 28 位員工，銷售咖啡豆到全美 50 個州的咖啡店。馬蒂（Marty Cox）在加州的長堤開了 4 家店，就是向迪拉諾斯買咖啡豆。在 1997 年 UPS 快遞罷工，聯邦快遞和美國郵政的負荷量暴增，馬蒂需要的咖啡豆如果無法按時供應，生意就會立即大受影響。

迪拉諾斯為了解決顧客的困難，租用拖車親自運送，每週從西雅圖到長堤，開車 34 個小時往返 2320 英哩車程。這種額外的服務，卻使迪拉諾斯獲得一位忠實的長期顧客。在此後的 6 年裡，馬蒂從 4 家店，擴展到美國 9 個州的 150 家連鎖店，成為迪拉諾斯的最大顧客。

迪拉諾斯的這種額外服務的精神，令他原有 1600 平方尺面積的廠房、一次可以烘焙 25 磅、1992 年每月烘焙 200 磅咖啡豆的事業，擴展到擁有 2 萬 6 千平方尺的廠房、2 組烘烤機、一次可以烤 1600 磅、一年銷售 100 萬磅、營業額一年超過千萬美元的規模。

電視劇製作人和劇本作家史蒂芬・J・坎內爾（Stephen J. Cannell，1941 —）僱用 2 千位員工，其中有一個職務要在信件收發室工作，待遇每小時 7 塊錢，除了收發信件外，還要打雜，所以經常找不到適當的人選。任職這份工作者都會抱怨待遇低，又要超時，所以都不會持久。

有一天來了一位 40 歲的男人，這人曾經是搖滾樂的鼓手，年收入 10 萬元，由於太太預備生產，他不想隨著樂團到處巡迴演出，就來接任收發室這份每小時 7 元的工作。

這位名叫比爾斯（Steve Beers）的中年人接下工作後，

他的工作態度、幹勁、樂於助人的精神，以及願意分擔額外的工作等事蹟，立即在公司裡傳開，獲得大家的好評。午餐時間，他還會幫秘書到銀行存支票。有一天他擔任代理司機，駕駛坎內爾的大轎車（limo）時，無意間聽到坎內爾需要洗一套西裝備用時，他立即自動到坎內爾的家，拿需要洗的西裝到乾洗店，隔天就把西裝掛在大轎車裡供坎內爾備用。

因為他具有這樣的工作態度，當坎內爾的 2 位製作人在尋求助理時，坎內爾立即推薦比爾斯給他們。一年後比爾斯升任為製作人，年薪 50 萬元，成為製作《龍虎少年隊》、《死神喜歡我》、《豪勇七蛟龍》、《深海巡弋》等劇的共同執行者。

許多頗有成就的企業家，回顧自己在工作初期，幾乎都有類似的經驗——不計較待遇，總是付出比該得的報酬更多的服務。這就是他們終於會有成就的基本因素。

「零」導學
行動筆記

人際互動中，想要影響別人之前，就得先瞭解對方，而傾聽對方，是可以真正瞭解對方的唯一途徑。

04 大器，晚成

「大器晚成」是普遍的真理，智者領悟到這件事實，才會創出這個成語。

的確，無論是文學、藝術、科學的偉大傑作，都必須耗費相當長的時間去努力，才能實現其不同凡響的成就。

成功，從來沒有捷徑

事業的發展、個人智慧的培養，以及人格特質的孕育等，同樣必須經歷長時間一點一滴的累積。一切都必須遵循循序漸進的規律，沒有一蹴即成，一夜之間成功的案例。

企圖想抄快捷方式、想要立竿見影的作為，再怎麼立也只能立小竹竿而已，永遠無法樹立衝破雲霄的神木。如果真正可以培養持續而無止境地追求進步的心態，人生才有可能真正走上成功之路。

瓦特（James Wat，1736 — 1819）花了 10 年的時間發明了蒸汽機。哈威（William Harvey，1578 — 1657）日夜不停地研究，花了 8 年的時間證明人體內血液循環的現象，而後醫學界又花了 25 年的時間，才確認了哈威的正確性。任何一項成就都有一定的程式和時間，沒有快捷方式可以投機取巧。

阿色拉夫（John Assaraf）本來是個漂流街頭，和一些小

流氓廝混、吸毒的小孩。當他在居家附近，Montreal 的猶太人社區的體育館，找到一份工作後，改變了他一生。他在社區體育館工作時，賺得每小時 1.65 元以外，每天晚上 9：15 到 10：00 就坐在體育館內的三溫暖室，聽一些人聊天。

其中有許多事業成功者，也有許多犯錯失敗的例子。他懂得歸納犯錯的案例，警惕自己，更能歸納成功的案例，激勵自己。從三溫暖室的言談，他發覺成功者的特質，在於堅持永不放棄，但絕對不會受限於出身家庭的貧富、年齡的老幼、膚色和性別。

於是他在 1987 年時，從加拿大 Toronto 搬到印第安娜的 Indianapolis 加入一家房屋仲介公司的連鎖店，後來自創一家仲介公司名為 Re/Max，運作模式和其它仲介公司有些不同，是由房屋仲介的工作同仁合租辦公室，共同分擔辦公費用，買賣房地產的交易佣金，只繳極低比例給總公司外，其餘即屬自己擁有。

阿色拉夫想出這項創意，遊說各家仲介公司的成員，加入他的陣容。剛開始很少人願意接受他的理想，但他的耐心與熱情。連續 5 年，每天至少遊說 5 位房屋仲介的經紀人。結果他的堅忍，5 年後他和加入他的陣容的伙伴，就有了一年超過 10 億美元的交易量。接著在 Indianpolis 的 Rx/Max 的 1500 位仲介經紀人，賺得超過一億美元的佣金。更何況 Re/Max 這家公司已擴展到美國和加拿大，創造年度營業額超過 30 億美元。

關於成功人生的量化指標

棒球投手，計算球季的勝投數、生涯的總勝投數；打擊者計算打擊率、安打數、全壘打數、打點數；籃球員算得分、助攻次數、籃板球數等。

每一項競技運動，都可以量化紀錄，作為指標來鼓勵運

動員求進步，追求更好的表現。人生裡，一樣可以設計許多量化的指標，鼓勵你在追求實現目標的中途，維持高度的動機，突破量化的紀錄。

你應該以優先順序選擇最重要的 5 到 8 項目標，例如：財富、事業、職業、健康、家庭、學術、溝通能力和人際關係等，在上述各領域設計量化指標，隨時檢驗目標進展的狀況。除了量的評估，還要重視質的提升。普通的成就和卓越的成就之間的差別，往往看起來只在微細之間。世界一流的短跑選手，可以在 10 秒內跑完 100 公尺，而從 10 秒到 9.9 秒之間，0.1 秒的差距，往往需要 10 年的血汗加淚水。品質的差別就在這細微之間。

100℃的水可以從液體轉化為氣體，它的威力可以推動輪船和火車，而 99℃的水只能泡茶和咖啡。1℃的差別就是天淵之別。所謂「大器晚成」的「晚」字，並不意味著必須等到晚年。只是任何成就都有循序漸進的軌道，沒有快捷方式。但在漸進的軌道的進程，速度卻有快慢之別，能掌握一切變化的規律者，軌道上的進程就會加快。

人生在追求目標實現的過程中，不可能事事順遂。在遭遇失敗即放棄時，等於自己接受了失敗，承認自己被打敗。否則，只要不氣餒，堅忍地朝追求目標的方向邁進，就永遠不會失敗。

每一件偉大成就的背後，都會有感人的故事或深具教育意義的故事。以背躺的姿勢，整整花了 4 年時間在西斯汀教堂的天頂繪畫的畫家，也是雕刻家的米開朗基羅（Michelangelo，1475 — 1564）說過：「如果人們知道，我究竟付出什麼樣的努力完成傑作的話，也許就不會對我的成功感到驚奇。」

與內在溝通，引發正面能量

電腦領域裡有一句話：「GIGO - Garbage in, Garbage out.」，

也就是說輸入錯誤不完整的資訊，電腦軟體的運作就會輸出錯誤或不完整的答案。其實，人腦的運作也是如此。只是因為人會受情感的干擾，人際關係的複雜化，在輸入輸出的過程會有被扭曲或篩選的作用，使得輸入與輸出之間的關係也隨著複雜化，難以從表面清楚地判斷。

其實，人腦也是符合 GIGO 的規律。在無法判斷先前輸入自己頭腦的資訊是否正確是否完整，更無法判斷輸入的資訊有沒有被扭曲篩選時，至少要培養銳利的感知（sensory acuity）判斷輸出的結果，是否符合自己所要的結果。每一件事的結果都是起源於某種原因，經過一系列有組織有系統有特定程序的行動得出來的產品。

每一個人所處的現況，就是累積自己製造出來大大小小所有結果的總和。如果你對於自己的現況有所不滿，就等於對於到目前為止，所獲得的一些結果有不滿足感。那麼，改善之道就在於改變新輸入腦內的資料，檢視以前輸入的資料，被扭曲或被過濾的狀況。每一件事的出現，本質上並沒有所謂是否有意義可言。它所存在的意義是由我們所賦予的，而所有有卓越成就的成功者都是溝通能力的大師（master of communicator），懂得如何和自己內在的心靈溝通，把呈現的事件賦予特殊的意義，使得輸入腦的訊息，可以引發正面積極主動的態度和強烈的動機訴諸行動，所以遭遇任何逆境，都可以將它轉變成有助於完成自己所期待的結果。

你是否可以培養自己達到這種境界，完全就要由你自己來決定。人們最大的弱點，就是在於無法訴諸行動，履行自己認為應該要做的事。這正是自律（discipline）的關鍵。

美國社會福音運動（Social Gospel Mospel Movement）的傑出領袖阿伯特（Lyman Abbott，1835 — 1922）曾經在一次盛大的神學院校友研討會（Alumni of Bangor Theological Seminary）時嚴肅地指出：「**我們應該認清神（God）並非在**

人們的身外來保佑我們，而是存在於我們的內心來保佑我們，帶給我們力量。這是值得我們深思的問題。」

的確，真正的力量就在我們體內，唯有能深刻領悟身心靈的層次者，才能感受這種內在的力量。那麼期待改善一個人的前途，就要從內在的質做改變。

「零」導學
行動筆記

　　「大器晚成」的「晚」字，並不意味著必須等到晚年，不氣餒，堅忍地朝追求目標的方向邁進，你就永遠不會失敗。

05 變，是唯一的不變

在人生的旅程中，我們必須面對持續不斷的各種變化，所有的變化，大致可分為兩類，一類是屬於週期性的變化，一類是屬於結構性的變化。

感受變化，駕馭變化

週期性的變化會重複出現，例如一年四季的季節變化。凡是生活習慣有規律的人，對於這類週期性的變化，會有比較好的調適能力。缺乏生活規律者，比較容易受這類變化的影響，生活的節奏則會被打亂。一些疾病的根源，就是由此而來。

另外，如同股票市場價格的起起落落、市場的繁榮與蕭條、農作物的生長，也屬於週期性的變化。越能掌握科學的方法，懂得綜合、歸納、分析、演繹、推理、統計、計量等經濟學的原理者，就越能掌握這類變化的規律，從而順應變化，成功地調適生活的節奏和事業的進程。結構性的變化是指，結構上產生了變化，此後就不再重複。

例如發明電燈照亮世界之後，人類的生活型態就產生了大幅度的變化。所有交通工具的改變，加上電腦科技的發展，網際網路和智慧手機的出現，都讓人類的生活在結構上產生

了大變動。人類不可能再回到狩獵時代，或拖牛車時代的生活。而結構性的變化，將隨著科學與技術的發展持續不斷地進行。

想要成功地生活在這個不斷變化的世界，唯有訓練自己養成終身學習的能力，深刻瞭解週期性的變化和結構性變化的規律，才能有足夠的信心駕馭這些規律。

我們雖然可以選擇不同的心態，對應面臨的現實，也可以從各種角度詮釋一切發生的事件，掌控自己的情緒，我們也可以自由選擇如何訴諸行動。但是，這一切表現出來的後續，可能產生的現象，就不是個人意志所能決定的。一切後續的結果，卻完全受到自然規律的約束。

生活在與自然規律和諧的狀態，就會有良好正面的結果，違反自然規律的處世方式，往往就會有悲慘的下場。若可以深入認識，規範人類生活的一切自然規律，就能完全掌控自己的命運。

權力是一種能力，可以讓人實現自己理想所期待的生活品質。但是如果為了滿足自己生活上的需要，傷害到別人的權益時，所遭受到的反擊，顯然就會降低生活的品質。所以真正握有權力者，是懂得和諧運用，和分享擁有的能力。而握有這種權力者，是一項成功的象徵。不過因時代的變遷，所謂的權力的特質就會隨著改變。

權力的更迭，因時代不同

讀者也許會質疑成功的模式，既然是有規律可循，而規律是不受時空變遷的影響，為什麼權力的特質竟然會受它的影響？其實由權力取得成功的模式，是有一定的規律，它確實不會受時空變遷的影響。

不過權力本身，是由其他原因導致的結果，當然會由不同的原因去改變它不同特質的結果。例如在原始社會裡，體

力就是權力，隨著文明的發展，農業社會的時代，擁有土地就有權力；工業社會的時代擁有物質和金錢就是權力的象徵。

到了資訊時代，懂得歸納整理資訊，把一些紛繁複雜的資訊變成有系統的知識，並且懂得應用掌握的知識付諸行動，才有可能擁有權力。而從 20 世紀末，進入 21 世紀，這個資訊爆炸的時代，每 2 年半資訊暴增一倍的速率，每個人都已經追趕不上搜集、歸納、整理資訊、必須要更高層次地運用智慧選擇相關資訊，分工整理有系統的專家知識，進而要有專業精神整合專家知識，建構智囊團（master mind），並運用 master mind 的智慧付諸行動，才會使權力發揮得淋漓盡致。

一位穿牛仔褲的青年史蒂芬‧賈伯斯（Steve Jobs），憑藉著他的智慧，發展個人電腦（personal computer），可以在歷史上用最短的時間，躋身列進 Fortune 500 大企業的殿堂，只有在這個時代才有可能發揮力量，創造這樣的成就。

微軟的比爾‧蓋茲和甲骨文的埃里森（Larry Elison，1944 —）與賈伯斯一樣都沒有大學文憑，Google 的賴利‧佩吉（L. Page）與謝爾蓋‧布林（S. Brin）也只是史丹佛（Stanford）大學的研究生，他們沒有土地，也沒有資金，都是憑藉著智慧，在很短的時間就創造了龐大的財富，改變了整個世界幾十億人的經濟與生活型態。

每個人用手指按下鍵盤，就可以在秒分之間與世界的各角落聯絡上，連國界也和東柏林的圍牆一樣地被衝破。而整個世界的這種巨變，卻是在毫無戰爭或暴力的影響之下，智慧的權力所發揮的結果。

這種現象是世界全面性的結構性的變化，所衍生的結果。而每一件新產品的出現，一旦會影響多數人的生活習慣時，就有可能造成再一次的社會結構性的變化。近代 iPad、iPhone 的出現，立即就跟進出現了一群廣大的低頭族。這項事實正提醒我們該重視，如何培養智慧順應潮流。

天堂地獄，一念之間

　　有一則故事這麼說的，有個人上天堂，門神在天堂門口迎接他，並且告訴他進入門之後，就不能再走出這個門，所以要進門之前，可以有個最後的願望。他請求門神帶他去地獄一趟，以便了解天堂與地獄究竟有多少差別。

　　門神立即帶他去地獄走一趟。他在地獄的大餐桌上看到豐盛的佳饌，但餐桌邊卻遍佈著許多面黃體瘦的餓鬼。他驚訝地問門神：「為什麼他們會挨餓？」神即回答：「因為每個人都只能允許使用 3 尺長的筷子吃東西，於是沒辦法吃到那些食物，只好挨餓。」

　　於是門神又把他帶到天堂，結果他看到在大餐桌上擺設的佳饌，與地獄桌上的食物完全相同，而且也同樣規定每個人只允許使用 3 尺長的筷子，可是每個人都吃得飽足而快樂。他疑惑地問門神，神即回答：「在天堂每個人知道互助合作，他們會互相餵食對方。」

　　這個故事說明了在同樣的條件下，你的行為製造了天堂或地獄，也就是內在的思維決定了外在的環境，並非外在固有的本質。潛意識，可以根深蒂固地領悟互助合作的功能時，自然就能體會週遭的奧援，使自己達到堅持的毅力，走向成功的殿堂。

「零」導學
行動筆記

　　每個人用手指按下鍵盤，就可以在秒分之間與世界的各角落聯絡上，然而你的行為製造了天堂或地獄，世界的巨大變動，其實仍是由心而引發而起。

Chapter 8

九成人生問題，原來都是自找的！

　　你為「成功」做了什麼？成功，比你想的還不複雜！

　　「一所令人學習最久、收穫最多的，就是逆境學校。」逆境是磨練人格特質的最佳環境，古希臘哲學家心目中的皇帝，需要經得起打斷脛骨後站起來的痛苦，透過逆境的洗禮，才有資格領導別人，成為優秀的領導人，淬鍊出名符其實「從零再起」的「零」導學。

　　跌倒不用怕，你比自己想像的還要勇敢。

01 你要夠努力，
才能優雅不費力

　　每個人的潛在意識裡都有著維護公平正義、見義勇為的品格，只是如果沒有機會展露這種品格，它就會被湮沒在心靈深處。

　　一個人若是缺乏了維護公平正義、見義勇為的品格，就會逐漸失去追求理想的激情與活力，缺少理想的生命力，而顯得異常薄弱。

一切問題，來自於人

　　根據一項研究指出，老年人在過完年節或生日後的死亡率顯著偏高，那是因為在年節或生日以前，心中有一種與親人相聚的期待，維持了他們的生命力。

　　有位醫師調查研究百歲人瑞，發現他們有個共同的特質——正面看待人生的態度，期待有更美好的未來，這讓他們有理由繼續生活著。當然注重飲食養生和規律生活也是健康長壽的基本條件。

　　主張世界和平的美國政治評論記者諾曼（Norman Cousins，1915 — 1990）在他的作品《疾病的解剖學》（*Anatomy of Illness*）指出：「如果一個人堅持不放棄他的生命時，他就不會死亡！」確實蘊涵著值得人們深省的意義。

人格特質有相互消長的連鎖現象，所有的特質都會直接影響一個人的為人處事，影響一個人能否長久維持成功，也牽動著一個人的生命力和身體健康。

因此，**九成的人生困難或阻礙，其實都是來自人的問題**，所以建立健康的人格品質就顯得異常重要。首先必須養成習慣，留意身邊每一個人的優點，細心尋找所處環境的一切有利條件，懂得體諒別人、不記恨、不記仇。

即使受到別人的傷害，必須要有度量，給予原諒。平易近人，要能容納不同意見，以及態度和價值觀相異的人。

人往往受到生活環境所影響，所以要選擇有利於成長的環境。古代孟母三遷的故事，就是選擇學習環境的例子。不過現代社會，鄰居之間甚少往來，因此，所謂環境的選擇，並不在居住地的搬遷，而在於選擇交往的朋友、閱讀的書籍和收集的資訊。

人們對於觸及自尊（self-esteem）的問題特別敏感，因此絕對避免以破壞性的批評，傷害別人的自尊。愛因斯坦（Albert Einstein）曾經說過：「負面破壞性的傷害，需要超過 11 倍或以上正面建設性的修補，才能撫平先前的傷害。」同樣地，破壞一個人的自尊，造成的是兩敗俱傷。然而，修補硬體方面的傷害容易許多，修補軟體方面的傷害，則需花費超過 11 倍以上的工夫才可能修補。

每個人無論地位多麼崇高，事業多麼有成就，仍然相當重視個人的自我形象（self-image）。我們期望受到別人的尊重，就更要懂得尊重別人，盡量使別人感受到存在的重要性。若要使別人感受到存在的重要性，必須誠心相待，給予忠實的讚美，而不是用阿諛奉承的方式來討好。有能力的領導者，都會有足夠的智慧分辨屬下的才華，反而看不起唯唯諾諾，只會諂媚迎合的人。

停下來，不要為錯誤找理由

成功者還有一項人格特質，就是從來不抱怨。亨利·福特（Henry Ford）說得好：「從不抱怨，從不做解釋。」（Never complain, never explain.）福特所謂的「解釋」，是為錯誤或失敗找理由、做解釋。那些喜歡抱怨的人，每一次的抱怨，大約有80%左右的聽者根本不感興趣，而且傾向遠避抱怨者。只有20%左右的聽者感到高興，認為找到知音。

同屬喜歡抱怨的特質，很快地讓他們結合在一起，但是也會很快讓他們互相敵對、互相抱怨。

維護公平正義的英雄氣質，必須經過訓練來培養。面對挑戰、克服困難的過程是塑造人格特質的最佳機會。沒有遭遇逆境歷練的人生，不會是精彩的人生。為了塑造有益幫助你登上成功頂峰的人格特質，就必須努力而不斷地尋求挑戰，跨越你的能力限度，面臨困境從不退縮。

一位深受世人敬仰，於1979年獲得諾貝爾和平獎的德蕾莎修女（Mother Teresa，1910 — 1997），無私奉獻的勇氣，維護公平正義的精神，一直被許多人認為是與生俱來、不可思議的人格特質。

德蕾莎本來是在印度加爾各答教育富家的子女，20年的光陰，從來沒有將她的生活圈，延伸到工作區域周圍的貧民區。直到有天晚上，當她走在街上聽到有位婦女哭訴求救時，她意識到婦人生命垂危的嚴重性，立即抱著婦人趕赴醫院，結果醫院卻置之不理，要她等候。

德蕾莎知道婦人病危，無暇等待，立即趕赴另一家醫院，結果還是被冷落，因為婦人的社會階層備受歧視，無法獲得醫療照顧。德蕾莎修女在絕望之餘把婦人帶回家，當天晚上婦人終於在德蕾莎修女的懷抱中斷了氣。從那一瞬間開始改變了德蕾莎修女的人生。她決定從此以後，在她能力所及的範圍，絕不讓類似的事件再度發生。於是，她在1950年建立

了一個由羅馬天主教修女組織的慈善傳教會，獻身於扶助所有貧困無助和瀕臨死亡的人們，維護他們的尊嚴。

同樣地，我們也可以通過人生的許多困境，自我訓練出特有的人格品質。每當遇見逆境，應該慶倖有了機會可以自我培養更高尚的人格特質。

逆境學校，收穫最多

偉大的廢奴主義者弗雷德里克（Frederick Douglass，1818 — 1895）有一次對著聽眾說：「我認識一位黑人小孩，6歲時父母雙亡，沒人照顧。他是個黑奴，晚上都睡在一間骯髒小屋的地上，天冷的時候，只能躲進粗麻布袋內，把腳靠近到壁爐在屋外的一面，沒有長褲可穿，只能披亞麻布毛巾，經常生活在飢餓邊緣，和狗互爭掉到桌子底上的碎屑食物。」

「他沒上過學校，從韋氏字典學會拼音、拼字，後來成為牧師到處佈道，是一位非常有影響力的演說家。後來又成為美國的外交官，刑事法院的法官，也成為美國元帥，並擁有了龐大的財富。那位小孩就是我——弗雷德里克！」

弗雷德里克曾創辦並編輯一份支持廢奴的報紙，稱為《北極星》，美國南北內戰時，他擔任林肯總統的顧問，爭取憲法修正案的通過，保證黑人的公民自由和投票權。他也是主張廢除死刑的領導者。

1964年，建立美籍非洲人團結組織的回教徒名牧師馬爾科姆（Malcolm，1925 — 1965），有一次作客到哈佛大學（Harvard University）演講時，一位學生問他讀過哪一所學校。他回答說：「**他讀過許多學校，但一所令他學習最久、收穫最多的學校就是逆境（adversity）。**」的確，「逆境」就是磨練人格特質的最佳環境，古希臘哲學家心目中的皇帝，需要經得起打斷脛骨後站起來的痛苦，也就是必須**透過逆境的洗禮，才有資格領導別人。**

一念之間，逆轉人生之路

貝西（Bessie Pender）生長在貧困的家庭，6 位兄弟姊妹都沒有機會接受高等教育，結婚以後，丈夫又沒能力維持家庭生計，必須仰賴她的工作來扶養一位女兒和丈夫的生活。

她在弗吉尼亞（Virginia Norfolk）的一所小學擔任清潔工，主要打掃辦公室和教室，一連工作了 17 年。有一天在 8 月下旬，照常到學校清潔，打掃教室時，看到教室內桌椅東倒西歪，書架上的書亂七八糟，地上也散佈許多書、筆記本、紙張和筆等。她心裡想著 17 年來幾乎每天都要去清潔整理這種髒亂，是否值得繼續去做這份工作？心裡又想著，是否應該設法教育這些孩子們？那一天的心緒，終於改變了貝西的人生。

之後，她申請住家臨近的一所大學老道明大學（Old Dominio University）修教育學位。兩個月後得到入學許可，但是以 38 歲的年齡，加上家庭的經濟拮据，接著下去的學生生涯是何等艱難，或許不是一般人可以領悟。她早上到學校上課，下午繼續去小學當清潔工，晚上還要照顧家庭，每天夜深都要以書本當枕頭，每學期還要為學費奔走，有些教授認為她不可能完成學業，幸好父母的支持，尤其是父親經常開車帶她去上學和工作，一直到身體健康出了問題。

父親也提供社會保障制的老年津貼做她的學費，使得她可以煎熬了 7 年完成學業。只是父親罹患肺腫脹，無法參加她的畢業典禮，並且在一個月後過世。貝西的艱苦奮鬥在申請教職時，令 Coleman Place 小學的校長湯姆林森（Jeanne Tomlinson）印象深刻，聘用了她。

她到學校任職後，每天早上提前半個小時到校，開始上課以前，她會站在教室門口，以擁抱每一位學生的方式歡迎他們到學校。每天上完課後，她會帶領那些五年級的學生清潔整理教室。貝西的持之以恆的努力，為自己翻轉了下半輩人生。

就算職位卑微，也要盡其所能

克拉克王（Reatha Clark King，1933 —）生長在喬治亞南方一個非常窮苦的家庭，母親只有讀到小學三年級，父親完全不識字，連自己的名字都念不出來。她在這樣的家庭成長，可想而知要讀大學是多麼困難的一件事。

克拉克王卻忍受著非一般人經得起的困難，為繳納學費，只要有機會找得到工作，無論是白天或夜間，她都毫不選擇地接手去做。就算是更卑微的職位，她都毫不在意地盡其所能。

即使如此，有些時候仍然籌不足學費，可是這位從不顯出疲憊的天才，不但沒有放棄學業，還經常是同學間表現最為傑出的人。最後，她竟然成為美國女性黑人第一位取得化學博士學位，更成為第一位黑人在白人佔居優勢的明尼蘇達大都會的州立大學裡當上校長，也是第一位黑人女性當上Mills 將軍基金會的執行長。

加斯頓（Arthur G. Gaston，1892 — 1992）是在林肯總統簽訂廢除黑奴宣言的 28 年後出生，父親卻在他的兒童時期就去世，由原來當著奴隸的祖父扶養長大。他的正規教育是在專門收容黑人小孩的一所學校（Carrie Tuggle Institute）就讀到最高年級十年級。

這間學校就是由原先的黑奴嘉莉達小姐（Carrie Tuggle，1858 — 1924）所創設，學校講究嚴格紀律，鼓勵學生不能放棄夢想，要有計劃，生活要節儉，懂得節省，加斯頓在學校深受嘉莉達小姐教誨的影響，從一無所有變成千百萬富翁（Regs-to-Riches）的美國古典型的企業英雄。

他提起在一家鐵工廠工作時，雖然待遇微薄，卻從未放棄尋求發展。有一天看到他的白人監督，在閱讀華爾街日報（Wall Street Journal）後，他也開始看華爾街日報，特別喜歡閱讀名人和富有者的成功故事。他是在閱讀那一份報紙的時候，第一次認識到百萬富翁（millionaire）這個字，而在本能

上已經確定了自己的人生所要的是什麼。

他在收入微薄的工作之餘，賣過花生和便當。1921 年開始創業，規模雖小，卻不斷成長，終於變為資產超過 4 千 4 百萬 Booker T. Washington 保險公司的老闆。1940 年，他在自己生長的伯明翰（Birmingham）不僅在黑人社區或白人社區都產生了相當的影響力。

從上述幾位的簡短故事，可以窺視每一位都是經歷成長時期的艱難逆境，脫穎而出，終於有了非常了不起的成就。相信許多讀者的生活條件，應該比上述任何一位出生的生活條件優渥許多。那麼，實在是沒有理由辯稱為何沒有成就。

「零」導學
行動筆記

「無論多少報酬，都要快樂地享受工作。」成功者的一項人格特質，就是從不抱怨，確立了方向之後，就持之以恆地勇往直進！

02 堅持,直到最後一刻

在美國最早撰寫《成功學》名作家拿破崙·希爾(Nepoleon Hill,1883 — 1970)曾經研究 500 位世界最富有的人的特質,最後得出一個共同結論,就是堅持。

絕不讓步,就有贏面

「需要什麼條件才能當上拳王?」有人問重量級拳王科比特(James Corbett)。他說:「多拗一回合!」

愛迪生也說過:「他是從別人放棄的地方出發。」邱吉爾當首相時,曾經返回兒童時期的母校演講,標題正是「絕不讓步,絕不,絕不!」這都是堅持的體現。

聖母(Notre Dame)大學的行銷專家赫伯特(Herbert True,1924 — 2009)做過研究,發現銷售員電話行銷的狀況是,44%的銷售員打第一次電話被拒,即放棄;24%打了第二次被拒,即放棄;14%打第三次被拒,即放棄;12%打了第四次被拒,即放棄。

也就是說,94%的銷售員,最多打了 4 次電話被拒絕後就放棄行銷。但是 60%的商品,是在打過 5 次以上才售出。這個現象說明了 **94%的人放棄了 60%的機會**。以上數字可以看出堅持與否,所產生顯著差異的結果。

成功必須要長時間的努力、忍耐和堅持，中途可能遭遇的困難和障礙都是正常的現象。每一位從事運動或學習樂器的人，都會多次遇到高原期（plateaus）的經驗，亦即停頓，不再進步。每一次突破高原期時，就是提升到另一個境界的高度。

人生的旅程，無論任何一種行業或學術研究，都與運動訓練或演練樂器有類似的情形，只是有時可以明顯感受高原現象，有時就要進一步深入探討才能感受得到。然而這些現象本身就是存在著的規律，並且就在現象呈現的過程，區別了成功者和一般大眾。

不堅持，導致失敗主因

大多數人普遍的弱點就是缺乏堅持，而缺乏堅持就是導致失敗的最主要因素。這個道理幾乎每個人都明白，那麼既然明白道理，為什麼多數人又會觸犯？其實，正因知易行難。

之所以會有這種現象，導因於對道理的明白，大多僅僅停留在表面而已。對每一個道理的認識，如果能深入到心靈的層次，那麼潛意識內就會驅策你自然地將習慣表現於外在世界，也就是必須經過這樣的層次，才會變成一種自然而然的行為。

堅持是一種心態，結合毅力和強烈慾望存在於個人內在。毅力和慾望有了改變，才能影響堅持的心態，因此這樣的心態可以經過訓練加以強化。透過檢視以下因素，一一對照反省，就能更加深層地了解自己，進一步強化堅持心念。

- ◆ 明確的目標：清楚瞭解自己所要的是什麼，就會培養強烈的動機克服困難，達成目標。這是第一步，也是最重要的一步。
- ◆ 強烈的慾望：慾望不強，所得也只是普通的結果而已。對於想要達成的目標，必須抱有強烈的慾望，擁有不

實現就不甘休的決心，毅力就會成為一種自覺，堅持
的心態也會隨著強化。

◆ 明確的計劃：為實現目標，擬定明確的計劃，就會使
行動有所依循，鼓舞並強化堅持的心境。

◆ 自我信賴：通過自我提示的方式，加強自我信賴的能
力，相信自己可以執行擬訂的計劃並達到目標。有了
這種信心，就會克服一切困難，堅持計劃的執行。

◆ 專業知識：根據專業知識並通過科學方法歸納個人經
驗和相關資訊，確立目標制訂計劃，並可以清楚地掌
握一切執行的過程，自然就會生出滿滿的信心。

◆ 合作：通過互相體諒、同情、和諧共處，相互合作，
將會產生激勵作用，加強互相之間堅定合作的力量。

◆ 習慣：堅持本身是一種心態，也是一種行為。重複不
斷地給予實踐的機會，就有可能培養成一種值得珍惜
的好習慣。

堅持到底，就能勝出

以上所列舉的各點，都與確立目標息息相關，堅持的品
格特質造就了成功。

一般而言，成功者都有強烈的意識相信自己會成功，所
以會有信心並堅持完成自己決定執行的工作。許多事業在創
建的初期，經常都會在存亡的邊緣掙扎，而經過長期的艱苦
奮鬥，一旦開始盈利，財富總是會滾滾而來。令人困惑的是，
在此之前「財富」究竟是藏在何處？關鍵在於「堅持」的特質，
它如同一道門，一邊是成功，另一邊則是失敗。

人們只有在自我放棄的時候，才無法獲得成功的機會，
因為他已經接受了自己的失敗，也承認了自己的懦弱。否則，
只要不放棄，就有勝出的機會。仔細反省自己究竟可以經受
多少考驗，如何加強意志力，檢討身上是否存在著下列的缺

點，避免毀掉本身有待加強的意志力：

- ◆ 許多不可思議的藉口或託辭形成了延宕，拖延完成計劃的因素。
- ◆ 缺乏求知的慾望，特別是專業知識。
- ◆ 不願面對現實，不敢做決定，對一切事情，儘量推卸責任。
- ◆ 過度自滿，這是一項很難治療的毛病。
- ◆ 態度冷淡，面對所有事情都只有妥協，不求改善，或漠不關心。
- ◆ 遇到錯誤，總是習慣埋怨別人。對於不順暢的境遇，也不求改善，只會妥協，認為不可避免。
- ◆ 沒有動機，缺乏慾望。
- ◆ 面對挫折或失敗，立即放棄。
- ◆ 缺乏有組織的計劃。
- ◆ 經常忽視機會，沒有理想。
- ◆ 沒有意願，只會等待希望來臨。
- ◆ 習慣妥協做個窮人，不會力爭追求財富。沒有雄心壯志要做什麼樣的人，做什麼樣的事，要擁有什麼？
- ◆ 尋求快捷方式想變暴發戶或獲得權位。喜好並習慣賭博、阿諛奉承、攀關係之輩，就是如此。
- ◆ 害怕被批評，這種根深蒂固植入於潛意識的恐懼心態，會導致躊躇不前，什麼事情都不敢做。

這些弱點隱隱約約存在於許多人身上，細心檢驗，以便儘量消除可能出現在自己身上的弱點，才有可能強化堅持的意志力。

當我們面對任何事情，一旦遭遇困難、有了挫折時，所面臨的就是雙重任務。第一個任務就是考驗每個人是否具有堅持的毅力；第二個任務就是突破阻礙自己前進的負面思

考。一關闖過一關，最後只有成功者會通過考驗，登上最高
的階梯。

「零」導學
行動筆記

「堅持」如同一道門，勇敢通過之後將迎來成
功，轉身逃避則往失敗裡去。

03 為了成功，
你是否會奮不顧身？

史泰龍（Sylvester Stallone，1946 —）有著強烈的慾望想當一名電影明星，他走遍紐約造訪所有經紀人，結果一次又一次地被拒絕。

每叩一次門聽到「NO」以後，從不放棄地再叩一個門，叩了第 1001 次門的結果，便是在影片《洛奇》（ROCKY）中一炮而紅，接下來出演的影片《第一滴血》（RAMBO）奠定他超級明星的地位。

1001 次的扣門，迎來成功

面對每一件事情，假如預先知道不會失敗的話，你是否就會奮不顧身？按照自己想要做的方式，勇敢地前往？究竟是什麼樣的障礙，牽制一個人不敢放膽嘗試？恐懼失敗、害怕被拒絕的心理，就是最大的敵人。克服了這樣的敵人，成功大門終會在 1001 次的叩門而敞開。

彼得（Peter Guber，1942 —）48 歲就擔任了索尼電影娛樂公司的執行長和董事長，是 20 世紀最成功的電影製作人之一。他和合夥人喬恩（Jon Peter，1945 —）的作品，在奧斯卡金像獎裡被提名的就有超過 52 項之多。他的成功與堅持態度有著密切的關係。

　　早在 1979 年，他們已經買到了《蝙蝠俠》（Batman）的製片權。當時多人反對，認為這類影片除了小孩和熱衷漫畫的少數人以外，不會有市場。幾經波折，一直拖到 1988 年，他仍然堅持，才讓這部片開始有了進展。製片過程仍然遭遇許多危險、失望、挫折。

　　到了上映時刻，《蝙蝠俠》卻空前賣座，週末放映的收入包括附帶商品，估計超過 10 億美元，扮演蝙蝠俠的邁可‧基頓（Michael Keaton，1951 —）立即聲名大噪。另外，那部《雨人》（Rain Man）影片，也是如果沒有彼得的堅持，就不可能呈現在世人的眼前。

　　《雨人》出片的過程非常艱辛，首先經 5 位作者才把劇本寫完，拍片過程又走掉了 3 位導演，包括大導演史蒂芬‧史匹柏（Steven Spielberg，1946 —）。有些劇本作家或導演主張片中安插一些動作鏡頭，或是謀殺案件、性愛插曲，否則沒有觀眾願意看整部電影。雖然片中只有描繪 2 位兄弟坐在車上交談，遊遍美國各地，尤其當中有一位又是智障者，但是彼得堅持不妥協，一直希望製作一部通過 2 位兄弟的互相瞭解，觸動人類的心靈深層的影片。

　　結果在 1988 年《雨人》上映後，榮獲奧斯卡最佳影片、最佳導演、最佳演員和最佳劇本等四大獎，並取得了柏林第 39 屆國際電影節的金像獎。而擔任男主角的弟弟湯姆‧克魯斯（Tom Cruise，1962 —）因為《雨人》這個片子晉升大明星之列。

成功者也需要心靈雞湯

　　《心靈雞湯》的 2 位作者馬克（Mark Victor Hansen，1948 —）和傑克（Jack Canfield，1944 —），在 1991 年要出版這本書時，許多出版商認為短篇故事的模式沒有賣點，拒絕出版。但是他們沒有氣餒，遭到 130 次以上的拒絕後，健

康通信公司（Health Communications，Inc.）終於同意出版。結果第一版即出售了 800 萬本，並衍生出後來繼續出版的 80 本《心靈雞湯》暢銷書，被翻譯成 39 種語言。

里克（Rick Little）在 19 歲時，想在中學設置課程，教導孩子們如何處理感情的問題、相互間的衝突，並釐清人生的目標，學習溝通能力，幫助孩子們過充實而有效率的生活。他提出企劃案，到處拜會，睡在車子內，只吃餅乾夾花生醬度日，一共訪問了 155 個基金會，終於獲得家樂氏（Kellogg）基金會的贊助給予 13 萬元。從那時候之後，里克和他的團隊募了 1 億以上的款額，在世界各地 3 萬所學校，設置所謂 Quest 的課程，每年教育 300 萬學子。於是在 1989 年，里克獲得美國有史以來第二巨額的補助經費 6500 萬元，創設國際青年基金會（International Youth Foundation）。

XM 衛星廣播公司的執行長休‧伯納路（Hugh Panero，1964 —）夢想成立世界最大的廣播電台時，經過 2 年的招募資金，而在投資者的壓力下，限期於 2001 年 6 月 6 日晚上 12 點之前，如果無法按投資者的意願簽定合約，一些投資者就會立即退出。

伯納路在幾近衰竭的往返溝通、商討後，於期限前的幾分鐘談定合約，募得 2 億 2 千 5 百萬元，卻在預定發射 2 億元衛星的前 11 秒，因工程師的失誤，被迫延後。最後預定在 2001 年 9 月 12 日開播，並舉辦慶祝會，又遇到 9 月 11 日早上，恐怖分子攻擊世界貿易中心，延誤開播。但無論經過多少波折，伯納路的毅力終於向世界開播了 68 個沒有商業廣告的音樂頻道，加上另外 33 個頻道，播放運動、交通、氣象、笑料、兒童節目等。

半途而廢，把金礦拱手讓人

失敗者最常見的現象就是半途而廢。達比（R. U.

Darby）跟著叔叔，追隨著淘金熱去開採金礦，幾個星期的勞力找到了金礦，就邀請了許多親戚朋友鄰居等投資，匯集資金買好機器準備開採。

第一部卡車的礦土，送進煉鎔廠鎔化的結果，證明他們所找到的礦脈是科羅拉多最富有的金礦。挖了幾部車的礦土，幾乎就可以賺回投資的資本，正盤算著接下來有暴利可取的時候，礦脈卻突然中斷，接著幾個月的開採都是徒勞無功，終於把機器以數百元賣掉，搭火車回家去。

最後向他們買了機器者，僱用礦業工程師（mining engineer）做專業諮詢，計算的結果發現，原先的開採者不了解「虛脈線」（fault lines）的存在，而真正富有的礦脈，只差他們所挖的地方不到 1 公尺（約 3 英呎）的距離。達比他們半途而廢的失敗，讓買了他們的機器，懂得請教專家的人賺了好幾百萬美金。

達比在一次半途而廢，只差不到 1 公尺的距離的礦脈，白白損失好幾百萬美元的經驗以後，又一次親睹一場終生難忘的教材。他的叔叔擁有廣大的農場，僱用了幾位黑人的佃農。有一次他在叔叔研磨麥殼的老廠房工作的時候，看見一位佃農的小女孩，靜悄悄、畏畏縮縮地開了廠房的門走進來，他的叔叔問小女孩要來幹什麼，小女孩說是她母親差遣她來要 50 分錢。

叔叔說不給，叫她回去。那女孩不走，繼續留在那裡。他叔叔繼續工作沒有理會，過了一陣子，看到小女孩還在那裡的時候，叔叔就大聲吼了女孩，叫她走，否則她會被挨打。

小女孩雖然應聲說好，可是仍然留在那裡不動。再過一陣子，他叔叔看到小女孩還在時，就向小女孩大聲咆哮，起身拿著棍子走近小女孩身邊。達比知道叔叔的兇狠，預想將會看到一場人生殘忍的畫面。

頓時，小女孩在兇狠的大男人走近他身邊時，尖叫了出

來說著：「我媽媽叫你要給 50 分錢！」他叔叔突然被尖叫的要求怔住，慢慢地把手伸進口袋，拿出 50 分錢遞給小女孩。小女孩拿了 50 分錢，眼睛繼續注視著被他征服的大男人，慢慢後退到廠房門口，就遠遠離去。他的叔叔卻也慢慢走到廠房的窗口，往外看著一語不發。

達比在 Hard Knocks 大學畢業以後，進入職場做人壽保險的行銷員時，記取 2 次的深刻經驗，體會到只要能夠堅持，當有人說「不」時，並不真正意味著「不」。反而對他說「不」的人，卻可以為自己行銷到更高的保險額。在 100 年前行銷保險可以持續 20 年以上，每年超過百萬元的業績，是很令人刮目相看的成功的行銷員。

一切不平凡，來自簡單的堅持

黛比（Debbie Macomber，1948 —）夢想要做一位作家，在還沒有桌面電腦以前，她租了一部打字機，在廚房的餐桌上工作。每天打理家務，把 4 個小孩送去學校以後，隨即開始工作。孩子們放學回家的星期假日，還要送他們去參加運動俱樂部、童子軍、上教堂，等晚餐過後、孩子上床，她才能搬出打字機，移到桌上繼續工作。

如此延燒了 2 年半的掙扎，都沒有收入，丈夫漸漸地無法忍受，開始發出一些怨言。但是她的堅持，感動了丈夫，得以繼續支持以實現她的夢想。於是又掙扎了 2 年半。

在那 5 年期間，整個家庭省吃儉用，沒有假期，撿別人的舊衣服穿。5 年後從出了第一本書開始，就不斷地連續出了超過 100 本的書，其中有好幾本被列為紐約時報的暢銷書，一共銷售了 6 千萬本以上。孩子們從此可以過富裕的生活，丈夫在 50 歲時，就可以退休，過著悠閒的生活。在豪宅 7 千平方英呎（相當於 200 坪）的地下室做模型飛機，玩他的嗜好。

奧德爾（Tawin O`Dell，1964 —）寫了 6 本小說，13 年

之間被出版社拒絕了 300 次。終於在 2000 年 1 月刊出第一本小說《返回的道路》（*Back Roads*），即被歐普拉（Oprah Winfrey，1954 —）選入「歐普拉讀書俱樂部」（Oprah Book Club），在《紐約時報》最暢銷書排行榜上名列第二，維持了 8 週之久。

德州電腦業的億萬豪門，1992 年的總統候選人佩羅（H. Ross Perot，1930 —），在越戰期間的一個聖誕節，想寄送禮物給在北越的美國戰俘。他租用波音 707 包機，要進入河內，但被北越政府拒絕。他向北越提出條件，願意僱用美國建設公司到北越，幫忙建設所有被美軍轟炸的村莊，請允許他送禮物進入河內，北越仍然拒絕。

但佩羅之所以會有不平凡的成就，即在不受困難、挫敗擊退。他搭上私人飛機至莫斯科（Moscow），親自與中央郵政辦公室交涉，把上千份的包裹，由美國寄到莫斯科，再從莫斯科一包一包地寄往河內。這種堅持也讓我們領悟到成功者之所以會成功的原因。

不輕易放棄，擁有超人的毅力，是多數成功者具有的共同特質。承受壓力，拒絕放棄，只要堅持愈久，成功的機會就會愈多。

「零」導學
行動筆記

當有人說「不」時，並不真正意味著「不」。那些對你說「不」的人，才是真正引領我們走向成功大門的關鍵。

04 成功者的水桶挑戰

關於失敗經歷，就像一桶桶潑向自己的冷熱水，讓自己有清醒或驚醒的契機。當水桶在面前，你是否敢於接受挑戰？

拒絕你的人，教你最多

一則耐人尋味的故事，值得大家深思：一名年輕應徵者跑到一家廣告公司擔任業務員。由於推銷廣告業務的職位沒有薪水，只能夠依照業績來支付傭金。通常新手都撐不過 3 個月就會放棄，所以這家公司的老員工都等著看這名年輕人的笑話。但是沒想到這名青年卻出乎大家意料，表現非常積極。

第一天上班，他就去找老闆要了一些客戶資料，從中找到一些沒有人可以兜售廣告的名單，並且滿懷信心地定下目標：「一個月內，一定要從中選出的 12 家客戶，買他們公司的廣告。」

他寫下 12 家公司的名字，走到工作室臨近的公園，大聲喊出那些公司的名字，並且自言自語地說：「在一個月內要讓他們買廣告！」第一天時，他很努力地讓 3 家公司買了廣告，到了週末又增加了 2 家，到了月底，居然有 11 家都買了他所推銷的廣告，唯有一家不買他的賬。

雖然如此，他並不放棄，也沒有氣餒。他每天都跑去這

家公司找老闆，每次也都吃了閉門羹。就這樣又過了一個月，
這家公司的老闆終於非常不耐煩地說：「你為何怎麼說都不
聽？無論如何，我是絕對不會買你們公司的廣告的，你不要
再浪費時間了！」但這位年輕人卻很誠懇地說：「我沒有浪
費時間啊！反而是得到您很多的指導。因為您說了不買廣告
的原因，讓我瞭解到客戶的需求在哪裡，哪些因素令客戶不
買廣告，讓我有很多學習和改進的空間，我真的非常謝謝
您……。」這個老闆一聽深受感動說：「從你身上我也學習
了寶貴的一課，瞭解到什麼叫做『堅持到底』，也許我也應
該付一些學費……。」於是，第 12 家公司也買了這名年輕人
的廣告。

　　這則故事在 20 世紀初，就從費城傳遍全美，再傳到全世
界。而這名年輕人的收入，也在很短的時間內超過了百萬。
20 世紀初，一個人能夠有百萬的收入是非常驚人的數目。

　　一開始，這名年輕人就選擇了 99％的人都不願意做的事
情來接受挑戰，克服困難，增強他的信心。就如同愛默生說的：
「做你害怕做的事情，就不再有恐懼。」最後，這位青年最
後就在費城開設了當時全美最大的廣告公司。

唯有不甘平凡，才能成就非凡

　　面對人生的種種挑戰，當一個人被壓迫到極限的臨界線
時，只有少數非凡的人物可以突破臨界線，做出非凡的事業
（the differene that make the difference）。

　　米切爾（W. Mitchell，1943 —）在高速公路遭到一場機
車車禍，全身有 1/3 的三級燙傷，後來又從飛機失事墜落中拾
回生命，下半身卻已完全癱瘓。在掙扎著維持生存的情況下，
他還能成功的創業，不僅擁有數百萬美元的身價，還代表科
羅拉多（Colorado）選上國會議員。1986 年也競選為副州長
（lieutenant governor）。

皮特（Pete Strudwick）是一位出生就沒有手、沒有腿，但在他的一生裡，卻跑過 1 千次以上的馬拉松，尤其在 1971 年挑戰了人類最難的馬拉松路程——派克斯峰（Pikes Peak）。

萊特納（Candy Lightner，1946 —）在女兒被醉漢駕車撞死後，能化悲憤為勇氣地站出來，發起反對酒後駕車的運動。不但使美國各州立法禁止酒後駕車，更遍及世界各國，拯救了好幾百萬的無辜者。

成功者遭遇困境的事情，並不會比平常人少，只是成功者有優異的溝通能力，可以對自己內在的心靈詮釋，面對的逆境是自我訓練的好機會，是為迎接更重要的任務，更龐大的工程做準備。**決定一個人是否會成功的關鍵，不在於他所面臨的處境，而是在於對面臨處境應變的方式與態度。**

聯邦快遞（Federal Express）的開創者史密斯（Fred Smith，1948 —）在創業之初，花費了自己的每一分錢投資在公司裡，開始希望送遞 150 件包裹，結果只做了 16 件包裹的生意，其中有 5 件還是送到一位自己員工的家，而接下去的事業更是每況愈下，經常發不出員工的薪資，有些時候員工即使領到薪資的支票，也會擔心在銀行兌換不到現金，只好到便利商店折價兌現買東西。

那一段時間的慘澹經營，遭遇多少挫折，並非一般人可以忍受的困境，**唯有不甘平凡的成功者，才有可能堅持別人所無法堅持的毅力**，突破逆境，撥雲霧而見天日。今天聯邦快遞不僅有億萬財富，還擴展為跨國公司，事業遍及國際，也是華爾街的上市公司。

山區的小溪為了避免阻力，水只能彎彎曲曲地流動，害怕面對大阻力就是小溪的性格。難怪「小溪」的英文叫做「crook」，它的另一個涵義，叫做不誠實的蹩腳貨。拒當小溪，讓自己成為勇敢奔流的無畏大河！

你的貴人，正是自己

　　一位衣衫襤褸，10 幾天沒刮鬍子的流浪漢，有天突然出現在芝加哥拿破崙‧希爾（Napoleon Hill）的辦公室，希爾是許多暢銷書的作者。

　　這個流浪漢從口袋裡掏出一本小冊子，書名為《自信心》，表達想要見這本書的作者，在他欲跳進密西根湖前，偶然間撿到這本書，讀完以後，使他昨天多熬了一個晚上，希望見到作者並請求幫忙。希爾見他無精打采的眼神，就請他坐下來說明情況，否則就無從幫忙。這個流浪漢說道：「他曾經投資想開工廠，但不幸碰到 1914 年第一次世界大戰，使他工廠需要的原料短缺，逼迫著工廠不能開工而破產。」

　　這使他流離失所，妻離子散，正想投河了斷卻拾獲這本書，閱讀以後，想見作者請求幫助。希爾沉思了一會兒，說道：「我沒有辦法幫你的忙，但是在這一棟樓裡有一個人可以幫你的忙！」

　　希爾說完，就把他帶到大玻璃的面前，指著反射在玻璃上的流浪漢說：「就是他可以幫你的忙。」

　　這個流浪漢看著玻璃上的自己，沉思了一陣子，低下頭，沒有講話，就離開了。幾天以後，希爾在街上又再次碰到這位流浪漢，只見他與幾天前判若兩人，不但穿著整齊，鬍子也修整了，整個人精神抖擻。這個流浪漢向希爾說：「那一天對著玻璃看到一個從未認識的自己，離開了大樓後，我就積極地去找了工作，終於找到一份年薪 3 千美元的工作，老闆還借錢給我買新衣、新鞋，自己正想到希爾的辦公室，分享這個好消息。」後來這個流浪漢從低微的待遇，變成自主創業的企業家。他的事業不僅遍及美國，更擴展到加拿大和墨西哥 2 個國家。

　　一位幾乎面臨自絕生命的流浪漢，讀了一本關於自信心的小冊子，面對玻璃上的自己，從而開啟人生的改變。

　　一些沒有預期或似乎不重要的事情，可能會讓一個人產生不可思議的蛻變。表面上這好像是一件偶然的事情，但在潛意識裡如果沒有充分的準備，很難會有這種機遇。機會是給準備好的人，轉捩點的出現也是只給這種潛意識裡準備好的人。

　　這些故事也是在告訴我們，即使一個原本一無所有，走在生命懸崖邊的人，內在潛能也可以使其搖身一變成為一個大企業家，只需要我們可以發揮出自己的潛能，成就將無可限量。

「零」導學
行動筆記

　　選擇九成的人都不願意做的事情來接受挑戰，克服困難，增強信心。做你害怕做的事情，從此將不再有恐懼。

05 終點到了嗎？
不，勝利現在才開始！

約翰（Dr. John Demartini，1954 —）7 歲時被認定為學習能力低，並且被告知將無法閱讀和書寫，也不會有正常的溝通能力。14 歲時就輟學，離開德州的家前往加州。17 歲到夏威夷衝浪，一度因中毒而幾乎喪命。

不過因禍得福的他，在治療中毒的復原過程中，遇到了 76 歲的布拉格醫師（Dr. Paul Bragg，1895 — 1976），就此改變了他的一生。

我是天才，每天這樣告訴自己

布拉克醫師告訴約翰要肯定自己，重複說：「我是天才，我要充分運用自己的智慧！」大病初癒之後，約翰回到德州，進到休斯敦大學取得學士學位，又到德州的整脊學院取得醫師學位。取得醫師執照後，在休士頓開整脊診所。初期的診所，面積只有 970 平方尺，9 個月後卻能擴大 2 倍的空間。

看診之餘，他又向民眾開設免費課程，講解健康生活。隨著出席健康生活課程的聽眾增加，前來求醫的病人也逐漸增多。後來約翰賣掉整脊診所，專業擔任其他整脊師的顧問，撰寫訓練人才的教材，成為 5 千種訓練課程和 13 本書的作者。他還娶了一位美麗又聰明的太太——聞名世界的 24 種雜誌，

包括時尚雜誌《Vogue》的顧問和作者。

現在這對夫婦，每年可以搭乘自己用 5 億 5 千萬美元購買的船、還在船上花了 300 萬蓋的「房子」中度假 60 天環遊世界。一位初期輸在起跑點、被認定為低能的兒童，白手起家之後，究竟有多少人可以超越他的財富？

不為命運低頭，往成功前進

狄摩西尼（Demosthenes，BC384 — BC322）小時候口吃，語言有障礙又害羞。他本來可以繼承父親龐大的遺產。但是根據當時希臘法律，他必須在公開場合提出辯護，說明他為何可以繼承父親的遺產。然而他的口吃和害羞，使得他拱手讓出父親的遺產，變成一無所有。

那一場慘痛的教訓，令他發奮圖強，克服語言障礙的困難，琢磨演說的技巧，終於成為希臘一位聞名的演說家。他勉勵雅典市民起來反抗馬其頓國王腓力二世（Phillip II）的一系列演講，成為留名萬世的不朽傑作。

史蒂芬（Stephen J. Cannell，1941 — 2010）在小時候學習有困難，一年級、四年級和十年級時他被留級。他有閱讀有困難又沒有理解力，甚至母親陪著他花費 5 個小時準備測驗，仍然會不及格。他問了拿 A 的同學，花多少時間準備時，同學的回答是：「不用準備。」

史蒂芬覺得本身沒有讀書的資質，就不再去介意它。他開始用心尋找自己的才華可以發揮的領域，後來發現那就是美式橄欖球。於是他集中精力，專心練美式橄欖球，終於有了卓越的表現，甚至獲得校際四分後衛的榮譽獎。美式橄欖球帶給了他自尊與自信。

他把從美式橄欖球中培養出來的自尊與自信，遷移到人生與工作中。結果這個小時候閱讀有困難的人，竟然可以變成影視劇劇本的作家，設立了影視劇工作室，當上了影視劇

的製作人，又寫了超過 350 部的劇本，其中有許多曾經是美國家喻戶曉的電視劇。在他工作室生涯的高峰，曾經僱用超過 2 千位員工。賣掉工作室以後，又寫了 11 本最暢銷的小說。史蒂芬的例子告訴了我們，他並沒有向自己最初的命運低頭，同時也提醒了許多家長和小學的老師們，不要一味只想讓孩子們贏在起跑點，更重要的是要懂得在終點線才能決定勝負。

你是害怕冒險的人嗎？

　　每個月領取穩定薪資的人，大多數比較保守，不敢冒險，不敢面對挑戰，害怕失敗。其實所謂的「失敗」是錯誤思想、錯誤判斷，或是錯誤方法與策略所產生的現象，以至於無法得到預期性結果。

　　從無法獲得預期結果中記取教訓，奮力改正錯誤，絕不放棄，直到取得理想的結果為止，這幾乎是所有成功者的生活經歷。

　　錯誤不一定是你的責任，但你卻有責任診斷這個錯誤，加以改正。「失敗」也不一定是可以掌控的結果，但你卻可以掌控自己從「失敗」中站起來。每個人都要學習如何面對犯錯和失敗的挫折，才有可能獲得成功。

　　每一次的失敗都會蘊藏著成功的種子，沒有失敗，就很難了解成功。許多成功者之所以成功，是經歷多次失敗後才取得成功的果實。成功者都有比較宏觀正確的判斷力，而這些都來自經驗，許多經驗卻來自失敗。

　　正確的判斷和決定可以使事情做得更順遂。但是，我們不能保證每次做的判斷和決定都正確。想要提高正確的機率，只有從錯誤的判斷和決定產生的結果中吸取經驗，才有可能提高判斷和決定的正確性。如果不敢做判斷，就永遠沒有正確的判斷和決定。

　　完全沒有失敗的經驗的人，比起失敗這件事更令人堪憂，

許多有利於成功的經驗必須通過體會失敗的教訓，才能獲得。哈佛大學的課堂上提出一份調查報告：「許多大企業在面試新進人員時，總是不敢錄用那些從來沒有失敗經歷的人。」成功者往往都會有超乎一般人的判斷力和洞察力，而這種能力的取得是來自於人生的豐富經驗和不斷學習、演練培養出來的結果。從自己和他人的失敗中編制出來的教材，就是提升判斷力和洞察力的最佳素材。

失敗者找理由，成功者尋求改善

如果回顧一路走向成功的過程，幾乎所有成功者都會有一種共同的遭遇，好像在成功之前都必須經過一項考驗，經歷一段苦惱的掙扎，在幾乎好像被迫不得不放棄理想的邊緣，繼續堅持突破瓶頸的瞬間，成功的曙光才突然會出現。在這段苦悶煎熬的歷程，就是自信心給的力量，使得可以繼續堅持下去。

負責任和不負責任的態度，差別在於負責任的人敢承擔過錯、檢討過失、尋求改善、放眼前途、計劃未來。不負責任的人，只會回顧過去，找理由怪罪別人，經常沉滯在假如（if only）怎樣的話等思維中。

失敗者只有 1 次或 2 次的失敗就會放棄，而成為永久的失敗者。成功的人經歷無數次的挫折，愈挫愈勇，在這種情況下，使成功的種子萌芽、茁壯。消除怕失敗的恐懼，才有可能建立信心。

美國麻省（Massachusetts）曾經有份統計資料顯示，只有 1/17 的富家子弟可以成功地繼承家業，維持富有。其餘含著金湯匙長大的富人，最後都落得窮困潦倒。所以父母如果不能留些家產給你的話，應該慶幸讓你有機會白手創業，從「零」開始，鍛鍊出超乎常人的信心、能力和智慧。

這份「不怕打掉重來的行動指南」，透過不斷操演鍛鍊的

結果，**將帶來更多的能力與信心**，讓你透視潛在失敗陰影裡的成功種子，也可以培養出更大的勇氣，負起拓荒者的精神，挑戰未知的領域。

「零」導學
行動筆記

　　失敗不一定是可以掌控的結果，卻可以掌控自己從失敗中再站起來。每一次的失敗都會蘊藏著成功的種子，沒有失敗，就很難了解成功。

Chapter 9

你的潛意識
在拒絕成功嗎？

　　無論做任何事情，你不可能在沮喪、憂慮、害怕、懷疑的心態下，盡最大努力取得完美的結果；一定是在充滿熱情、信心、興奮、堅韌、樂觀期待事情完成的心態下，才有可能達成目標。

　　所以，一個想要成功的人，在心態和思維上絕不能自我設限。

01

告訴你，
為何我不放棄……

剛出生的小象被綁在木樁上，限制牠的活動範圍，直到長成 5 噸重的大象。依照工作負荷的能力而言，大象如果要擺脫綁在木樁的限制，應該可以拉斷綁在腳上的枷鎖，可是幾乎沒看過大象嘗試去拉斷繩索……。

從小多次試著要解脫卻無法成功，結果形成了條件反射，無法想像成長到 5 噸重的身軀，便可以拉斷繩索的可能性。

別因過往，受限了自己的潛力

大多數人在成長過程中也有類似小象的經驗，形成了條件反射，限制了企圖發揮潛能的雄心。

霍迪尼（Herry Houdini，1874 — 1926）是美國的魔術師，以能從鎖鏈、手銬、緊身衣，及用掛鎖鎖住的箱子中逃脫而聞名。他曾經誇口說：「在一小時內可以從世界上任何一所監獄的牢房裡逃脫出來，唯一的條件是不穿獄服，允許他穿著自己日常的衣服。」

美國有個小鎮新建的監獄，自豪地認為不可能讓服刑人逃獄，就向霍迪尼提出挑戰，他欣然接受了挑戰。

當霍迪尼走進牢房關上門後，就從褲子的皮帶內取出 10 寸長柔軟強韌的鋼片，信心滿滿地試著開鎖。

經過 30 分鐘以後，他充滿自信的表情已經消失；一個小時過了，霍迪尼開始汗流浹背；2 個小時後，已經疲憊不堪，全身崩潰，體力不支地倚靠在牢房的門上，結果牢房的門竟然被他推開了。

原來，牢房的門根本就沒有上鎖，霍迪尼把本來輕輕一推就可以開的門，假想為千萬個鎖匠都打不開的鎖。

不要害怕結束，就拒絕所有的開始

在人生的旅程中，我們不知道有多少人，自己鎖住內心的門，卻不敢去推開它。

美國 2 位商學院的教授哈默爾（Gary Hamel，1954 —）【註 1】和普拉哈拉德（C. K. Prahalad，1941 — 2010）【註 2】做過一項實驗。

他們把 4 隻猴子放在一個空房裡，房間中央樹立一根柱子，頂端高掛著一串香蕉。每當飢餓的猴子爬上柱子，即將取得香蕉時，就會被一陣強烈冰冷的水沖得無法忍受，趕快滑下留在地面。每隻猴子餓得忍不住，嘗試好幾次要去取香蕉，都會重複被沖冰水，最後只好放棄。

當每隻猴子放棄時，就會更換一隻新猴子進去，而新猴子每次企圖往上爬時，其他 3 隻猴子就會拉牠下來，直到新猴子放棄，再更換一隻，結果每換一隻新猴子，重複企圖往上爬時都會被拉下，只好也放棄。

這種現象持續到房間內不再是最初的一批猴子，這些新

【註 1】

加里‧哈默爾（Gary Hamel）：世界一流的戰略大師，核心能力學說的鼻祖之一，曾在倫敦商學院擔任戰略管理及國際管理客座教授。

【註 2】

C.K. 普拉哈拉德（C.K. Prahalad）：核心能力學說創始者之一。

猴子在不知理由的情況下，都不敢往上爬。

　　類似現象在人生的經驗裡，也可以遇見層出不窮的例子。面臨新的挑戰，還沒有嘗試之前都不敢去試。

自我侷限，最後只會虛度一生

　　另一則故事是：美國波蒙特（Vermont）一位老農夫回憶起往事：「我知道自己不是個聰明人，可是我的老同學萊克（Joe Lake）比我還笨，但是他不知道自己有多麼的笨，現在卻當上火車公司的總裁；還有一位叫強生（Bill Johnson）功課很差，他也是一個笨蛋，卻沒有自知之明，竟然當起一家大銀行的總裁。

　　另外一位同學威廉（Sam Williams）成績常常墊底，他笨得更離譜，連自己有多笨都無法了解，竟然可以當上全國最大的一家信託公司（Trust Vompany）的老闆。

　　最後是維爾生（John Wilson）功課也差不多是班上最後幾名，同樣是個大笨蛋，現在卻有好幾百萬的身價（在 100 多年前這是非常可觀的數目），掌管一家全國數一數二的大公司。然而，像我們這些有自知之明的人，只能駐守在這個老農場。」

　　當然我們應該要細心分析自己，認識自己的才華，充分發揮聰明才智，卻不該貶低自己，朝負面的方向自掘墳墓。

　　社會上似乎也不乏類似老農夫這樣的人，認為有自知之明、守本分，卻不知自己蘊藏的潛能，虛度一生。

　　傳統的思維常勸人要「知足常樂」，其實所謂的「知足」，應該是要人們懂得對於現在的處境心懷感恩，卻不應該沉溺在「知足而樂」的框架中。

　　「知足」是追求進步的阻礙，詹姆斯（William James）說過：「心懷大志，才能做更大的事」，雖然我們不該有不切實際、好高騖遠的心態，但是要瞭解許多發明家、企業家

和傑出的科學家之所以成功，都是敢於面對傳統思維的挑戰，不怕被嘲諷、批評，不屈不撓的奮鬥換來的結果。

所以，**在深刻分析自己的狀況下，要大膽設定追求的目標，每個人經常受到自我設限所侷限，如果勇於不設限，將會有更大的發展空間。**所謂的「夢想成真」，顯然不可能在對於目標一直抱著存疑、害怕、不能實現的心態下成功。只有在充滿信心、積極追求、堅韌不放棄的心態下，才有可能使得夢想中的目標真正實現。

同樣地，無論做任何事情，你不可能在沮喪、憂慮、害怕、懷疑的心態下，盡最大的努力取得完美的結果；一定是在充滿熱情、信心、興奮、堅韌、樂觀期待事情完成的心態下，才有可能盡最大的努力達成目標。所以一個人要想成功，在心態上、思維上一定不要自我設限。

「零」導學
行動筆記

分析自己，認識自己的才華，充分發揮自己的聰明才智，卻不該貶低自己，朝負面的方向自掘墳墓。

許多有自知之明，守本分，卻不知自己蘊藏的潛能的人，最後只能碌碌無為，虛度一生。

02

丟掉隱形負向思考，找回命運自主權

人有一顆腦袋，卻有著雙重功能的思辨──意識和潛意識。

意識是客觀性的，具有自由意志的判斷，可以明辨是非與對錯；潛意識則是主觀性，不具有自由意志的判斷，它全盤接受意識的判斷，只要意識判斷為對的，無論是否確實正確，潛意識總是無條件地接受。所以，意識有責任把關，明辨是非對錯，傳輸正確的資訊與知識給潛意識。

潛意識，維持生命的運作

潛意識每天工作 24 小時，每週 7 天，一年 365 天，無論在睡眠或清醒的情況下，從來不間斷。只要有生命的存在，它就在執行任務，支配我們的心跳、血液循環、呼吸、體內氣體的交換，消化系統的營養吸收與廢物排泄、內分泌的調配、神經興奮的傳導、新陳代謝的管控。身體的反射、協調、平衡、情緒的反射作用等與維持生命息息相關。

日常生活中，無論是靜態或勞動的生活、劇烈或緩和的運動，體內的血液究竟流失多少鹽和水分，應該補充多少，才能保持血液內的酸鹼濃度適宜？這種問題在生物物理學家和生化學家還沒有得到答案以前，人體內的潛意識早就非常

稱職地指揮著體內的行動，去執行應有的任務。

當你負荷各種不同的強度或做各項運動時，究竟要動員多少運動單位、全身各部位的肌肉，和每一塊肌肉內的肌纖維？應該如何安排順序做適度的收縮，才能使整體協調而流暢地完成？這些都是極度複雜而艱深的問題。

但是在生物力學家還沒有求出答案以前，潛意識就可以瞬間操控全身的肌肉，完美地執行任務。

其實，生命有 95% 以上是依賴潛意識維持運作，外在世界所顯現的一切現象，就是潛意識回應意識所呈現的結果。也就是，內在世界創造出外在世界的結果。

保持正向期待，潛意識會幫你完成？

舉一個簡單例子：如果愛迪生的潛意識沒有醞釀著那顆可以發光發熱的燈泡，怎會有今天點亮全世界的燈光？

每一個人的命運、言行舉止、處境，都是他的潛意識影響著意識的思維，最後形成具體的結果於外在世界顯現。人類歷史傳承下來的智慧結晶，在每個人的成長過程中，通過教育、長輩的教誨、生活經驗的領悟和祖先遺傳；在無意識與有意識的運作模式下，輸入每一個成熟正常人的潛意識裡。如果學會探索深藏在潛意識的無限智慧與無限威力，懂得存在的原理，隨時保持開闊與受教的心，知道如何接觸它而加以釋放，那麼我們的潛意識將可發揮意想不到的作用，帶給懂得其內在運作原理的每一個人幸福、健康、快樂和財富。

卡森（Norman Cousins，1915 — 1980）在他的著作《疾病的解剖學》（*Anatomy of an Illness*）提到 20 世紀偉大音樂家之一的大提琴手——卡塞爾斯（Pablo Casals，1876 — 1973）將近 90 歲生日前，卡森去訪視他，看到老態龍鍾的模樣，起床後需要別人的扶持，幫忙穿衣服，走路時腳在地下拖著，彎腰曲背，由於關節炎手指臃腫而屈曲，又

有肺氣腫的症狀，使得呼吸困難。

但是，習慣上卡塞爾斯在早餐之前，都會彈一下鋼琴。根據卡森的描述，看到及聽到卡塞爾斯彈琴時，幾乎判若兩人，彈琴的手指不再屈曲，柔軟而強勁有力，腰也挺直，琴聲就像年輕鋼琴家的彈奏，呼吸也變得自然。彈完琴用過早餐後，可以自由自在地到戶外海灘散步。其實，每個人都有這種精神的力量，那是潛意識發揮的功能。

德州有幾位醫師，做了一項膝關節鏡內視手術的研究，他們對部分病患進行麻醉後，假裝做了手術。觀察2年後的結果，發現真正做了手術和假裝做了手術的病患都同樣被治癒。

那些並沒有進行手術的病患，不曉得自己並沒有動手術，只是腦部的思維以為動了手術，發揮功能，預期著膝關節會好，最終，實際狀況就如同預期結果。

人腦為什麼會有這種功能？研究期望理論（expectancy theory）的神經心理學家（neuropsy chologists）們指出，**當潛意識裡存在著強烈慾望，並且深信不移時，人腦就會擔起任務，想盡辦法讓期望真正實現，而這點正好提示了我們為什麼要經常保持有正面期待。**

潛意識會回應意識提出的問題？

世界最有創造力的科學家們都知道潛意識的重要性。愛迪生、馬可尼（Guglielmo Marconi，1874 — 1937）**【註3】**、愛因斯坦，和許多科學家們都應用潛意識的原理，發揮更加敏銳的洞察力，以及「know how」，使其完成更偉大的成就。

是否有能力來使用潛意識的威力，付諸行動？亦是決定

【註3】────────────────────────────
古列爾莫‧馬可尼（Guglielmo Marconi）：義大利工程師，專門從事無線電設備的研製和改進；1909 年諾貝爾物理學獎得主。

一名偉大科學家及研究者成功的關鍵。例如，著名的化學家弗里德里希（Friedrich von Stradonitz，1829 — 1896）【註4】長期思考石油精（Benzine）碳氫的化學結構。

　　有一天在倫敦搭乘公車時，突然間，潛意識閃出了一條蛇咬自己尾巴的圖像，使他聯想到五彩輪轉風車，改變了他原本對碳氫結構的思考方向，因而找出了石油精輪碳氫的原子排列次序。

　　小孩子到科學館都喜歡玩一種帶有靜電的金屬球，當身體某個部位接觸到球時，頭髮就會豎立起來。這個有趣的現象，就是一位發現電磁場，同時也是開創商業用電系統的先驅者——尼可拉‧特斯拉（Nikola Tesla，1856 — 1943）【註5】的傑作。他在每一次有新的研究和發明時，都會借助自身潛意識的功能，特斯拉經常都是在潛意識的想像中組裝好機器的零件之後，才會開始製造模型。

　　莫扎特（Mozart，1719 — 1787）也是在潛意識中完成他的交響曲之後，才會動筆寫下音符；發現自由落體定律的天文學家伽利略（Galileo Galilei，1564 — 1642）在潛意識內想像登入月球，才引發製造望遠鏡，而發現了木星的4個衛星；瓦特（James Watt，1736 — 1819）的潛意識發明了蒸氣機；富蘭克林（Franklin，1706 — 1790）因潛意識才有了人造雷電（man-made thunderbolts）成果。

【註4】
弗里德里希‧斯特拉多尼茨（Friedrich von Stradonitz）：德國著名有機化學家，是化學結構理論的主要創始人。

【註5】
尼可拉‧特斯拉（Nikola Tesla）：塞爾維亞裔美籍發明家、物理學家，被認為是電力商業化的重要推動者，因主要設計了現代交流電力系統，而廣為人知。

　　另一位 19 世紀美國哈佛大學教授阿加西（Louis Agassiz，1807 — 1873）在睡夢中也發揮了他的潛意識功能，因而發掘石板中的魚化石；1920 年加拿大的一位醫師，也是醫學研究者的班廷（Dr. Frederick Banting，1891 — 1941）【註6】長期研究糖尿病的過程，有一天因疲勞而不自覺地睡著後，因為潛意識發揮功能，引導他抽取狗的胰線管殘留物，結果發現胰島素可以治療糖尿病的問題，這才有了機會解救好幾百萬糖尿病患者。

心態改變，世界也會不一樣

　　根據洛克菲勒學院（Rockefeller Institute，現已改制為大學）的洛克教授（Jacgues Loch， M. D. Ph. D.）曾經做的一項實驗顯現：當他把玫瑰花盆放置在室內的窗戶任其枯竭，發現原先寄生在玫瑰花灌木枝的蚜蟲（aphids），失去可以生存的資源時，在危急的剎那會長出臨時的翅膀，飛到窗戶玻璃，往上爬行企圖尋找新的生存資源。

　　這個現象告訴我們，即使是最低等的寄生蟲（parasites），在生存條件遭受威脅時，仍會想盡辦法為自己解脫危機。那麼，當人類遭遇困難無法解脫時，產生尋短動機是一件多麼可恥的事。

　　有卓越成就者在最危急的狀況時，反而會更勇敢，其實這是自然規律，卻只有會成功的人才懂得掌握這項規律。關鍵在於潛意識所播種的思維模式，灌溉的是樂觀進取、積極主動，或是悲觀墮落、消極被動，都會造成不同的後果。

　　對應瞬息萬變、紛繁複雜的世間，是否可以駕馭得宜，完全決定在潛意識的條件。

【註6】

班廷（Dr. Frederick Banting）：1923 年獲得諾貝爾醫學獎。

　　有些人無法瞭解內在的原因，總是徒勞無功地企圖改變外在的現象，想期待效果。譬如，大費周章地搬弄辦公室的桌椅，以為改變風水可以帶來好運。

　　如果說改變外在環境會帶來一些效果，那也是因為心態的改變所致，潛意識也有神奇的療效威力，可以癒合一個人破碎的心和煩惱的心，解放身心的一切束縛。

王子與雕像，潛意識改變了他

　　1920 年《教育學報》曾刊載一則故事叫〈王子與雕像〉。

　　有位眉目清秀的王子，背部卻像老人一樣佝僂無法挺直，心理遭受很大的創傷。有一天他找來了一位非常巧手的雕刻家為他刻一尊雕像。

　　王子要求雕刻家必須刻出高貴的氣質，一切都得和王子的形象完全吻合，唯一例外的是背部必須挺直。雕刻家花了好幾個月在大理石上精心雕琢，終於完成了一尊高貴有氣質的王子雕像。

　　「王子，您想將雕像擺在哪裡？」

　　「放在城堡門口前，讓民眾都可以駐足欣賞。」一位侍臣立即回答。

　　王子卻苦笑搖頭：「將雕像放在皇宮內的花園，只有我可以看到的地方。」

　　時間一久，眾人都遺忘了這件事。

　　王子在每天早上、中午、夜晚，都會獨自一人靜悄悄地走到雕像面前注視著挺直腰背、面貌高貴的雕像。每次注視著雕像時，王子都會血流澎湃，心潮激蕩。

　　日子就這樣一天一天翻面，過了好幾個月，又過了數年之後，民間開始有了謠傳：王子不再駝背，面貌顯得更高貴。這個謠言後來傳到王子的耳邊，他走到雕像面前注視著它，的確證實了那一尊雕像已經投射到他身上。

　　這好像是神話故事，其實我們的潛意識的功能的確可以發揮如此作用。2600 年前，希臘婦女們都會到完美的雕像面前陶冶心情，以期待孕育出優秀的嬰兒。雅典的黃金時期，領導西方文明的歷史事實，該值得我們深思潛意識的奧秘吧！

「零」導學
行動筆記

　　改變外在環境會帶來一些效果，那也是因為心態的改變所致，潛意識也有神奇的療效威力，可以癒合一個人破碎的心和煩惱的心，解放身心的一切束縛，才能在最危急的時候，體現勇敢，不怕失敗。

03 你的正向，終將成為美好

意識儲存著來自嗅覺、味覺、視覺、聽覺和觸覺所提供的資訊，它也是6項智慧因素：記憶、推理、意志力、想像力、直覺和感知運作的大本營。

潛意識，主宰一個人的命運

透過意識，我們可以選擇接受或拒絕任何方式的思考，也可以決定想要如何思考。由意志力的支配可集中焦點在所選擇的思考方式上，而排斥其他方式的思考。那麼，我們所選擇的思考將創造衝擊的能量，產生振波，通過身體，甚至超越身體，最後決定人生的一切結果。

深藏在潛意識的思考模式和人格特質，主宰著一個人應對外在世界所有人、事、環境等的方法與態度，它左右著一個人的命運。 當潛意識是以正面的思考模式，應對周遭的人、事、物，人就會變得積極樂觀，愛心、仁慈、誠信、體諒、恆心、自信、堅持、寬容便是他的人格特質，其人生會是幸福、快樂而健康。

這好像沒有什麼了不起，幾乎每一個人都懂得的道理，可是多數人都只會把正確的原理掛在嘴邊，卻不能烙印在潛意識裡。

發明小兒麻痺疫苗的索爾克（Jonas Salk，1914 — 1995）【註7】曾經說：「在做事的過程中，我們經常會聽到3種聲音。首先人們對於你所想要做的事，會批評你的看法是錯的，要做的事是不可能的；當你成功時，他們會說你做的事情並不重要；當你顯現所做的重要性時，他們則會說早就知道你可以做得到。」

生活周遭也許會屢見不鮮碰見類似的現象，這是許多人潛意識蘊藏的負面思維表露於外在世界的結果。

在意識的層面要不斷努力培養正面的思考模式和良好的人格特質，並且努力清除負面的思考模式，如悲觀、自私、仇恨、羨慕、嫉妒、貪婪、疑心、欺騙、恐懼等。將正面思考模式不斷地培養成為習慣，使之從意識層面傳輸到潛意識層面，如此一來，潛意識才會使你走向光明之路。

建設性思維，醞釀成功的果實

如果將潛意識比喻為一片園地，意識就是一名園丁。意識可以選擇播下任何種子，就如同種瓜得瓜，種豆得豆，播下什麼樣的思維，潛意識就會使它萌芽、成長、開花，獲得相對應的結果。**對有智慧、有建設性的思維，潛意識就會將其醞釀在生命裡，產生趨向成功的結果。**

每一個人都有可能用不同的角度看待事情，即使對待同樣的問題，也會有不同的看法和解決方法。甚至，有時面臨同樣的處境，卻以完全不同的方法解決，而產生截然不同的結果。

根據吸引力法則，我們若往好的方向思考，往往得到的

【註7】

索爾克‧沙克（Jonas Salk）：美國實驗醫學家、病毒學家，因為發現和製造出首例安全有效的「脊髓灰質炎疫苗」而聞名。

就是好的結果；往壞的方向思考，往往得到壞的結果。

一個人的成就，從正面思維開始

西方有一句諺語：「神要毀滅一個人，會先讓他發怒。」（One whom the gods would destroy, he first makes him angry.）的確，憤怒的情緒，除了傷害健康之外，常常會讓人做出一些後患無窮的傻事，這是潛意識儲存著負面資料在作祟。

為了能夠朝著正面的方向思考，避免讓負面態度影響思維和處事方法，就必須要養成一種習慣，隨時清理自己的潛意識所儲存的資料內容。也就是要有一張清單，檢視潛意識裡所有的資料，盡量要把一些會產生負面態度的情緒或資料清除掉，並將可以幫助自己建立正面思考模式的資料填充到潛意識中，進而轉向正面思維的思考模式，並且養成習慣。

美國哲學家拉爾夫·沃爾多·愛默生（Ralph Waldo Emerson，1803 — 1882）[註8]說過：「人是由他的思維塑造成型，每個人的潛意識所儲存的數據，影響著一個人的思維模式、思考步驟和方法，最後呈現在外在世界。他們表現出來的狀況就是個人的處境和命運。所以潛意識，事實上是決定著一個人命運的關鍵。」

一個人的成就（achievement）是由言語、圖像、文字、行動所創造的價值，或經過影響他人所創造的價值來衡量。這些語言、圖文和行動，表現於外在世界之前，必須在內在世界有具體的語言、圖文或行動傾向的存在，才有可能藉由軀體顯現到外在的世界。

【註8】

拉爾夫·沃爾多·愛默生（Ralph Waldo Emerson）：美國文學家、思想家。他是確立美國文化精神的代表人物，被譽為「美國文明之父」。

只是從內在世界轉移到外在世界的過程、能量（energy）傳導的速率，總是比光速更快。所以我們一直都是在不自覺的情況下，經歷著這種運作模式的生活。

現在就是打造未來成就的起點

假如能夠深切了解，從內在世界轉換到外在世界的運作模式，你就會體悟到存在於潛意識（subconsciousness）的思考傾向，是如何決定一個人成功的關鍵——**一個人是否富有，並非決定於擁有多少財富，而是決定於他取得財富的本領，如何運用和對待財富的心態**。在經濟上自顧不暇的人，再怎麼樣也沒有資格硬著嘴皮自稱富有；而視金如命者，擁有再多的財富，一樣終生都只是個窮人。

一個人是否幸福快樂，並不取決於是否住豪宅，是否擁有財富，而是決定於如何面對所處的環境。**會打橋牌的人，並不依賴手上握著什麼樣的牌，而是要如何打出手上握有的牌；而成功的人，並不在乎生活在什麼樣的環境，而是面對所處的環境，如何去回應。**

當下的處境是往昔的思維理念，以及綜合過去的一切所作所為的結果。而現在的思維理念、人格品質和行為模式將決定未來的命運。

你無法改變以往的任何現象，但你可以選擇未來要成為什麼樣的人，現在就是打造未來成就的起點。

「零」導學
行動筆記

培養正向思考習慣，引領走向光明前路。

04 這麼做，
你將是年度風雲人物！

　　如果你想蓋一間屬於自己的房子，你一定會非常注意房子的藍圖，也會緊盯建築工人是否依照設計建造。而這個家所使用的鋼筋水泥、磁磚、玻璃等材料，一定會在經濟條件許可時，選擇使用最好的材質。

　　心靈其實就像一棟房子，需要有很好的材料充實它，外在所顯現的結果都由內心世界具備的條件來決定。

毀掉你的，是你的負面思維模式

　　潛意識潛移默化支配著一個人的思維模式、看問題的角度、處理事情的態度，這也就是所謂的建築心房的材料。

　　一個人的成功與否，就跟心靈裡面的建築材料有密切的關係。可惜一般人只關心外在呈現的結果，而忽略內在的重要關鍵。存在於我們的潛意識裡的情緒，究竟是留了些什麼內容，要更努力地去做整理清除的工作，也就是通過自己的反省機制，好好深思檢討。我們要儘量保留經驗中美好的印象，徹底地把一些不愉快的記憶忘卻，使其不擾於心，這樣才能在潛意識裡，使用最好的建築材料來建築美好的心房。

　　如果有人對你不懷好意，或是被攻擊的時候，你採用的是以牙還牙的報復手段，則在潛意識裡收集到的，就是一些

負面情緒，而它們會作用於外在的行為模式上。

這樣的報復手法看似人之常情，卻是成功的阻力。

不要再去搜集那埋在記憶深處的負面情緒！我們應該懂得有智慧地忽略惡意相向的人，學習不計較和不比較，也就是用一種「大智若愚」的心態，面對周遭一切不如意的遭遇，以此化阻力於無形，走向成功之路。

情緒是疾病的根源

20 世紀初，法國有一位醫學教授叫伯恩海姆（Hippolyte Bernheim，1840 — 1919），他通過實例證明了潛意識可以治好病人。

有一位病人的舌頭麻痺不能動，通過許多治療方法，仍然沒有效果。有一天他告訴這名病人，現在有一種儀器可以把舌頭治好，然後他就從口袋裡拿出一個溫度計放在他的舌頭上。當時，病人心中堅定認為新的儀器，對他的治療一定很有效果，突然間，他非常高興地說舌頭不僅可以動，也可以發出聲音了。

同樣的情形也發生在一名叫瑪麗亞的女孩身上。

她一度失去了發聲的能力，經過 4 個禮拜到醫院求診。醫師向瑪麗亞解釋了喉嚨不能發聲的原因，以及需用怎樣的方法才可以把她治療好。說完之後，伯恩醫師就把手指放進瑪麗亞的喉嚨裡，然後告訴她：「妳現在可以發出聲音了。」

接著，讓她發 A 及 B 的音，結果，她的聲音居然就恢復了正常。

這也可以說是因為病人對於醫生權威的信任，在內心產生了信仰，於是在自己的潛意識裡就把自己的病醫治好了。

現代身心醫學專家強調仇恨、憤怒、敵意、嗔怪等負面情緒是導致疾病的根源。從關節炎到心臟病等都與情緒相關，負面情緒產生的壓力會直接減弱身體的免疫力，致使人容易

感染疾病。

「我今天看起來比昨天更好了！」信仰療法創造奇蹟

　　日內瓦醫師埃米爾（Emile Coue，1857 — 1926）在 1895 年提出一項技術，他僅要求病人說出「每一天的我，在各方面都變得更好了。」同時要求醫院裡的醫師和護士見到病人時要說：「你看起來比昨天更好了。」這麼簡單的一句話，卻可以令病人的恢復比率——無論病情輕重——比歐洲其他醫院多了 5 倍。

　　由於技術簡單，效果奇佳，令許多人一直存疑而不肯接受。德國一位心理醫師約翰尼斯（Johannes Shulz，1892 — 1943）為了要讓患者克服壓力、焦慮等精神疾病，採用埃米爾醫師的方法，同樣獲得了良好的效果。

　　約翰尼斯醫師由此深受啟發，有系統地研發了一套稱為「自我訓練法」，使患者處於放鬆狀態，看到一些正面有建設性的資訊。當那些意境一旦可以深入潛意識而被接受時，患者的身體與心理的健康狀況，立即就可以看出顯著的改善。

　　許多年來，「自我訓練法」在歐洲已被廣泛採用，方法也更加細緻。

　　曾經擔任約翰·霍普金斯（Johns Hopkins）醫學系主任，之後被英國皇室聘任為牛津大學的醫學教授的奧斯勒（Willian Osler，1849 — 1919）【註9】寫過一篇文章〈是信仰產生了療效（The Faith that Heals）〉。美國科學化醫學的開創者韋爾奇（Dr. William Henry Welch，1850 — 1934）也支持奧斯勒的「信仰療法」。這些事例其實顯示著，潛意識存在的威力非常值得我們重視。

【註9】

奧斯勒（Willian Osler）：是約翰·霍布金斯（Johns Hopkins）醫學院與醫療服務的四大創始人之一。

虛擬的朋友，解答自身疑惑

在紛雜的現代社會，許多商業行為的誘導，使得行屍走肉式的生活型態越發猖獗，再加上資訊科技的突飛猛進，人們被迫調整生活的節奏，導致身心靈之間的和諧溝通的機會減少，陷入自我認知能力退化。潛意識所能發揮的功能更加退化，所以現在談「信仰療法」好像是一種奇蹟。

喚醒潛意識的功能發揮，必須長期不斷思考同樣的問題，尤其要在靜謐獨處的環境裡深思。德國詩人歌德常會利用自己的想像力喚起潛意識幫自己解惑，他每次遇到困難就想像著有位朋友與他對坐交談，對於他的疑惑，潛意識就會通過想像中的朋友給予回答。

美國心理學之父威廉・詹姆斯說過一句話：「19世紀最大的成就，就是發現了信仰如何影響潛意識發揮的威力。」**每一個人都無法估計潛意識存在的潛能，當我們能瞭解如何結合信仰，來影響潛意識所發揮的力量，就可以克服自己身上許多的弱點，進而能夠創造出一番偉大的成就，邁向自我的成功之路。**

這裡所謂的信仰，並非盲目的迷信，而是有充分的理由醞釀出絕對相信的心態。

「零」導學
行動筆記

以牙還牙的報復手段看似人之常情，但是對有志邁向成功之路者來說，本應該把一些負面情緒清除掉，減少在追求成功之路上所產生的阻力。

05 哪有什麼一夜成名，不過都是百煉成鋼

人的生活層面有三個面相（phase），就是身、心、靈。

身是外在有形的表象，心和靈則是內在的生活層面。「靈」是生命的舵手，「心」是驅動生命的能量，「身」則是執行行動的實體。

有些時候宗教信仰具備驚人的力量，事實上就是和心、神和靈層面有密切的關係。不過不必透過宗教信仰的能量，每一個人都仍然可以在心靈層面培養強大的力量，來推上成功的「聖母峰」。

用潛意識修煉好習慣

如果有一棵果樹上長的水果不夠大、不夠甜美，想要改善這棵果樹，使得它長出甜美又豐滿的水果，最佳的辦法是要強化外表看不到的部位，也就是果樹地下的樹根和樹根周遭的土壤。

改變一個人的行為，改變一個人的成就，往往不是決定於一個人的軀體，而是決定於外表看不見的內心層面。潛意識影響著一個人的態度與生活習慣，塑造了我們的人生，左右我們的命運。

　　無論好習慣或是壞習慣，都是某特定的行為經由重複刺激與反應，直到變成條件反射，烙印在潛意識的結果。此後一旦有了刺激信號出現，就會自動產生同一模式的行為。

　　當你有強烈的渴望，想成為高標準的成功人物時，就必須要有足夠的自律約束自己的思維，專注在有利於追求目標的方向上。短時間看不到成效，仍然要堅持，並生動地想像，自己已是期待中的人物，結合多次的想像，使得滿腦只想要成功，沒有其他的雜念。讓這樣的思維如同條件反射，烙印在潛意識中，使其變成一種習慣。

　　久而久之，自然就會達成目標，做一位自己所期待的成功人物。也就是說，只要照顧好自己的意識，只儲存正面思考給它，那麼，潛意識就會好好照顧你的健康與生活。

重複演練，讓技術成為下意識的動作

　　學習任何一項技能，包括樂器、繪畫和運動項目的技術或技巧，在初學階段都必須在意識之下，集中注意力。只有重複練習到非常熟練的階段，才有可能變成在潛意識下進行。只有在潛意識之下非常協調地執行，所學的技能或技術才能算純熟。

　　我們的思維在執行分析、判斷、推理、演繹、綜合或想像時，在初學階段也都必須在意識下進行。可是，就如同技術的純熟度，決定潛意識參與的程度，思維的運作也必須經歷重複演練直到潛意識的功能進入，才能提升它的層次。

　　愛因斯坦曾經說過，在某一種層次出現的問題，不可能在同一層次的思維尋求到解答，也就是要在更高一層次的思維才能創造答案。而提升思維的層次，就是潛意識發揮功能的作用。

　　當我們在分析、推理、閱讀的過程裡，突然出現的靈感使你的思維豁然開朗，或由一個問題聯想出一些相關的課題，

這就是潛意識運作的結果。之所以會有這種「頓悟」的現象，是因為思維將存檔在潛意識的資料庫，經過分析推理之後，將相關資訊搜尋出來的結果。類似這種現象重複的次數愈多，就愈可強化潛意識發揮的功能。

潛意識只能回應對它的刺激，對於所謂的壓力卻不做任何回應。所以我們不可能隨意要求潛意識在特定的時刻發揮功能，給我們任何解答。

唯有在寧靜的環境中思考閱讀、細心傾聽，才可以喚起潛意識的響應，發揮它的功能。愈是重複練習，思維的頻率愈高，潛意識發揮功能就愈強，以此培養熟能生巧的功效。那麼抽象思維的能力便可以提升，也會有更多的靈感產生。

明知不可為，仍為之

並不是每個人都有很強大的自律能力，想做什麼就可以做什麼。

人性最明顯的弱點就是——很多人明明都知道該做某些事，卻一再拖延，甚至根本沒有做，而想要改善這樣的弱點，就必須要有策略。

在大部分的時間裡，人的行為是在不自覺的潛意識下接受情緒的操控，只有極少數的時候，在自覺的意識下接受理智的指引。例如，有菸癮的人在理智上知道抽菸對身體的危害，卻仍照樣為了滿足情緒的需求，繼續抽菸。

明知喝酒不能開車，有些人為了避免無法控制，不敢開車赴宴，而有些人在熱鬧的氣氛下，抵擋不了朋友的唆使，酩酊大醉，只好搭計程車回家、由朋友護送，或留在別人家過夜，這類事件都是層出不窮。

大家都知道時間的寶貴，一旦時間飛逝，就絕不可能再回來。若是每個人的行為都由理智操控，那麼就會很有效率地分配好時間，絲毫不浪費，在學識方面的成就一定可以超越愛因

斯坦；在事業上一定可以超越比爾・蓋茲、史蒂芬・賈伯斯等人的成就。但事實不然，我們隨時都受到情緒的拖累。

一個人所呈現的心境，是由自己對人生的經歷做了詮釋導引出來的結果，不論是悲傷或興奮，都是經由心境製造出來的過程。**我們若能清楚掌握如何詮釋人生的一切經歷，就等於可以明智地掌控自己的行為和情緒，真正做到成為自己的主人。**

放下是一種自由和覺悟

我們應該學會拿得起，放得下。

寬容、愛心與同理心，其實這些品德都本能地存在於人的內心深處，只要能真正放得下一切負面的態度與情緒，這些正面的品德就越能顯現於外在的行為中。

應該要放得下的態度是：自私、傲慢、不講理與殘酷。

有這些態度的人與罹患心理疾病的輕重程度息息相關，必須著手治療心理的疾病，才能放得下這些態度。至於情緒方面的仇恨、憤怒、恐懼、憂鬱、悲傷與嫉妒等，必須加以檢視促成這些情緒的「元凶」，將其從潛意識裡清除。

許多人誤以為時間可以療傷，只要經歷過一段時間，負面情緒就會淡化。其實時間只能淡化輕度的情緒反應，當刺激超過臨界點時，反應出來的情緒，有可能隨著經歷的時間，反而更加惡化。

許多人生的悲劇是由表面上彷彿是一件難以理解的小事或某個偶發事件釀成，但只要深入探究，就可以瞭解，那是一種長期的壓抑、最後在一件小事點燃了引爆點。

為了放下負面情緒，有些人主張轉移注意力，參與各種活動來紓解壓力作為解決辦法，也只能暫時性地忘卻情緒的存在，依然會隨時在沒有預警的情況下浮現出來。

特別強調的是，通過運動紓解情緒壓力的做法，必須配

合紀律與品德教育。否則從運動中培養出來的充沛體力，如果遭遇不如意的事，反而更容易激發傲慢與殘酷的態度，以及仇恨、憤怒與嫉妒等情緒反應。

真正的放得下必須從內在的精神與靈魂著手，要在潛意識資訊庫進行清倉整理。例如，恐懼的情緒根源於對事實的瞭解不足，缺乏認知應有的水準，使得沒有信心而釀成恐懼。對此，增加智慧與知識水準，提升判斷力和自信心，就越能放得下恐懼的情緒。

當你羨慕某個人時，骨子裡就有可能希望自己要有如同所羨慕者的成就，而羨慕可能轉化成為嫉妒。如果可以提升自己的學識、能力、自信與自律，不但可以達到所羨慕者的成就，還有可能會超越他，那麼，嫉妒的情緒就可徹底放下。

無法放下的情緒會儲存在潛意識裡，不自覺地影響著一個人詮釋問題的態度和判斷能力。放不下負面情緒和態度，就等於不是一個真正自由、幸福和快樂的人。

用進廢退，感知也會進化？

你是不是常有這種經驗，當你走進一個場所，就會立即感受到氣氛有些不對勁，原來剛剛發生了一場爭吵；又或是親人朋友遭遇了不幸的事件，即使壓抑著情緒，沒有表現出任何異樣，還是會感受到有些不對。

這就是超靈敏的視覺或知覺傳達資訊給你的結果。

另外，所謂的「話中有話」，或「弦外之音」，就是用靈敏的聽覺、知覺所感受到的情形。生活在紛雜的世間，許多人無奈地為應接不暇的工作追趕著時間，很容易忽略掉人們自有的超靈敏的感受器的恩賜，任其淹沒在靈魂深處。結果越是忽略掉它們的用處，其功能就會越加退化。

這些器官的靈敏度同樣遵循著自然現象中「用進廢退」的生物規律，你越是運用它們，就會越靈敏，反之則越退化。

　　如果你懂得要珍惜這些天賦的器官，每天最好撥出一段時間，試著獨處傾聽自己心靈深處的聲音，在資訊暴增的這個時代，它將給你指引方向，提升你學習、判斷、創新和下決定的能力，也會讓你更能應對這個時代的人事物的變化。

　　雖然每個人都具有超靈敏的感受器，但每個人只會在其中一項顯得特別敏銳。你應該細心檢視自己，發覺自己最超強靈敏的感受器，並對其優先加以強化，再強化另外 2 項感受器，這需要時間與耐心的培養與強化。

「零」導學
行動筆記

　　技術的純熟度，決定潛意識參與的程度，思維的運作也必須經歷重複演練直到潛意識的功能進入，才能提升它的層次。

Chapter 10

過了玩耍年紀，請好好積累實力

　　一個人的思維和價值觀，主宰著他的行為模式。

　　如果不滿意現況，想要有所改善，就要跳出現有思維和價值觀；想要脫離貧窮，就要徹底的改變。

　　不斷地追求新知，接受新的挑戰，對世界充滿好奇心，累積自己的實力，便能有所成就。

01 不懂激發，
還談什麼潛能？

我們不能誤解「無限潛能」的真意，違反自然規律的極限，招致不可抗拒的挫折。這種自討苦吃的挫敗，重複出現的結果，將會折損一個人的自信心和決心。

許多挫折的出現，都是來自於自我設限的結果。

你有多少能量未開發？

1920 年代，最了不起的游泳健將約翰尼（Johnny Weismuller，1904 — 1984），曾在電影中飾演「泰山」一角。在奧運會奪得 5 面金牌，創 67 次世界紀錄。然而，這些紀錄竟然可以被現在好多 13 歲的小女孩打破，男生就更不用說了。可見自我設限的潛能，有許多空間是可以被修正的。

同樣的情形，當巴特（Irving Barter）在 1900 年奧運會跳高越過 189 公分時，人們也認為這已經是人類的極限，不可能跳過 200 公分；1956 年人們也認為撐竿跳不可能超過 5 公尺，可是這些成績放到現在來看，已經遠低於奧運會參賽資格的標準。

大約在 20 多年前，有一件事活生生在 CNN 頻道上演：在動物園長大的 3 隻獅子，放到野生動物園時，竟失去獵食動物的能力，反而被牛追著跑。這個現象說明了缺乏訓練的

後果，使得獅子不曉得本身有能力可以獵食牛，完全埋沒原有的潛能。

　　類似這種現象，在人生的各個層面都不斷地出現。由於缺乏適當的訓練，絕大多數的人都不曉得自己具有多少的潛能。我們應該選擇自己擅長的領域，接受適當的訓練，不斷自我教育，才有可能充分發揮應有的潛能。

想像力，才是你的鑽石寶地

　　根據斯坦福大學關於腦皮質的思考區域的研究，顯示普通人平均一生只運用到 2% 的智慧力，而在任何領域有特殊成就者，用腦的比率會遠高於一般人，他們會培養自己的天賦，創造機會給予發揮。每個人的內在潛能都在等待著確認，需要自己製造機會將其發揮作用。

　　愛因斯坦說過：「想像力比知識還重要。」想像力和理念可以改變人生的方向，從絕望變成積極主動進取的態度，我們從不缺乏機會，缺乏的是想像力和理念。心理學家和暢銷書的作者加菲爾德（Charles Garfield）說過：「許多偉大的成就，常常是想像力藉由文字和有計劃的行為，顯現出來的結果。培養豐富的想像力，然後運用它使其轉變為真實的結果，這是許多追求成功者必須重視的能力。要培養這些能力，必須養成一種習慣──隨時不斷提問問題。」

　　法國名作家凡爾納（Jule Verne，1828 ─ 1905）在 100 多年前寫了 3 本書《環遊世界八十天》、《海底二萬里》、《月球之旅》，作品發表後備受批評嘲笑，認為那是瘋狂的想像，沒有一樣可能做到。然而，現在不要說是 80 天，不用一週就可以環繞地球一周，潛水艇在海底航行何止 2 萬里，每一架太空船都可以登陸月球。可見人們的想像力是不能忽視的。

　　康韋爾（Russell Conwell，1843 ─ 1925）牧師講過一則故事廣受歡迎，使得他應邀講了 3500 次以上。非洲有位老農

夫，聽聞一位到非洲旅行的商人，發現了鑽石礦脈，發大財之後，農夫很興奮地把農地賣掉，買了一部旅遊車，跑遍非洲大陸，只為了找鑽石礦脈。費了許多年，總是找不到鑽脈，最後在財物盡失，沒有人理會的絕望之下，投海自盡。

就在這時，買了老農夫那塊農地的新農夫，有一天在農地上的小溪為驢子洗澡時，無意間看到地上有一塊會發亮的石頭，他撿起那一塊奇怪的石頭帶回家後，就不再在意那樁事。

過幾個月之後，那位旅行的商人寄宿到這位新農夫的家，夜晚見到那顆發亮的石頭時，非常興奮地告訴新農夫說：「這一顆就是鑽石啊！」

新農夫有點疑惑，但是商人堅持請農夫帶他去撿到鑽石的農地，結果他們又找到了好幾顆。原來那塊農地就是鑽石礦脈。

鑽石素材表面上看不出來，它必須經過精密細心的琢磨，才能顯出和珠寶店的鑽石一樣。老農夫沒有能力辨識自己立腳的農地就是鑽石寶地。這則故事就是許多人生活經驗寫照。

每個人的教育背景、才華、興趣、經驗等，可以提供幫助一個人成功的機會，往往就像鑽石的農地，深藏不露，等待你去挖掘。不必長途跋涉，求神拜佛，或找命理師看風水算命，祈求發財。

想要尋求財富，就要從探討自己的內涵開始，充分開發深藏的潛能。

潛能，98% 還在沉睡！

威地（Dr. Witty，1964 —）在他的書《天賦的小孩》（*The Gifted Child*）寫道：「智商 180 或以上，且還在發育過程的小孩，只能被認為具有天才的潛能（potential geniuses），這些年輕人還得經過時間的證明，看看他們是否勤奮、堅忍、有進取心和獨創力（originality）。」

　　獨創力涵蓋著要有完善的經營管理的能力，而所謂「經營管理」包含著對生活與工作中的時間分配，和有效率地利用；面對的所有事物都能有系統、有組織理出它的條理；對一切經驗能歸納、洞察出它的規律、對所經歷的成功或失敗都可探討出原因。

　　這種獨創力很難從智商的內容測出。智商有可能因強化學習而提升，卻很難測出獨創力（originality）或創造力（creativity）。

　　真正的天才是要具備豐富的專業知識，加上具備勤奮、堅忍、有進取心和獨創力。每個人都有足夠的條件可以發揮這種能量。

　　根據專家研究，每個人平均每年會想出 4 個很有價值的理想，可是沒有良好的計劃並付諸行動，最後只能成為空想。只有少數人可以擬訂計劃，確定步驟，讓理想有真正實現的機會。提升腦皮質的使用率，潛能的發揮還有 98％的空間等待我們去開發。

　　榮獲諾貝爾化學獎的鮑林（Linus Pauling，1901 ─ 1994）說過：「想要取得好的理念的最佳方法，就是想出更多的理念。」沒有人可以預知未來，所以我們無法保證每一次都可以搜集足夠的資料，做出正確的判斷或決定。但是，我們都會有能力察覺，在執行自己所做決定的過程中，是否要修正原先擬訂的計劃，甚至決定。

　　在逐漸完善的過程中會做出更多的決定，而依照 Nike 的「Just do it」的精神去做，終究就會有正確的決定。

　　抱著如此的心態，不斷重複做決定、下判斷，然後「Just do it」！

　　每個人都有潛力可以使他的成就比表現於外在的現況更好，可是大多數人卻不認真探討自己的潛能，不用心設定人生的目標，甚至懷疑自己的能力，結果消極的心態削減了自

己的能量和熱情，自築障礙，阻擋了自己的成功之路。

　　大約在百年前美國銀行家協會曾經追蹤 100 位男人從 25 歲到 65 歲的生活狀況，發現大多數人安於現況，每天過著例行的生活，很少有人願接受創新與挑戰。結果更發現 65 歲後，只有 5%的人可以維持財務獨立的生活，其餘都在貧困的邊緣掙扎，依靠政府和慈善機構的救助來維持生活。這種狀況目前也沒有太多的改善，而在美國富裕的社會如此，其他的地區還能好到哪裡？

「零」導學
行動筆記

　　每個人都有潛力可以使他的成就比表現於外在的現況更好，想要達成理想，除了需要具備豐富的專業知識外，還要有獨創力。懷疑自己的能力，自築障礙，反而會阻擋了自己的成功之路。

02
80 歲的我，還在為世界做貢獻

維持正面的人格品質，身心就會永保青春。

有智慧的人才能領悟潛意識所擁有的精神力量，以及懂得如何藉由這份力量引導自己，獲得一個充實快樂美滿的人生，並永遠持續下去。

100 歲，仍和 20 歲一樣敏銳

猶太後裔的義大利科學家麗塔・列維（Rita Levi-Montalcini，1909 — 2012）【註1】在 1930 年受到墨索里尼【註2】的壓迫而離開所任教的大學，回家後便把自己的臥房當作研究室，繼續做研究。1986 年她與美國的科學家斯坦利・科恩（Stanley Cohen，1922 —）【註3】獲得諾貝爾醫學獎。

在 2009 年 4 月 18 日 100 歲生日時，麗塔表示她的精神和心靈還和 20 歲的年輕人一樣地敏銳。

愛默生曾經說過：「**一個人直到他無所作為以前，不能夠以他的年齡，來評判他的工作。**」

【註1】
麗塔・列維（Rita Levi-Montalcini）：義大利神經生物學家及醫生，1986 年與同事史丹利・科恩共同獲得諾貝爾生理學或醫學獎。

　　英國有一名醫師，在幾年前曾經告訴著名的心理學家墨菲（Dr. Joseph Murphy，1898 — 1981）說：「我今年已經 84 歲了，早上還在執行外科手術，下午看診病人，晚上為醫學和科學刊物寫文章。」

　　世界聞名的劇本作家蕭伯納（George Bernard Shaw，1856 — 1950）在 90 歲時，仍然非常活躍，維持高度的藝術品質；1954 年開創世界最大的速食連鎖店「麥當勞（MacDonald）」的克羅克（Ray Kroc，1902 — 1984）在 70 歲時，還推出新產品「大麥克」；擔任過大聯盟外野手的斯坦格爾（Casey Stengel，1890 — 1975）於 75 歲時，仍掌管著紐約洋基隊（New York Yaukees）的兵符；卡弗（George Washington Carve，1864 — 1943）在臨終前當上美國農業部長。

誰說老了，只能選擇退休？

　　愛迪生（Edison）在 85 歲時還繼續在實驗室，發明了油印機（mimeograph）；衛斯里牧師（John Wesley，1703 — 1791）到 88 歲時，還能夠騎馬；德國後裔的美國女低音舒曼夫人（Madame Ernestine Schumann-Heink，1861 — 1936）在當了祖母後才達到歌唱的巔峰；蘇格拉底 80 歲時才開始學樂器；西蒙尼德（Cios Simonides，BC556 — BC468）在 80 歲才贏得桂冠詩獎；利奧波（Leopold

---

【註 2】

貝尼托・墨索里尼（Benito Mussolini）：義大利的政治人物，在 1925 年至 1943 年擔任義大利第 40 任總理。他是法西斯主義的創始人，亦是第二次世界大戰中的重要人物。

【註 3】

斯坦利・科恩（Stanley Cohen）：美國生物化學家，1986 年諾貝爾生理學或醫學獎獲得者。

Von Ranke，1809 — 1892）在 91 歲才完成《世界史》（*History of the World*）的巨著；丁尼生勳爵（Lord Tennyson Alfred，1809 — 1892）已經 83 歲了，仍寫出了不朽的詩〈越過沙洲〉（Crossing the Bar）；20 世紀最多產和最有影響力的畫家及雕塑家之一的畢卡索（Pable Picasso，1881 — 1973）在 90 歲時也仍然活躍著。

有智慧的人就能瞭解，精力充沛、成熟的年長者是社會的資產。心臟外科的先驅德貝基（Michael Debakey，1908 — 2008）在 1932 年製作了滾動式的唧筒，推動血流。在 90 歲時他還獲得特許，能夠在外科手術的臨床上，為病人的胸腔裝置新發明的小唧筒。

他所發明的這種小器具，目前在心導管手術裡還在繼續使用中。他曾發表感言，只要身心能夠繼續維持挑戰，生命就是活躍、美好的人生哲學。

德國科學家弗裡德里克（Friedrich H. A. von Humboldt，1769—1859）在 90 歲時完成他的世界名著《宇宙》（*Cosmos*）；桑德斯（Colonel Sanders，1890 — 1980）在 65 歲時創業，成立跨國連鎖炸雞店「肯德基」；世界最大的一幅帆布畫是米開朗基羅在 80 歲時畫的；歌德在 80 歲時完成了世界不朽的傑作《浮士德》；牛頓在 85 歲時，還在孜孜不倦地工作。

保持好奇心，便能永保青春

法國一位令人可敬的婦女——珍妮·卡爾門（Jeanne Louise Calment，1875 — 1997），當她和名畫家梵古在一起時，還沒有人認識她，而在她不斷地騎自行車直到 100 歲時，才受到世界的矚目。

在 110 歲的生日時，她收到來自世界各地的生日賀卡；當她在 118 歲時，打破了歷史上有檔案記載的人瑞最高年齡的記錄。

「我盡可能快樂地生活，一生問心無愧，維持高尚的道德。」她說。

一個人如果認為自己無所作為，便已經失去學習的能力和興趣，他的潛意識也會告訴他這個訊息，使他失去夢想，失去追求新世界的好奇，人生因此缺乏樂趣，立即會變老。

一個人如果可以不斷地追求新知，接受新的挑戰，對世界充滿好奇心，就能永保青春。所以有些人在 30 歲就已經衰老，而有些人在 80 歲時仍然顯得年輕、有活力。

「零」導學
行動筆記

一個人如果認為自己無所作為，便已經失去學習的能力和興趣，使他失去追求新世界的好奇，人生因此缺乏樂趣；若能不斷追求新知，接受新的挑戰，對世界充滿好奇心，就能永保青春。

03 努力，只是不想過低配的人生

多一份努力，就可以區別普通人和傑出的人。

每天比一般學生多用功 10 分鐘，就有可能取得獎學金，久而久之，終於就會變成巨大的差別。**有卓越成就者，往往就是付出多一份努力，永遠比別人多跨出一步。**

高人一等，付出多一份努力

美國著名歌劇演員，也是公開批評種族主義者羅伯遜（Paul Robeson，1898 — 1976）【註4】曾經說過：「當我在羅格斯大學讀大一時，有一天晚上望向窗外，看到他的對手的房間燈還亮著，雖然已經很疲倦了，但還是決定再用功下去。」第二天在背誦史詩時，他覺得非常熟悉，有如詩是自己寫的樣子。

從那時候開始，他就體會到無論在任何領域，想要高人

【註4】

保羅．羅伯遜（Paul Robeson）：是美國最早推廣黑人福音歌手，也是美國 20 世紀首位出演莎士比亞戲劇《奧賽羅》的黑人演員。他也是美式橄欖球的全美明星球員。

一等，就必須花費更多的時間和精力，比別人付出多一份的努力。

在費城一個窮困潦倒的環境中成長的安德森（Marian Anderson，1897 — 1993）【註5】依賴她的天賦和努力，成為世界最了不起的女低音。

義大利偉大的指揮家托斯卡尼尼（Arturo Toscanini，1867 — 1957）【註6】曾評論：「安德森的聲音，一個世紀只能出現一個。」

好的成就，都是一個人努力熬出來的

籃球超級明星以賽亞（Isaiah Thomas）在印第安那大學讀到大二以後，棄學加入底特律活塞隊，爭霸 NBA，但是職業籃壇的榮耀與明星地位使得他更深切感到接受教育的重要性。

於是，以賽亞重返學校取得學位，並且說：「無論在任何階層，接受教育是可以避免貧窮的關鍵。教育不但可以影響你如何思考，也可以影響你對世界的感知。」這一位已經有了知名度和財富的超級籃球明星，不再因需就業而重返校園，從這種作為也不難推想，以賽亞就是付出多一份努力的人，才能榮獲超級明星的身份。爾後的生涯，他就擔任 NBA 籃球隊的總教練。

【註5】
瑪麗安‧安德森（Marian Anderson）：20 世紀美國最著名的女歌手之一，也是黑人藝術家在美國克服種族偏見的鬥爭中的重要人物。

【註6】
阿圖羅‧托斯卡尼尼（Arturo Toscanini）：義大利著名指揮家。其指揮藝術在世界上有著極大的影響，直到 20 世紀中葉始終占有絕對的地位。

　　美國黑人第一位雷射外科醫師穆爾黑德（Dr. Myron Moorehead）也是出身窮困，母親做幫傭，父親打零工，毫無選擇工作的餘地，連基本生活所需的物品也經常缺乏。但穆爾黑德醫師從未被困苦的生活所難倒，經常到住家附近的圖書館，閱讀聞名世界的醫師傳記，立志自己也要做醫師，最終實現了自己的夢想。

　　以上幾位名人，大多出身窮苦，甚至籠罩在種族歧視的時代，比起他人更要付出多一份努力。沒有這一份努力，豈能有所成就，名流千史？

　　多讀一點書，多專注一點，多關愛一點，多認真一點，多努力一點，多想些方法，讓事情可以做得更有效率一點，提高品質一點等等，這種永無止境的改善的行為，即使微細的差別，最後也將成為天壤之別。

智慧，是解決問題的能力

　　資訊是未經組織整理的資料，而通過科學的方法將其歸納、演繹，經有系統、有組織地整理，從雜亂的資料中找出共通普遍的原理、原則，資訊才會變成知識。

　　可是在這資訊爆炸的時代，個人能夠掌握的資訊與擁有的知識，其所能發揮的威力逐漸減少。所以資訊與知識固然重要，但真正讓我們走向成功之路的是智慧。**資訊可以隨處取得，知識可以傳授，但智慧沒人可以教你。**

　　結合資訊、知識和經驗得到的悟性才能形成智慧，它只能透過自我用心培養得來。有智慧者才懂得如何結合相關的知識處理問題，他不但清楚想什麼，還懂得如何想。

　　傳統教育強調閱讀、記憶力，卻很少教導如何思考。量子物理告訴我們人生有許多肉眼看不見的部分需要去領悟，一旦接觸並瞭解這些看不見的部分，智慧就會顯得更加重要。

　　想像力的發展，是培養智慧不可或缺的途徑。它是人們

內心的一項機能，它會因我們更多地使用而被培養得更靈活、更豐富。

羅倫茲（Edward Lorenz，1917 — 2008）【註7】在 1963 年寫的博士論文裡，提到「蝴蝶效應」，他指出蝴蝶翅膀拍動的氣體分子，終於會激起地球的另一端掀起颶風。這種論調曾經遭到學術界的許多嘲笑，覺得是一項無稽之談。過了 30 年後，一些物理學教授卻證實了蝴蝶效應的精確性。

這項事實更提醒我們要謹言慎行，因為你很難預料，自己的言行會產生什麼樣的影響。這也說明智者培養出「想什麼」和「如何想」的能力，才能看到別人所看不到的，聽到別人所聽不到的，想到別人所想不到的現象。

培養智慧應特別注意下列幾項：

- 對求知的過程要徹底瞭解。
- 要有追求新知和學習的能力。
- 高度的警覺。
- 自我批評。
- 豐富的想像力。
- 擁有對自己的信心。
- 具有強烈的動機。

每個問題都會有答案，也都有解決辦法。有智慧的人可以看出問題並找出方法解決。智慧的形成需要有洞察力、理解力、行動力，它並不表現在擁有多少知識和資訊，而是如何應用的能力，如何取得相關資訊的能力。

智慧，本身不是技巧，而是可以技巧性解決問題的能力。

【註7】
勞倫茲（Edward Lorenz）：混沌理論（chaos theory）的先驅者。

確認過眼神，你是善良的人

曾經有一位老翁站在北維吉尼亞的河邊，等著有人幫他渡河。這一天，天氣很冷又沒有橋，他必需靠別人騎馬過河時，順便載他一程。

老翁站在岸邊等了很久，終於看到一群騎士趨近岸邊，每一位騎士都從他身邊擦身而過，直到最後一位騎士趨近他的時候，他看著騎士的眼，才請他幫忙搭載過河。

騎士立即允諾，載著老翁過河。當過河以後，騎士好奇地問，為什麼許多人騎著馬經過他的身邊時，他從未要求他們幫忙，而等到他接近時，才請他援助。

老翁冷靜地回答說：「我沒能從他們的眼神中看到愛心，所以請求他們伸出援手，等於白費。但從你的眼神可以看出你有愛心、熱情，又樂於助人，我知道，你會很高興地幫我。」

眼神是靈魂之窗，智者便可以從一個人的眼神中看出他的人品。

跟平凡人一樣，何以承擔大任？

傳說中有位國王，希望王子長大成才，就特別聘請了一位智者來教導他的兒子。那位智者把王子帶到深山修煉，幾個月之後，智者問王子在深山裡聽到什麼聲音？

「夜晚聽到風吹飄葉的聲音，清晨聽到鳥蟲的鳴吱聲，白天聽到野獸的吼嘯。」王子回答。

智者說：「這些聲音所有平凡的人都聽得到，你如果和平凡人一樣，將來怎麼可以領導眾生？」於是讓王子繼續留在深山修煉，數年之後，再次詢問王子是否聽到特別的聲音。

「深夜裡聽到天空浮雲的飄動，清晨聽到草葉吸吮甘露，白天聽到陽光放射熱量在大地的聲音。」於是智者就把王子帶回皇宮。

這則故事其實說明了，你想要有卓越的成就，就要培養

出能聽到、看到和想到別人做不到的境界。

通過思維與潛意識，認識自己的內在世界，認識的深淺決定各項功能的敏感度，以及提升直覺的能力。

真正的高手，是將思維變成直覺

直覺是一種自然的知覺，常會受到情緒的干擾，所以也要修煉才能分辨直覺與情緒反應的差異。

研究腦專家估計，潛意識的資料庫可以容納的資料，是意識資料庫的千萬倍，所以每個人內在深藏的聰明才智，都遠遠超過外在顯現的部分。許多特殊成就者，都能深刻瞭解這個事實，有規律地培養直覺，學習如何傾聽內在更高層次的自我。

愛因斯坦說過：「在發現的途徑上，很少關係到個人的知識，而是從意識裡跳躍出來的一種直覺，給你解答了問題。但你無法解釋，為什麼有這個直覺，以及它是如何來臨的。」

同樣是諾貝爾獎得主，DNA 的共同發現者詹姆斯·沃森博士（Dr. James Watson）也說過：「直覺並非神秘的。」

我們無法解釋直覺如何來臨，但是可以確定，在許多時候，直覺左右著我們的決定，幫助我們解決許多問題。直覺是從自我內在更高層次的聰明才智裡跳躍出來的靈感，有了這種靈感，才能讓你分辨口是心非的人所講的話、所表現的行動。

因為你的聽覺可以聽到講話的聲音，而直覺可以聽到內心的聲音；視覺可以看到外在的動作，直覺卻可以洞察到內心的意圖。

直覺與個人的溝通有好幾種方式，大部分是在無意識的情況下進行。它有些時候是一種預感或靈感、突然來臨的思維、意象中的視覺、情緒上的反應、感覺到有點不對勁、感覺到興致勃勃，或身體上的反應如突然起雞皮疙瘩等等。

牛頓具有的數學與物理的知識，就是來自潛意識的直覺；莫札特說過他的美妙交響樂就是來自直覺的靈感。

法國數學大師笛卡兒（Rene Decartes，1596 — 1650）沒有受過正規教育，無師自通開創使用代數學解幾何學的問題，他又被稱為「近代哲學之父」，顯然有超人的直覺。

貝多芬（Ludwig van Beethoren，1770 — 1827）雖然耳聾，他的潛意識，卻能聽到自己心靈深處的聲音，才能寫出流傳萬世的偉大樂章。

每天藉由規律的冥思，傾聽自我內在的聲音，一旦有了直覺出現時，就要盡快寫下。

根據最近神經科學的研究，直覺的出現可以維持37秒鐘，之後就會蒸發掉，7分鐘後就不再回來。相信自己的直覺，立即響應付諸行動，如此，直覺出現的頻率就會提高。

「零」導學
行動筆記

智慧的形成需要有洞察力、理解力、行動力，它並不表現在擁有多少知識和資訊，而是如何應用的能力，如何取得相關資訊的能力。

04 專注是把無形刃，幫你鏟除障礙物

　　一個人要想達成目標、實現願望，必須集中精神去追求。

　　太陽光線通過凸透鏡集中焦點在木板上的一點，可以在木板上燒出洞，而發散的光線，日曬千百年也燒不出洞。生命的能量如果不能集中在特定的目標，一樣也會終生一事無成。

專注力，是解鎖你成功人生的關鍵

　　所謂「集中精神」是一種制約，是集中焦點解決問題，直到問題解決為止的一種能力；它也是控制思考，使其朝向期待解決問題的方向不斷思考的一種能力，把擁有的知識以系統性的方式整合，讓知識能夠有計劃、有效率地幫助個人實現理想或慾望。

　　歷史上有數個事例證明，成功的人一定具備比一般人更能集中精神。

　　訓練記憶力或培養、醞釀期待完成一件事情的習慣，就是在某一個特定的課題上培養注意力，一直到這個課題可以徹底烙印在心靈的感應板上為止。

　　要將理想或慾望時時不斷縈繞在意識裡，保持高度的堅持，才會培養成一種習慣，並將其深植於潛意識而付出行動。

　　對於所要完成的理想,要在意識裡清楚描繪出它的圖像,且必須集中焦點,嘗試各種可能讓目標實現的方法,不斷地去執行,直到目標達成並順利地運作為止,這才是集中精神的一種做事態度。

請停止無效學習

　　1950 至 1960 年間,保加利亞心理學家洛札諾夫(Georgi Lozanov,1926 — 2012)對超人記憶力現象感到好奇,進行了一系列的研究與實驗。

　　他發現人的左右腦功能各有不同,左腦偏重邏輯推理,線性分析的思考,以事實為依據做判斷,較具體化;而右腦偏重圖像、抽象和綜合的思考。

　　洛札諾夫進一步發現,如果左右腦可以和諧共同運作,學習效果會更佳更快。他進行先驅者的腦波研究,他發現腦有 bata(β)、alpha(α)、theta(θ)和 delta(δ)4 種腦波。在正常清醒狀態,β 波的頻率在每秒 14 或以上,α 波是在放鬆或沉思狀態,呈現每秒 8 到 13 波,這是學習效果最佳的狀態。θ 波是在每秒 5 到 7 波,而人在深睡時的 δ 波是每秒 0.5 到 4 波的狀態。

　　洛札諾夫在探討「如何讓人腦加速吸收和儲存新資訊」的過程中,研發了一套目前被稱為「加速學習」的方法,他發現讓人處在非常放鬆的狀態時,腦波呈現 α 波,而在柔和的古典音樂的氣氛中,左右腦會進行同步學習,學習的效果就會改善很多。

　　他親自帶領一群成人處於理想的環境中學習外語,不但學習快速,還可記得所學的 98%。洛札諾夫在 1969 年可以教學生在 3 小時內學習 150 個新詞彙,後來進步到一天學 500 個詞彙,甚至再進步到一天學習 1 千個新詞彙。而他更精益求精改善「加速學習法」,1974 年他可以讓特別班的學生在

一天內學習 1800 個外語詞彙；1979 年他更使一群特別班的學生在一天內學習 3 千個新詞彙，相當於一天內學會一種外國語言——而 6 個月後還能保存 60％的記憶。

這項成績超過大學生平均可以保存記憶的 6 倍。

洛札諾夫的研究與實驗結果，可以給我們以下的啟示：

一、強制性的學習不但效果不佳，有時候還會有反效果。父母在要求子女學習時，更要有這種認知；同樣的，考試前的臨時抱佛腳也不會有好效果。

二、可能有人會發現，歌詞配合歌曲，好像比較容易記憶。沒有曲，硬要念詞時，許多會唱的歌也許就念不出來。各種宗教的經文多要配韻而誦，詩多數有押韻才好背誦。這些就是在帶領人腦進入 α 波的境界。這一規律在各領域的學習都很值得參考。

三、自己特別有興趣的領域，最容易帶領你的腦神經進入 α 波的境界，使得學習效果佳，更可以快速進步。所以無論學習什麼，最重要的是先把興趣培養起來。

左右腦大不同！均衡思考成就天才

如今大家已經可以普遍了解，左腦具有專思文字、語言、數目、演算、分析、記憶邏輯、推理，和鑽研整體事件中的細節的功能；右腦具有專思直覺、想像、圖像、音感、韻律、節奏、空間、知覺，和了解整體事件全貌的功能。

學校教育大多數過度強調左腦的訓練，一些右腦有特殊稟賦者，往往會被誤認為學習有障礙。愛迪生和愛因斯坦就是最顯著的例子。

最近由耶魯大學沙洛維教授（Dr. Peter Salovey，1958 —）和新罕布夏大學的梅耶教授（Dr. John Mayer）提出，所謂情商比智商更影響一個人成功的重要因素。而具有

高 EQ，善於調整情緒能力者，就是常用右腦的結果。所以從學校教育獲得左腦訓練外，要特別注意從事運動、圖畫、音樂的練習，訓練右腦的功能。

許多閃耀著天才光芒的藝術家、科學家、文學家、發明家，包括 Bach、Mozart、Picasso、Newton、Einstein、Shakespeare、Edison 等都是左撇子，都常用右腦。

達文西（Leonardo Vinci，1452 — 1519）【註8】和米開朗基羅（Michelangelo）的巨畫，大多是刻意使用兩手繪畫。

雖然每個人都會使用到左右腦，但有些人會比較擅長於用左腦半球，而另一些人卻比較擅長於用右腦半球。

當然最理想的是思維能橫跨左右腦，充分運用兩半球，但是，若沒有特殊的訓練，也很難達到這樣理想的境界。即使有了訓練，仍然會比較善用某一側多於另一側。

領導型的人物，比較善用右腦；經營管理型的人物，比較善用左腦。你應該深入暸解自己的用腦情況，**如果比較擅長使用右腦，就要多訓練邏輯分析的思維，才能使自己的思維在宏觀之下還有深度，否則會很容易陷入不切實際、虛浮的幻想；而如果比較擅長使用左腦，就要多訓練抽象思維。**

在成功之前，腦中已有畫面

加菲爾德（Dr. Charles Garfield）本來是位數學博士，為了研究成功者的「秘密」，他又去修心理學博士學位，專心探究在運動和事業方面成功者身上的特質。他還觀察了美國國家航空航天局的計劃，看太空人在還未升上太空以前，先在模擬太空的環境中重複訓練的情境。

【註8】————————————————
達文西（Leonardo Vinci）：是一位集藝術與科學於一身，最有天分的全才，也是一名運動健將，具有強壯的體魄。

結果他發現在抵達巔峰之前，在卓越成就者的內心世界就已經看見到達巔峰成就時的情境。所以，當成就實現的剎那，就是水到渠成、自然而然，而這種現象恰恰偏重於右腦功能使用的結果。

現代奧運會的運動選手和職業運動員，都會應用意象訓練，透過想像中的視覺，演練自己要完成的動作。

高爾夫的傳奇人物尼克勞斯（Jack Nicklaus，1940 — ）說：「每次在比賽或是訓練時，當我要揮杆或推杆時，都會通過想像中的視覺，看到自己擺動杆的動作，以及球飛行的拋物線和落地點。」

蹲獄 7 年，打出 74 桿的奇蹟

哈佛大學的研究者曾經發現，學生們事先應用想像中的視覺，看到自己完成的工作後，有 100% 完成工作的精確度。而沒有應用意象視覺的學生，卻只有 55% 完成工作的精確度。

少校奈史密斯（Nesmeth）是位業餘的高爾夫好手，週末常打在 90 桿上下，然而在越戰中被北越俘虜，以戰犯身份關在 5 呎長、4.5 呎高的小牢房，站都站不直，躺下去腿也伸不直。這一關就是 7 年，其間有 5 年半完全被隔離，見不到任何人，當然也沒有談話的對象。

剛開始他一面祈禱，一面期待能早日被釋放。幾個月過後，他開始思考如何在獄中讓自己獨處的日子可以比較好過。於是，他開始想像週末打高爾夫的情境。他從穿上打高爾夫的運動服，在發球區揮出第一桿開始，整整打 18 洞的整個過程，都儘量仔細地想，甚至還想像如何改善揮桿和推桿的動作。

7 年後，出獄時身體已經被折損得非常衰弱，可是令人驚訝的是，當他回到高爾夫球場時，他竟然可以打 74 桿。這個事實告訴我們，內在的意象，可以幫助外在付諸行動的表現。

確立了目標，擬定計劃以後，一方面要付諸行動，執行計

劃，隨時還要在腦中想像目標實現的情境。

在人生奮鬥的旅程中，懂得通過想像，看到自己追求的目標實現，感受實現目標的情境，就會在潛意識裡烙印更強烈的慾望，去追求目標的實現。

此外，想像中的視覺和感覺會在腦部的網狀激化系統中輸進程式，使你更敏感、機警地發現以前所沒有注意到，卻對追求目標可以產生極大幫助的資源、機會和人際關係。也會具備像磁鐵般的魅力吸引更多有利於實現目標的人、事、物和機會。

這種通過意象的視覺，去感受與體驗到達巔峰的成就，或達成目標後的情境，不僅可以幫助夢想的實現，還能進行偏重右腦功能的訓練，彌補學校教育以及多數人日常生活中較偏重使用左腦所導致的缺陷。

「零」導學
行動筆記

「集中精神」是一種注意力的控制，學會維持長時間使自己的制約能力放在固定的課題，獲取意想不到的精神力量，並得到更多的成果。

05 懂得生活，
才是真正富有

　　許多人面對金錢都有一種複雜混亂的情緒，有些人在自覺或不自覺的情況下，願意放棄比金錢更有價值的事物，去換取金錢。

賺的錢，最後都去哪兒了？

　　更多的人為了錢，不得不放棄與家裡的親人或朋友相聚的時間，甚至為了錢傷害健康。甚至，有人認為只要有足夠的錢，生活就不會有煩惱，就會有真正的自由、幸福美滿的日子。

　　有些人也認為，有錢人是唯利是圖者，是侵害他人權益之輩，或官商勾結不法所得者，於是睥睨有錢的人，敬仰崇拜兩袖清風的廉潔官吏。

　　同時認為富裕的家庭不會幸福，清寒的家庭生活雖苦，卻比較溫馨。幾乎絕大多數的人都曾籠罩在這種複雜混亂的思緒中。

　　有些人也會想，有了錢才可以自由選擇自己喜歡的工作，才有機會幫助自己所關心的親友，同時又會想到，為了要累積足夠的財富，必須花費相當長的時間努力工作。然而到了累積足夠的財富時，也許已經太老、太疲累，無法享受自己

賺來的財富。

　　如果沒有退休制度的保障或親人的扶養，絕大部分的人在年過 65 歲以後，會沒有經濟獨立的能力。這是一件不該有，但卻悲慘地存在的事實。

真正的富有，是不必擔心基本花費

　　要能長久維持真正的富有，首先必須提升自己的身價，也就是要培養持續創造財富的能力。

　　許多企業家之所以會有龐大的財富，就是因為他們公司所研發的產品，或所提供的服務可以提升客戶的生活品質。同樣地，每一個人如果能夠持續不斷地幫助別人提高身價，改善生活品質，自然而然就可以為自己創造財富。

　　例如，在各階層的工作者為公司、為同事、為顧客提供的服務與說明，知識份子通過教學、演講、寫作提升學生、聽眾和讀者的身價及其生活品質，你為他人提供的幫助與服務影響的層面愈廣愈深，創造的財富就會愈多。

　　一個人的財富不是以銀行的存款多少，股票的價值或者是擁有多少不動產來計算。有些人即使身價億萬，可是碰到經濟蕭條、股票暴跌的時候，就會開始驚慌失措，不知如何是好，這樣的人無法做錢的主人，根本談不上富有。

　　真正富有的人必須在心態上，確實可以說服自己，具備財富上的獨立，不必為五斗米折腰，可以自由選擇合乎自己本身才華及興趣的工作。他可以過著簡單而愉快的生活，不奢侈、不吝嗇，生活上的物品不必考慮價格，去餐廳吃飯可以依自己的喜好選擇，無須顧慮價目表上的價格，穿衣服不一定要名牌，而以高雅整潔舒適為考量。

　　在潛意識裡可以一直保持這種心態的人，才是真正的富有，也能從富有中，創造出更富有的未來。

　　一位學者說道：「適度的節儉是一個好習慣，但是光靠

節儉是不能夠富有；過度節儉會變成吝嗇，窮人最節儉、吝嗇，但終其一生還是窮人。」財富的累積是「靠心富有」的人所創造產生的結果。

不該窮而窮，是罪過

一個人的思維和價值觀，主宰著他的行為模式。

所以當你認為自己是什麼樣的人，終究就是什麼樣的人。如果你不是很滿意自己的現況，想要有所改善，就要跳出現有的思維和價值觀；要脫離貧窮變得富有，就要在價值觀上做徹底的改變。

同情窮人是一種美德，可是社會上還有一大群不應該貧窮，卻很貧窮的人，他們很可能就是犯罪、竊盜、嗜賭、酗酒、吸毒、髒亂疾病的根源。每一個正常的人都應該對自己負責任，有義務也有權利避免貧窮。

當一個正常的人對貧窮具有一種罪惡感時，他在面對自己的貧困狀況時，就不會怨天尤人，而是會竭盡所能擺脫窮困。

我成長在一個極度貧窮的家庭，父母在第二次世界大戰過後，社會風氣較動亂時被搶劫一空，當想東山再起，借款創業又遭詐騙。可想而知，在這個真正無產階級（房屋是租來的）的家庭，一家 11 口的生計是如何渡過的？後來稍微小康，有能力購買一間像國民住宅的小屋時，又逢先父毫無預警地腦溢血過世。

當時的我是家裡唯一接受過較好教育的成員，有責任照顧家人的生活與弟妹們的教育，便擔負起家庭生計的角色。先母為了減輕我的負擔，設法把家裡房子隔間出租，想藉此增加家庭收入，沒想到承租者因專注於創制小產品，卻不善行銷，屢遭奸商欺騙，無力支付房租。

我們的家最後成了他們的避風港。

儘管如此，我們最終還是擺脫了貧窮。

談錢庸俗？這才是貧窮的原因！

「財富」是大家所夢寐以求，且多多益善。可是為什麼窮人人數總是多於富人？因為大多數人對於「財富」一直抱著很矛盾的價值觀：既期待、羨慕，卻又常常表現出對金錢藐視的態度。因此，在許多場合一談到錢，雖然不至於被人嫌棄，卻又覺得尷尬。

常可以聽到一些人嫉妒與抱怨有錢人的不是。

但是試想如果有人經常在抱怨、指責、批評別人的不是，會和這樣的人做朋友嗎？我相信你會儘量想辦法疏遠他。同樣的道理，當你經常在抱怨、詛咒錢，把錢當做一種罪惡的根源，批評有錢人的不是，錢自然也就會疏遠你。

愛錢的守財奴，或是想不勞而獲、非法取得財富的人，是導致許多人對錢產生負面態度的原因。凡是非法取得黑心財富的人，表面上好像占了便宜，在現實世界得到了財富，但在內心世界裡，其實是損害了自己的人格、品德、誠信、正義和聲望。

在合法而不侵犯別人的權益下，我們要有勇敢追求財富的心態，要把追求財富當作是個人的正當權利，當作一種光榮的事情。

其實，大多數的富人都是為社會做出許多貢獻、值得肯定和尊敬的大企業家。想要擁有財富就必須付出代價，投資於自己的頭腦，增進智慧，加強專業知識並付諸執行，在艱苦的逆境中經得起煎熬、考驗，並且不屈不撓、永不放棄地專注於實現理想。

這是成就任何事業必經的過程，也是決定一個人是否能成功的規律，大多數人都想要擁有財富，卻不肯付出代價，沒有勇氣面對挑戰。

於是自我解嘲地聲稱，求得溫飽與身體健康最重要，金錢是生不帶來死不帶去的身外物，並不重要，私底下卻要花

錢買彩券，期待不勞而獲中大獎。

這是心口不一的表現，而擁有正確的「財富」價值觀，才是追求「財富」的起點。

比起安貧樂道，更想當安「富」樂道者

有錢的目的，除了改善生活，獲得幸福、快樂、健康以外，有錢還能夠做更多有益、造福社會的事情。在心靈上對追求財富建立一種正當的心態，就會勇敢地追求財富，並覺得追求財富是一種光榮。

但是，賺錢並不是人生的唯一目的，而是一個附帶的結果，就像微軟總裁比爾·蓋茲，他希望全世界每個人都能有一台個人電腦，他讓這個目的達到了，附帶的結果就是他變成世界首富。

洛克菲勒曾經是一位收入微薄的記帳員，他曾在大熱天走 2 英哩的路去買 25 分錢 1 加侖的油。在石油尚未成為一項事業之前，他為了讓大眾可以方便加油，從事開發石油的事業；亨利·福特開發了第一部使用石油為燃料的汽車後，又開發讓當時的工人都買得起的 T 型車。

今天我們可以方便開車到各處加油站隨時加油，可以開車到處去走動，這種便捷性的改善，附帶的結果就是石油大王洛克菲勒的誕生，和 20 世紀初世界首富亨利·福特的出現。

的確，有錢的人不一定真正快樂幸福，但每天要為衣食住行的基本花費煩惱的人，也沒有任何理由，可以自我解嘲地以為，只要有正面的心態，沒有錢也可以富有。

傳統的人生觀經常會讚美安貧樂道者，可是能夠安富樂道不是更值得讚美嗎？

脫離窮困是你的責任

培養儲蓄的習慣是追求成功的基本條件。**一般而言，好**

習慣很難養成，一旦養成就會讓生活過得很容易；壞習慣很容易養成，但是養成後，就會讓生活過得很困難。

　　大部分的人一生慘淡、窮困潦倒而無法翻身，就是因為沒有培養良好習慣。而悲慘的是，窮困的人卻不知道自己之所以窮困，全部源自本身的行為，更不瞭解脫離窮困是自己的責任這個道理。

　　一個長期窮困潦倒的人不會有雄心壯志，也缺乏自信。長期債務纏身的人沒有辦法表現自尊，工作也無法盡責完成，並且常常為小事斤斤計較。

　　貧困是許多罪惡的根源，為了擺脫貧困，應該培養有系統儲蓄的習慣。每個月存下自己所得的10%，累積一段時間以後，不但能有一定的財富，這些財富還可以為你賺更多的財富，從而增加你的安全感和信心。如此，你的人生將會更有目標，生活態度也會隨之改變，你將更有熱忱，視野更寬廣，機會更多，而且會提升收入的能力。

　　一般人也許會想，為了培養好習慣，需要努力付出代價，而想要成功就是要付出代價。懶得付出代價的人，最後自己就要付出最悲慘的代價──一生過著窮困潦倒、苦難的生活。

寧願借錢給儲蓄的人，也不願借給揮霍的人

　　建立有系統儲蓄習慣的人和守財奴有所不同，這種人通常表現出以下人格特質：有責任感、工作效率高、比較慷慨。

　　亨利‧福特（Henry Ford）有一次想擴充他的工廠，在資本不足時向朋友借錢，有一位參議員 Couzens 就把儲蓄的錢借了幾千元給他，後來得到百萬元的利潤。他如果沒有從小就養成儲蓄的習慣，根本不可能創造他的汽車王國。即使企業成功之後，他仍舊維持著儲蓄的習慣。正因如此，他才能不被對手打敗，成為當時的世界首富。

　　Woolworth 要開設 5 分錢和 10 分錢的店時，資本不足也

向朋友借錢，而這些朋友最後都得到了至少 100 倍的回饋。

有幾名做雪茄的工人，感覺做雪茄待遇菲薄，於是幾個人存錢，並集資開設了公司，取名「E1 Producto Co.」，而在上世紀初，這間公司以 800 萬美金賣給了美國煙草公司（American Tobacco Co.），在 100 年前的 800 萬美元是一個很驚人的數字。

James J. Hill 是一個月薪 30 元的電報員，在 40 歲以後，儲蓄了一筆錢到芝加哥求發展，也因為他本身有這筆儲蓄的錢，使他取得資本家的信任和支持，才能夠有計劃地去建立北美火車的交通系統（Great Northern Railway System）。

洛克菲勒原本只是一名待遇微薄、月薪只有 40 美元的簿記員，他想開創石油事業——當時石油還未被人看成是一種事業。他有儲蓄的習慣，並且深信有這種習慣的人，一定是開創事業的好夥伴。於是他邀約了一些和自己一樣有儲蓄習慣的人，成立基金會共同開創石油事業，於是有了石油大王的興起。

威廉（George B. William）原本是一個週薪 30 元的印刷工人，他想開個印刷廠，但是沒有資金買印刷材料。於是跑到印刷材料行賒帳，材料行的經理問他有沒有儲蓄的習慣，他說每週收入 30 元，他拿 15 元來儲蓄，持續 4 年一直如此。經理一聽此人有存錢習慣，就同意讓他賒帳了。結果他的印刷廠越開越大，終於成為芝加哥很有名、規模很大的印刷廠。

摩根（J. P. Morgan，1837 — 1913）[註9] 曾經說過：「他寧願借 100 萬給有儲蓄習慣的人，也不願意借 1 千元給揮金如土的人。」

【註9】

摩根（J. P. Morgan）：美國金融家，他所創設的金融業已遍佈世界，於 1901 年他融資給鋼鐵大王卡內基的公司，聯合其他鋼鐵業建立了聯邦鋼鐵公司。

對自己負責，養成儲蓄習慣

Woolworth 開設一間專收 5 分錢和 10 分錢的店，這種掉在地上也沒人去撿的錢，卻可以積少成多的存起來，結果不到幾年時間，連鎖店遍及全美國，給他帶來上億的財富，他用創意所建立的系統，目前甚至普及全世界。

不要忽略長期累積小錢的習慣所能發揮的威力，當今世界巨富，也是高科技產業的巨人比爾‧蓋茲，也都有存錢的習慣，生活簡單而不奢侈。也許大家不會相信比爾‧蓋茲住在西雅圖，偶而還會去拍賣商場買折價商品，生活節儉可見一斑。

股神巴菲特在 1950 年代，以 5 萬元買下的住宅，一住就是半個世紀以上，還沒有換過新房，從這一點也應該可以了解他的生活簡樸。

生來貧困不是你的過錯，但如果不能通過努力擺脫貧困，則說明你對自己的人生沒有盡到責任。養成儲蓄的習慣看似微不足道，但它是助你擺脫貧困行之有效的方法，同時也說明了你已經在積極地履行使自己脫離窮困的職責。

儲蓄的行為，終有一天你會真的脫離窮困而躋身富人的行列。

實現財務的獨立自主

設立下目標：退休以前必須讓自己實現財務的獨立自主。

所謂財務的獨立自主就是不必依靠其他人（包括政府的退休金或慈善機構）的援助，自己就可以自由自在地生活，即使身體不適，也不必擔心沒有錢就醫。要能達到這個標準似乎不難，但人群中真正可以合乎這一標準的比率卻很低。

能夠用正當的方法賺取龐大的財富者，都須要有出類拔萃的才華。雖然每個人都想要富有，但大部分人，卻一生只停留在模糊的希望或夢想而已。

你必須要有強烈而熾熱的慾望，明確訂出要賺取多少財

富的計劃，然後付諸行動開始去累積財富。

　　首先必須計算自己現有的財產淨值，計算不動產的價值以及動產總額，然後決定到退休為止要增加多少淨值，用什麼方法來累積財富。另一方面，必須計算每個月的花費，做到量入為出，至少節省每個月收入的 15%。

　　儲蓄到一定額度後，研究一些投資策略，投資在股票、不動產、貴金屬、農作物、石油、國債或公司債券等。無論做什麼樣的投資，本身必須做好功課，熟諳策略。

　　前美聯儲主席艾倫‧格林斯潘說過：「The number one problem in today's generation and economy is the lack of financial literacy.」這句話的「the lack of literacy」就是文盲不識字的意思；「today's generation」指的就是這個時代的年輕人。

　　所以艾倫‧格林斯潘的意思是說：這個時代的年輕人最嚴重的問題是缺乏理財的觀念。被喻為「投資之父」的美國約翰‧鄧普頓（John Templeton）剛開始工作時，每週薪資 150 美元，他和太太把薪資所得的 60% 做投資，40% 的薪資做為生活費用。一生始終如一，結果他累積了好幾百億的財富，晚年捐出 10% 做慈善事業。

「零」導學
行動筆記

　　的確，有錢的人不一定真正快樂幸福，但每天要為衣食住行的基本花費煩惱的人，也沒有任何理由，可以自我解嘲地以為，只要有正面的心態，沒有錢也可以富有。擁有正確的「財富」價值觀，才是追求「財富」的起點。

06 幫助他人，成就自己

澳洲的小提琴家布利奇斯，平常總會帶著小提琴，走到尤莉金斯湖畔的公園，在夕陽中拉一曲《聖母頌》，或者在迷濛的暮靄裡演奏《泰綺思冥想曲》。

一句謊言，拯救迷途的靈魂

有天，他駕車回到距離尤莉金斯湖不遠的花園別墅，剛進客廳時，就聽到樓上的臥室裡有輕微的響聲，那是他所熟悉的阿馬提小提琴發出的聲音。當他衝上樓時，看到一位大約 12 歲、頭髮蓬亂的少年，偷了他放在床頭的一雙新皮鞋塞在不合身的外套裡，手正在撫摸著小提琴。

小孩一見到他就往外逃，卻被攔下。那時候他看到小孩眼神中的惶恐和絕望，又想起記憶的一塊青色墓碑，頓時將憤怒的表情改變為微笑。

布利奇斯問那位小孩說：「你是拉姆斯敦先生的外甥魯本嗎？我是他的管家，前 2 天我聽拉姆斯敦先生說他有個住在鄉下的外甥要來，一定是你，你和他長得很像。」

小孩聽了話先是愣住，但很快就接著說：「我舅舅不在家嗎？我先出去走走，等一會再來看他好了。」

布利奇斯點點頭，然後問那位正準備把小提琴放下的小

孩說：「你很喜歡拉小提琴嗎？」

「是的，但我家很窮，買不起。」

布利奇斯以和緩的語氣說：「那麼我就把這只小提琴送給你吧。」

小孩有點不敢相信，疑惑地望他一眼，但還是拿了小提琴離去。當小孩走出客廳時，突然看見牆壁上掛著一張布利奇斯在雪梨大劇院演奏時的巨幅彩色照片。

那時候小孩明白了，沒有哪位主人會用管家的照片來裝飾客廳。

那一天，布利奇斯破例沒有去公園。他的夫人下班回家後發覺有點異常，就忍不住問她的先生：「是不是你心愛的小提琴壞了？」

布利奇斯說：「沒有，我把它送給別人了。」

夫人幾乎不敢相信：「怎麼可能！那是你生命裡不可缺少的部分！」

「沒錯，可是如果能夠拯救一個迷途的靈魂，我情願把它送人。」接著想起小時候，整天和一幫壞小孩混在一起遊手好閒的回憶。

有一天下午，他看見一幢公寓的主人駕車出去，正是偷竊的好時機，就爬上一棵大樹鑽進房子。當他潛入一間臥室時，不料發現有個與他年齡相近的小女孩半躺在床上，他嚇了一跳，那位小女孩開始也非常驚恐，但很快就鎮定下來微笑地問他：「你是找 5 樓的麥克勞德先生嗎？這是 4 樓！你大概走錯了。」

布利奇斯想趁機溜走，小女孩卻邀請他留下陪她聊天。小女孩因為生病，整天躺在床上。

布利奇斯只好尷尬地留下來，開始有點坐立不安，慢慢地 2 人就聊得很開心。最後要告辭之前，小女孩拉了一首小提琴曲《希芭女王的舞蹈》。而小女孩發覺布利奇斯非常喜

歡聽，索性就把那只阿馬提小提琴送給了他。布利奇斯懷著複雜的心情走出公寓，回頭看時竟然發現那幢公寓只有4層，根本沒有所謂住在5樓的「麥克勞德先生」。

也就是說，小女孩早就知道他是個小偷，但為了維護他人自尊，還替他解圍。後來布利奇斯回去找小女孩時，她的父親懷著悲傷告訴他，小女孩患骨癌已經病逝。布利奇斯去小女孩墓園，看到青色的石碑鐫刻著「**把愛奉獻給這個世界，所以我快樂。**」

一位躺在病床的弱女孩，在生命即將結束之前，竟然可以拯救迷途的靈魂。她不但造就了一位聞名於世的小提琴家，還通過布利奇斯造就了許多人，她的貢獻將會繼續地延續下去。

布利奇斯遭小偷「眷顧」的3年後，應邀擔任墨爾本市高中生音樂競賽的決賽評審委員。決賽中一位名叫梅里特的小提琴手，以雄厚的實力奪得冠軍。

頒獎典禮結束後，梅里特帶著一隻小提琴匣子走到布利奇斯面前，熱淚盈眶地告訴他：「你曾經送給我一隻小提琴，我一直珍藏著，等待著這一天。以前幾乎每一個人都把我當成垃圾，我自己也以為徹底完蛋了。但是你讓我在貧窮和苦難中重新拾起了自尊，心中燃起了改變逆境的希望之火。今天，我可以無愧地把這只阿馬提小提琴還給你。」

這則故事提醒我們，**每個人都有可能伸出援助的手，幫助需要被幫助的人，而你因此可以成為在精神上更富足的人。**

關心別人，會有意想不到的回饋

一個雨天的下午，在匹茨堡百貨公司裡面，有一位老婦人漫無目的徘徊著，顯然沒有想要買東西，在正常狀況下沒有人會特別注意到這件事。

一個服務員看到了這個情形，熱心地前去招呼。老婦人非常誠實地表明在等雨停，只要雨一停，就會離開。這名服

務員並不因客人不買東西就怠慢，一樣熱誠地和老婦人寒暄，並且說隨時願意為她提供服務。

等雨一停，這名服務員陪著老婦人走出百貨公司，並且幫她取傘，老婦人很感動，臨走時向服務員要了一張名片，這名服務員也沒有想什麼就給了她。幾個月後，這家百貨公司的總經理，收到了一封來自蘇格蘭的信件，這封信是這位老婦人寄來的，她指名要這名服務員到蘇格蘭去為她的豪宅購置傢俱，並將這些傢俱運回美國。

原來這名老婦人就是蘇格蘭後裔、美國著名的鋼鐵大王——安德魯·卡內基的母親。由於這名服務員的熱誠服務，使得看似微不足道的舉動，卻讓他在這個老婦人身上獲得了很大的報酬。

他採購了價值上百萬的傢俱（20 世紀初是很可觀的數目），收到可觀的傭金，後來在公司裡也獲得了升遷。

許多機會都是蘊藏在日常生活中微不足道的小事裡，只有預備成功的人，才能有高度的敏感度去體會，並把握這個機會。這種機會都是非刻意安排而來。

這麼做，讓他人心甘情願地為你服務

愛因斯坦說過：「我不知道我們是為了什麼來到這個世間，但有一件事可以肯定，那就是我們必須為別人而活著。因為我們的成長，以及一切的成就，都是由千千萬萬無名英雄的幫助實現的結果。」

的確，人生有服務的責任。你必須通過服務於別人，才能取得自己所想要的東西。你只有幫助越多的人獲得他們所需，才有可能獲得回饋，取得需要的一切。

只要幫助越多的人，滿足他們的需求——無論是生活物質上、人格品質、謀生的技能、知識的取得、身體的健康或生活的幸福感等，本身就可以實現越多自己所要追求的理想。

　　檢察官史彭斯（Gerry Spence，1929 —）不僅具備法律專業知識，還深入瞭解影響人的情感和做出決定的重要因素，使得他在法庭上曾經有連續超過 15 年的勝訴記錄。更加難能可貴的是，他曾成功地幫助無名的小人物對抗跨國的大公司並勝訴，他也因此被譽為美國最好的法律工作者。

　　他具備專業知識和瞭解人性的獨特能力，幫助了許多人，同時造就了名望，附帶使他累積許多財富。

　　你必須用心瞭解一個人，傾聽他的心聲，讓他可以感受到你真誠的心意，之後他才會願意向你敞開心胸，道出他的意見和想法，才有機會和他建立良好互信的關係。如此，你想要傳達的理念，他才會用心聽取。

　　任何通過壓力或逼迫來完成的事情，即使表面看似完美，卻絕不可能維持長久。

　　孔子所言：「己所不欲，勿施於人。」是非常有智慧的道理。一般而言，成功者都具有良好的溝通和協調的能力，然而所謂的溝通是雙向的表達，與對表達理解的深度有關。

　　對施於人的任務，判斷是否會令對方感受到有壓力或逼迫性，應該事先有充分的感知去瞭解。

　　如此，在你需要他人幫忙做事時，才能讓他心甘情願地為你服務。

「零」導學
行動筆記

　　機會蘊藏在日常生活中微不足道的小事裡，等待有心人發現。

國家圖書館出版品預行編目 (CIP) 資料

「零」導學：不怕打掉重來的行動指南 / 林德嘉作. --
第一版 . -- 臺北市：博思智庫，民 108.10　面；公分

ISBN 978-986-98065-1-0(平裝)

1. 成功法　2. 自我實現

177.2　　　　　　　　　　　　　108015449

GOAL 30

「零」導學　不怕打掉重來的行動指南

作　　　者｜林德嘉
主　　　編｜吳翔逸
執 行 編 輯｜陳映羽
美 術 主 任｜蔡雅芬

發 行 人｜黃輝煌
社　　　長｜蕭艷秋
財 務 顧 問｜蕭聰傑
出 版 者｜博思智庫股份有限公司
地　　　址｜104 台北市中山區松江路 206 號 14 樓之 4
電　　　話｜(02) 25623277
傳　　　真｜(02) 25632892

總 代 理｜聯合發行股份有限公司
電　　　話｜(02)29178022
傳　　　真｜(02)29156275

印　　　製｜永光彩色印刷股份有限公司
定　　　價｜320 元
第一版第一刷　西元 2019 年 10 月

ISBN　978-986-98065-1-0
© 2019 Broad Think Tank Print in Taiwan

博思智庫股份有限公司

博思智庫粉絲團　Facebook.com/broadthinktank